Informatik-Fachberichte 170

Herausgegeben von W. Brauer
im Auftrag der Gesellschaft für Informatik (GI)

A. Jaeschke B. Page (Hrsg.)

Informatikanwendungen im Umweltbereich

2. Symposium
Karlsruhe, 9./10. November 1987

Proceedings

Springer-Verlag
Berlin Heidelberg New York
London Paris Tokyo

Herausgeber

A. Jaeschke
Kernforschungszentrum Karlsruhe GmbH
Institut für Datenverarbeitung in der Technik
Postfach 3640, 7500 Karlsruhe

B. Page
Universität Hamburg
Fachbereich Informatik
Schlüterstraße 70, 2000 Hamburg 13

Veranstalter:

Gesellschaft für Informatik

Kernforschungszentrum Karlsruhe
Institut für Datenverarbeitung in der Technik
Projekt Umwelt und Sicherheit

Universität Hamburg
Fachbereich Informatik

Programmausschuß

A. Jaeschke
Kernforschungszentrum Karlsruhe GmbH

B. Page
Universität Hamburg

H. Rampacher
Gesellschaft für Informatik e. V.

J. Seggelke
Umweltbundesamt

Organisation

W. Geiger, A. Jaeschke
Kernforschungszentrum Karlsruhe GmbH

CR Subject Classifications (1987): J.1-3

ISBN-13: 978-3-540-19127-8   e-ISBN-13: 978-3-642-73563-9
DOI: 10.1007/978-3-642-73563-9

Vorwort

Im Verlauf seiner Entwicklung hat sich der Mensch in der natürlichen Umwelt seinen Lebensraum erobert, die Umwelt nach seinen Bedürfnissen umgestaltet und sich seine künstliche Wohn- und Arbeitswelt aufgebaut. Nicht erst heute wird dem Menschen dabei bewußt, daß die Umwelt durch sein ständiges Eingreifen und Ausbeuten irreversiblen Schaden nimmt, und zwar in solchem Maße, daß Umwelt und gewonnener Lebensraum davon ernstlich bedroht sind.

Die Umweltproblematik und die Notwendigkeit, Umweltschutz zu betreiben, sind Fakten, mit denen heute jeder Bürger konfrontiert ist und über die er laufend (allerdings mit verschiedenen Vorzeichen und unter unterschiedlichen Blickwinkeln) durch Fernsehen, Funk und Presse informiert wird. Umweltschutz setzt aber exakte Kenntnis voraus über die Umwelt selbst, über die Belastungsfaktoren, die Belastbarkeit und die wechselseitigen Wirkungsmechanismen. Diese Kenntnis existiert heute jedoch nicht ausreichend, und jeder Fortschritt auf diesem Gebiet deckt nur neue Kenntnislücken auf. Wissenschaft, Politik und Wirtschaft kommen zu gegensätzlichen Einschätzungen und Lösungsvorschlägen. Eine einheitliche Gesamtsicht der Probleme ist nicht einmal in ihren Grundzügen vorhanden.

Von wissenschaftlicher Seite besteht (speziell bei jungen Wissenschaftlern) große Bereitschaft, sich der anstehenden Probleme anzunehmen. Dabei besteht Übereinstimmung darüber, daß alle Sparten der Wissenschaft beitragen können und müssen. Insbesondere ist auch die Informatik herausgefordert, denn die Information über die Umwelt und über ihre Veränderung durch den Menschen und durch die Technik ist die Basis aller Umweltschutzbezogenen Aktivitäten und Maßnahmen. Dabei ist die Vielfalt und Menge der anfallenden Information kaum zu überschauen.

Zustand und Geschehen in der Umwelt werden durch physikalische, chemische, meteorologische und biologische Daten beschrieben. Es werden räumlich verteilte Informationen benötigt aus den kleinen begrenzten Bereichen der Biotope, aus größeren, klimatisch, wirtschaftlich und politisch begrenzten Regionen und aus der Gesamtheit der Biosphäre. Diese Informationen sind außerdem zeitlich verteilt und kennzeichnen vergangene und aktuelle Zustände.

Ohne die technische Hilfe von automatischen Meßeinrichtungen, Datenfernübertragung, Prozeßdatenverarbeitung und von Netzen, die ganze Regionen überziehen, ist die Beschaffung dieser Informationen nicht zu bewältigen. Die vielen dezentral ermittelten

Informationen müssen in umfassenden und fachspezifischen Informationssystemen zusammengefügt werden. Sie müssen in ihren vielfältigen Beziehungen zueinander zu Rechenmodellen verarbeitet werden, um ein der jeweiligen Fragestellung gemäßes Abbild des Systems "Umwelt" zu erhalten. Ohne maschinelle Informationsverarbeitung, Archivierung und Aktualisierung der Information in Datenbanken, mit der Möglichkeit des automatisch problemspezifischen Zugriffs auf die Daten, wäre dies nicht machbar. Mittels moderner computerunterstützter Methoden können die umfangreichen Datenmengen und Informationen übersichtlich dargestellt werden. Ein wichtiges Hilfsmittel bei der Lösung von Umweltproblemen stellt die rechnergestützte Modellbildung und Simulation dar. Sie ist ein noch viel zu wenig genutztes Instrument in der Analyse komplexer Relationen und Abhängigkeiten sowie bei Planungs- und Entscheidungsprozessen. Eine bedeutende Erweiterung der Möglichkeiten wird hier künftig der Einsatz von Methoden der Künstlichen Intelligenz, speziell der Expertensysteme, bringen. Das Anwendungsspektrum ist hier noch nicht überschaubar.

In vielen Bereichen stellt die Informationstechnik bereits einen wesentlichen Beitrag zum praktischen Umweltschutz dar. Die Situation ist derzeit jedoch gekennzeichnet durch eine Vielfalt von Aktivitäten und Ansätzen in eingeschränkten Problembereichen mit eingeschränkten Zielsetzungen. So realistisch und aus der Dringlichkeit der jeweiligen Problemsituation wohlbegründet diese Ansätze auch sind, so bilden sie kaum mehr als einzelne Steine in einem Mosaik, da ein Gesamtkonzept sich derzeit noch nicht klar abzeichnet.

Allen Tendenzen, die den Einsatz der Informatik ganz oder vorrangig auf Maßnahmen zur Kontrolle und Überwachung einschränken (wollen), sollte rechtzeitig entgegengewirkt werden. Ziel ist es vielmehr, mit Hilfe der Informatik Werkzeuge zu schaffen, die das eigenverantwortliche Entscheiden und Handeln der Verantwortlichen unterstützen und fördern.

Das Symposium "Informatikanwendungen im Umweltbereich" hat das Ziel, über den Stand dieser Anwendungen zu berichten und neue Perspektiven aufzuzeigen. Es soll den Erfahrungsaustausch und die wechselseitige Anregung zwischen Forschung, Entwicklung, Anwendung und Politik fördern und zu einem verstärkten Einsatz der Informatik bei der Lösung der Umweltschutzprobleme motivieren. Das Symposium wendet sich an Wissenschaftler, Ingenieure und Interessierte in Forschung, Industrie und Behörden, die im Umweltbereich arbeiten. Es soll darüber hinaus junge Informatiker auf die wachsende Bedeutung dieses Anwendungsbereiches aufmerksam machen.

Zum erfolgreichen Verlauf des Symposiums und zum Gelingen dieses Tagungsbandes haben Herr Dr. Geiger, Frau Jung und Frl. Baumgärtel vom Institut für Datenverarbeitung in der Technik des KfK ganz wesentlich beigetragen. Wir möchten ihnen an dieser Stelle für ihre Mitarbeit unseren besonderen Dank aussprechen.

Das Symposium stellt eine der ersten Aktivitäten des im Fachbereich 4 der Gesellschaft für Informatik kürzlich gegründeten Arbeitskreises "Informatik im Umweltschutz" dar, der demnächst in einen GI-Fachausschuß übergeleitet werden soll. Die thematischen Schwerpunkte dieses Arbeitskreises bzw. Fachausschusses liegen u. a. in den Bereichen:

- innovative Umwelt-Informationssysteme (stoffbezogene, geografische, ökologische etc.),

- non-standard Datenbankanwendungen im Umweltbereich (Meßdaten, geografische Daten, Umweltdaten, Grafiken etc.),

- Methodenbank-basierte Auswertesysteme (z. B. für Umweltmeßdaten),

- interaktive (ökologische) Simulationssysteme,

- modellbasierte Entscheidungsunterstützungssysteme,

- moderne Benutzeroberflächen (z. B. für den Zugang zu öffentlichen Umweltdatenbanken),

- Methoden der Bildverarbeitung (z. B. im Umwelt-Monitoring),

- Expertensystemanwendungen im Umweltbereich (z. B. in der Planung und bei Störfällen),

- umweltbezogene Anwendungen in der Prozeßoptimierung, der grafischen DV, der Fernerkundung etc.

Der Arbeitskreis hat sich im Rahmen der Verfolgung seiner Forschungsziele die turnusmäßige Veranstaltung des Symposiums "Informatikanwendungen im Umweltbereich" vorgenommen.

Karlsruhe, Hamburg, Januar 1988   A. Jaeschke, B. Page

Inhaltsverzeichnis Seite

Ganzheitlicher Umweltschutz -
eine Herausforderung für Politik und Informatik

E. U. von Weizsäcker

Einleitung

Ich habe mich besonders über die Einladung zu dem Einführungsvortrag für Ihr Symposium gefreut. Ich möchte aber keinen Zweifel daran lassen, daß ich für Umweltinformatik alles andere als ein Experte bin. Ich verweise für die Details, insbesondere die Meß- und Kontrollinformatik, auf den hier verfügbaren Sonderdruck "Was kann die Informationstechnik für den Umweltschutz tun?" /1/.

Mein eigener Vortrag wird sich mit einer Reihe von Herausforderungen beschäftigen, und er hat eher aufrüttelnden Charakter. Ich möchte aber ausdrücklich betonen, wie wichtig ich die gute handwerkliche Arbeit und die wissenschaftliche Fortentwicklung der Umweltinformatik zu einer in der Alltagsroutine brauchbaren Technik finde. Mit Recht ist der größte Teil Ihrer Tagung diesen konkreten Themen gewidmet.

Im wesentlichen möchte ich über drei Herausforderungen sprechen:

1) der ganzheitliche Umweltschutz als Herausforderung für die Politik;
2) eher ein philosophischer Ausflug: "Der Begriff Information als Herausforderung an die Informatik"; und
3) der ganzheitliche Umweltschutz als Herausforderung für die Informatik.

1. Ganzheitlicher Umweltschutz als Herausforderung für die Politik

Die Umweltkrise reicht tiefer, als wir uns das üblicherweise klarmachen. Beginnen wir mit den konventionellen Problemen:

Das Waldsterben ist keineswegs unter Kontrolle. Die Luftschadstoff-Fracht nimmt weltweit und sogar in West-Europa immer noch zu, trotz eines Rückgangs bei Schwefeldioxid und Stäuben. Unser Grundwasser, das lange Zeit durch sichere Erdschichten geschützt war, wird langsam von der "Nitratfront" erreicht, die sich seit etwa zwei Jahrzehnten zentimeterweise nach unten voranschiebt. Selbst bei einem sofortigen Stop der Nitratdüngung werden wir also in absehbarer Zeit eine Grund- und Trinkwasserkrise erleben. Die Abfallproblematik ist wesentlich gravierender, als es von der Öffentlichkeit normalerweise angenommen wird. Alle Bundesländer und ähnlich andere europäische Staaten wissen einfach nicht mehr, wohin mit dem Müll. Und die Entwicklung müllfreier Produktion und Zivilisation steht erst in den Anfängen und wird noch mindestens 30 Jahre dauern.

Diese Probleme sind noch vergleichsweise harmlos und erscheinen unter längerer Perspektive reversibel. Daneben entwickeln sich eine Reihe von alarmierenden irreversiblen Krisensymptomen: Nach dem berühmten Bericht "Global 2000" sterben täglich ungefähr 20 Tier- und Pflanzenarten aus; allein diese Zahl übersteigt unser Vorstellungsvermögen! Die Urwaldvernichtung geht mit einem beängstigenden Tempo vor sich. Jährlich werden Urwälder von der Gesamtfläche Österreichs vernichtet. In ähnlichem Umfang verwandelt sich fruchtbares Land in Wüste. Die Bodenerosion nimmt beängstigende Ausmaße an: Jährlich werden etwa 70 Milliarden Tonnen Erdreich abgeschwemmt, das sind etwa 10 Tonnen pro Erdbewohner und Jahr; wegen unseres vergleichsweise sehr hohen Konsumstandards müssen wir befürchten, daß jeder von uns mindestens das Doppelte dieser Verlustzahl verschuldet. Die Meere der Welt leiden zunehmend unter Verschmutzung und Überfischung; manches erscheint auch hier irreversibel. Und in jüngster Zeit fängt man an, zu befürchten, daß auch unser Klima durch menschliche Handlungen irreversibel geschädigt wird, was wiederum gigantische Schäden auf der Erde nach sich ziehen kann.

Der Mensch wird auch direkt von der Umweltkrise betroffen. In Mexiko-City und manchen chinesischen Städten gibt es heute kein Kind, das nicht mit chronischer Bronchitis oder anderen Lungenkrankheiten aufwächst. In Neuseeland gibt es kaum jemand, der nicht unter irgendwelchen Symptomen von Pestizidvergiftung leidet. Und die ökologische Katastrophe in der Dritten Welt ist hauptschuld am Tod von etwa 40 Millionen Menschen jährlich durch Hunger und Hungerkrankheiten. Letzteres bedeutet, daß täglich so viele Menschen sterben, als ob 300 Jumbo-Jets abstürzen würden, die Hälfte der Insassen Kinder. Überlegen Sie sich einmal, was für Schlagzeilen in der Weltpresse eine solche Katastrophenserie mit sich bringen würde und wie wenig man vergleichsweise über den Hunger und die ökologische Katastrophe spricht.

Wir müssen leider noch einen erschreckenden Schritt weitergehen. Wir müssen uns überlegen, was geschieht, wenn wir bei unserem Modell des Wohlstandes bleiben. Wenn wir den Wohlstand der reichsten 10% der Erdbevölkerung, das sind USA, Kanada, Japan und Westeuropa minus der dort lebenden Armen und Arbeitslosen, auf alle 5 Milliarden Erdbewohner ausdehnen würden, wäre die Erde in allerkürzester Zeit ökologisch zerstört, und zwar irreversibel. Diese Tatsache läßt nur zwei Möglichkeiten: Entweder wir bleiben auf Dauer bei der heutigen krassen Weltungerechtigkeit oder wir finden zu einer neuen Auffassung von Wohlstand und Fortschritt. Im letzteren Fall ist das, wonach wir unsere derzeitigen Optimierungen und Bewertungen ausrichten, verkehrt und unverantwortlich. Auch die grundsätzlich zutreffende Behauptung, wir müßten reich genug sein, um uns Umweltschutz leisten zu können, erweist sich vor diesem Hintergrund als oberflächlich. Solange das, was wir als "reich" definieren mit einem pro-Kopf-Ressourcenverbrauch verbunden ist, der auf die ganze Erde verbreitet den ökologischen Tod der Erde bedeuten würde, ist die Behauptung nicht sehr glaubwürdig. Wir wissen das alle unterschwellig. Aber wir reden uns gerne damit heraus, daß die "Bevölkerungsexplosion" in der Dritten Welt an allem schuld ist. Und *wir* müßten noch mehr produzieren, um die Hungrigen zu füttern.

Weil das ein so beliebtes, aber in meinen Augen grundverkehrtes Argument ist, möchte ich darauf etwas näher eingehen:

Erstens sollten wir uns die erschreckende Tatsache aus dem Brundtland-Bericht /2/ vor Augen führen, daß gegenwärtig ein jährlicher Netto-Ressourcentransfer von der Dritten Welt in den reichen Norden in Höhe von rund 40 Milliarden Dollar (und das *vor* den jüngsten Wechselkursstürzen!) stattfindet. Wir benutzen also gegenwärtig nicht unseren Reichtum zum Wohl der Hungrigen, sondern unsere Macht zum Aufrechterhalten dieses riesigen Ressourcenstroms in umgekehrter Richtung.

Zweitens verhalten sich die Familien in der Dritten Welt heute rational, wenn sie viele Kinder haben. Solange die Staaten zu arm sind, eine Altersversorgung zu garantieren, sind die Kinder die einzige funktionierende Alterssicherung.

Drittens ist das einzige Entwicklungsmodell, welches wir in der Dritten Welt vorleben, das des hohen pro-Kopf-Ressourcenverbrauchs, der Zerstörung der Subsistenz, der Urbanisierung, der Einbindung in den Weltmarkt und des Machtkampfes mit militärischen Mitteln. Ferner führen wir seit 20 Jahren vor, daß der wirtschaftliche Erfolg spezifisch bei den *dichtbesiedelten* Ländern und Regionen liegt, z.B. Japan, Deutschland, Holland, USA-West- und Ostküste, Po-Ebene, Paris und London, während unter den heutigen Wirtschaftsbedingungen die weniger dichtbesiedelten Gegenden immer weiter zurückbleiben. Wundert es da, wenn die Entwicklungsländer danach trachten, unsere Erfolge zu kopieren?

Es tut mir aufrichtig leid, daß ich Ihnen den Auftakt zu Ihrer mit viel Idealismus und gutem Spürsinn für das Wichtige organisierten Tagung mit derartig düsteren, unser ökonomisches Selbstverständnis in Frage ziehenden Aussagen belaste. Ich möchte Ihre konkreten Pläne und Vorstellungen zur Umweltinformatik überhaupt nicht in Frage ziehen. Aber ich möchte auch nicht, daß Sie nach Hause gehen und denken: "Jetzt haben wir alles für den Umweltschutz, womöglich den *ganzheitlichen* Umweltschutz getan. Wir haben eine neue Rechtfertigung für unser Einkommen von BAT IIa aufwärts gefunden, und mehr kann man doch nicht von uns verlangen!" Doch, man kann! Man kann verlangen, daß wir als natur- und ingenieurwissenschaftlich ausgebildete Menschen uns den Tatsachen stellen. Es ist die Voraussetzung dafür, daß eine langfristig rationale Politik möglich wird.

Der ganzheitliche Umweltschutz kann selbstverständlich nicht bei globalen Erörterungen stehenbleiben. Die Herausforderung für die Politik ist konkret und vielfältig. Ich kann Ihnen heute aber nicht viel mehr als Kapitelüberschriften vortragen. Sonst müßte ich mindestens drei zusätzliche Vorträge halten, nämlich zu den drei Kategorien:

1. Integration der Luft-, Wasser-, Abfall- und Bodenpolitik
2. Radikale Durchsetzung des Verursacherprinzips und
3. Integration der Umweltpolitik in andere Politikbereiche

Zu allen drei Bereichen müssen heute ein paar Stichworte genügen:

1. Die Integration der verschiedenen klassischen Umweltpolitikbereiche ist eine Art logischer Notwendigkeit. Wenn man z.B. Schwermetalle durch Kläranlagen aus

bestimmten Flüssen verbannt, nachher aber den Klärschlamm entweder in die Nordsee kippt oder auf die Äcker ausbringt oder verbrennt, so wandern die Schwermetalle einfach ins nächste Medium weiter. Die verschiedenen Umweltmedien gehören unvermeidlich zusammen. Nur eine medienübergreifenede Umweltpolitik hat Aussichten, die Probleme an der Wurzel zu packen. Letztlich läuft sie auf eine Verwirklichung des Vorsorgeprinzips und der Emissionskontrollen hinaus; aber auch schon vorher wird man eine Optimierung des Mitteleinsatzes für den größtmöglichen umweltpolitischen Effekt durch einen medienübergreifenden Kostenvergleich erreichen.

2. Das Verursacherprinzip sollte möglichst umfassend verstanden werden. Wenn unser Tropenholzverbrauch, unser Fleischverbrauch, unser Energieverbrauch nicht mehr heilende Wunden irgendwo in der Natur hinterläßt, müßten wir ihn künstlich sehr verteuern, gleichgültig ob beim "Hersteller" oder beim Verbraucher. Ich plädiere z. B. für eine Verdoppelung des Energiepreises (unterschiedlich nach Energieträger), womit die berechneten oder gemutmaßten Umweltschäden im Preis "sichtbar" gemacht würden. Das hätte eine technologische und ökonomische Umorientierung, aber keineswegs eine Verarmung zur Folge. Auf einmal würden sich Energiespartechniken und erneuerbare Energien lohnen, die heute wirtschaftlich uninteressant sind. Ein solches über die Preise wirkendes Verursacherprinzip würde "ganzheitlich" bis in die feinsten Verästelungen des Wirtschaftsgeschehens kausal hineinwirken, während administrative Maßnahmen in der Regel partikular bleiben.

3. Die Integration der Umweltpolitik in andere Politikbereiche ist politisch besonders schwierig: Die Logik der meisten Politikbereiche wie Regional-, Verkehrs-, Agrar-, Industrie- oder Entwicklungshilfepolitik ist ja in der Regel dem Umweltschutz direkt entgegengesetzt. Ganzheitliche Umweltpolitik muß also die anderen Politikbereiche im Kern verändern. Wenn das keine Herausforderung ist!

2. Der Begriff der Information als Herausforderung für die Informatik

Mit dem zweiten, wesentlich kürzeren Teil, einer Art philosophischem Zwischenspiel, betrete ich ein ganz anders Terrain.

Es ist schon oft gefragt worden, was ist eigentlich Information? Mit der Shannon'schen Antwort, daß sie der negative Logarithmus der Erwartungswahrscheinlichkeit eines Ereignisses sei, oder ein gewichtetes statistisches Mittel aus Erwartungswahrscheinlichkeiten, geben *Sie* sich hoffentlich nicht zufrieden. Denn dann würden Sie ja die Definition der Information auf die syntaktische Ebene beschränken, auf welcher wir einander gar nichts mitzuteilen haben, die wir lediglich instrumentell benutzen, *um* einander etwas mitzuteilen. Denn was wir einander mitteilen, *soll* ja die Erwartungswahrscheinlichkeiten des Empfängers für gleichartige Nachrichten modifizieren. Sonst wäre die Nachricht bedeutungslos und wirkungslos.Semantische und pragmatische Information kann also die nachrichtentechnische Information nur als Reittier benutzen. Wir müssen erneut und genauer nach einer Definition dafür fragen, was eigentlich semantische und pragmatische Information ist.

Definitionen haben es an sich, Eingrenzungen zu sein, und so beginnen wir mit zwei Eingrenzungen, die C. F. von Weizsäcker 1972 angegeben hat. Information ist nur, was verstanden wird, und Information ist nur, was Information erzeugt. In der Biologie sind beide Sätze unmittelbar einleuchtend. Nur das Enzym, welches chemisch-geometrisch mit dem Substrat reagiert, welches vom Substrat "verstanden" wird, tut seine informationelle Wirkung. Analoges gilt von der Erbinformation. Und nur Informationen, die neue Informationen generieren, verdienen in der Biologie den Ehrentitel "Information".

Daher spreche ich gerne von *"ansteckender Information"* /3/. Die Ansteckung ist das eigentliche *Erfolgskriterium* für pragmatische Information und insofern auch der entscheidende Ansatz für die quantitative Bewertung der Information. Ich muß das Wort *"Quantifizierung"* der pragmatischen oder auch semantischen Information vermeiden, denn jede quantitative Betrachtung von Wirkung und Bedeutung von Informationen enthält eine Bewertung. Aber diese Bewertung richtet sich nach dem Ansteckungspotential. Eine gute wissenschaftliche Idee ist ansteckend und wird überall zitiert, sie hat Bedeutung und Wirkung. Eine durchschnittliche viel weniger, und eine schlechte wird durch eine gute funktionierende Peer-review mit Recht an der Veröffentlichung und damit Ansteckung gehindert. Aber manchmal pflanzt sich das Falsche, das Schreckliche, das Zerstörerische fort, z.B. die Information der AIDS-Viren, die die Immunabwehr außer Kraft setzen. Ansteckung ist also nicht nur Erfolgskriterium für pragmatische Information, sondern auch der Schlüssel zum Verständnis der Zerstörungswirkungen von Informationen.

Mit diesem äußerst kurz gefaßten philosophischen Exkurs wollte ich Ihnen eine zweite kleine Erschütterung zumuten: Ich möchte Sie ausdrücklich ermutigen, sich mit den philosophischen Grundlagen der Informatik auseinanderzusetzen und dabei insbesondere die Problematik von Wirkungen, Wirkungsbäumen, Erfolg und Zerstörungskraft von pragmatischer Information auseinanderzusetzen. Der Erfolg von Expertensystemen, die Entwicklung der 5. und einer 6. oder 7. Computergeneration, der Datenschutz und die Medienpolitik, sowie die Einschätzung der Fruchtbarkeit einer neuen Fachinformatik und die beste Strategie zu ihrer Fruchtbarmachung, all das hängt engstens mit einem - sei es intuitiven, sei es wissenschaftlich begründeten - Verständnis der pragmatischen Information zusammen.

3. Ganzheitlicher Umweltschutz als Herausforderung für die Informatik

Ihr Tagungsprogramm zeigt in vorbildlicher Weise, an welchen Stellen Umweltinformatik bereits vorbildlich praktiziert wird. Da habe ich nichts hinzuzufügen. Ich erwähne jetzt als "Herausforderung" nur ein paar Themen, die bei Ihnen nicht oder nur am Rande auftauchen.

a) Theoretische Ökologie

Informatik kann eingesetzt werden, um die Dynamik und Stabilität von Ökosystemen und ihre Toleranz gegen große oder kleine Schwankungen zu studieren. Auch für die Evolutionsfähigkeit, für die Effekte des Niederreißens von Barrieren und des Zerschneidens von Populationen durch Barrieren kann eine computergestützte theoretische Ökologie neue Einsichten liefern. Für manchen Eingriff in die Landschaft verlangt die Umweltverträglichkeitsprüfung eine solche "prognostische Ökologie".

b) Vernetzung

Als der Club of Rome 1972 mit seinen "Grenzen des Wachstums" an die Öffentlichkeit trat, war das Erschrecken und die Überraschung groß. Dabei hatten die Wissenschaftler nichts anderes gemacht als bekannte gegenseitige Abhängigkeiten im Computermodell zu berechnen und in die Zukunft weiterzuextratrapolieren. Die Informatik eignet sich also für die Didaktik der Vernetzung, was wiederum für die Entwicklung des Umweltbewußtseins nützlich ist.

c) Chemikalienpolitik

Wenn man das genannte Prinzip des Verfolgens von Stoffen "von der Wiege bis zur Bahre" auch technisch durchführen will, muß man sich vom Computer unterstützen lassen. Wenn man politisch eine drastische Verteuerung von Energie und Rohstoffen oder von Verschmutzung durchsetzen kann, gebietet es das Eigeninteresse der Firmen, die Stoff- und Energiedaten noch deutlich besser als heute zu erfassen und zu verarbeiten.

d) Integration der Umweltpolitik in andere Politikbereiche

Am Beispiel der Agrarpolitik sei das Problem kurz erläutert: Es gibt kaum einen Politikbereich, der statistisch so gut erforscht ist wie die Landwirtchaft. Aber bis auf Ansätze zu einem Nitratbelastungskartenwerk sind praktisch keine Daten zur Umwelt in Beziehung gesetzt worden. Eine löbliche Ausnahme stellt das MELUF/KfK-Forum Bodenschutz-Umweltschutz dar /5/. Aber ohne solche zunächst empirische, möglichst mit vielfarbigen Schaubildern dargestellte, später vielleicht kausalanalytisch beschriebenen Zusammenhänge wird auch in der Agrarumweltpolitik nicht so schnell etwas geändert werden, weil die Akteure ja erst überzeugt werden wollen.

e) Betriebsinternes Umweltmanagement

Je wichtiger die Umweltpolitik und je teurer die Versäumnisse werden, desto zwingender wird es für die Unternehmen, das Umweltmanagement zu verbessern. Georg Winter hat in einem kürzlich erschienenen Buch /6/ 20 Checklisten für umweltbewußte Manager angegeben. Viele von diesen rufen geradezu nach Computerunterstützung, die nicht notwendigerweise schwieriger ist als die automatische Lohnbuchhaltung.

f) Kommunalpolitik

Für die Umweltpolitik der Gemeinden trifft grundsätzlich das Gleiche zu wie für die Industrie. Allerdings ist hier das Problem noch größer, da gerade die stark verschmutzten Gemeinden nur ein sehr begrenztes Interesse an der Bekanntgabe der Daten haben. Also muß mit einer bundes- oder europaweiten Verpflichtung über Umweltinformationen nachgeholfen werden werden.

Mein letzter Punkt der Herausforderung an die Informatik ist gänzlich anderer Natur. Es geht um:

g) Die Substitution von Stoff- und Energieströmen durch Information

Von der Einspritzelektronik bis zur automatischen Stoffrückgewinnung gibt es tausend Möglichkeiten der Substitution von Stoff- und Energieverbrauch durch Information. Der Erfolg bei dieser Substitution (ausgelöst durch die hohen Energiepreise seit 1973) ist zugleich ein wesentlicher Indikator für den *technischen Fortschritt*. Man muß also nicht in generellen Fortschrittspessimismus verfallen, wenn man an die Umweltkrise denkt.

Damit komme ich auch zu einer Art versöhnlichem Schlußappell:
Wenn man das eingangs über die Umweltkrise Gesagte ernst nimmt, *muß* man sich zu einer Neudefinition von Wohlstand und technischem Fortschritt durchringen, und zwar zuallererst bei denjenigen, reichen Ländern, die von allen als Vorbild angesehen werden. Diese neue Fortschrittsauffassung hat im wesentlichen zwei ineinandergreifende Komponenten: 1. eine Bewußtseins- und Verhaltensänderung aller, 2. ein neuer *technologischer* Fortschritt. Und für die Entwicklung der zweiten Komponente steht die Informatik zweifellos im Mittelpunkt.

Es würde mich freuen, wenn der heute beginnende Kongress auch dazu beiträgt, daß man in der dynamischen Gemeinschaft der Informatiker darüber nachdenkt, was man zur Transformation unserer Vorstellungen von Fortschritt praktisch beitragen kann.

Literatur

/1/ H. Trauboth
   Was kann die Informationstechnik für den Umweltschutz tun?
   „Automatisierungstechnik - at" 35 (1987), Heft 11, S. 431-442

/2/ Unsere gemeinsame Zukunft; Bericht der Weltkommission für Umwelt und Entwicklung
   ("Brundtland-Bericht")

/3/ C. F. von Weizsäcker
   Die Einheit der Natur, Hanser, München, 1971, S. 352

/4/ Ernst U. von Weizsäcker,
   Contagious knowledge, in Tord Ganelius,
   Progress in Science and its Social Conditions, Pergamon, New York, S. 171-182

/5/ Ministerium für Ernährung, Landwirtschaft, Umwelt und Forsten Baden-Württemberg,
   Umweltschutz in Baden-Württemberg, Forum Bodenschutz von KfK,
   MELUF, Stuttgart, 1986

/6/ Georg Winter
   Das umweltbewußte Unternehmen, Beck, München 1987

Stand und Perspektiven der Umweltinformationssysteme

J. Seggelke

1. Ausgangslage und Probleme

Kaum ein Aspekt der öffentlichen und privaten Planung leidet so sehr an Informations-
mangel wie der Umweltschutz. Es geht zum einen darum, verläßliche flächendeckende
Daten für die wesentlichen Umweltschutzaufgaben wie Luftbelastung, Gewässerschutz,
Bodenschutz, Lärmbekämpfung, Naturschutz und Landschaftspflege, Sanierung konta-
minierter Standorte, umweltfreundliche Energieversorgung, Abfallwirtschaft und Abfall-
vermeidung und nicht zuletzt für die Umweltverträglichkeitsprüfung bereit zu halten.
Umweltschutz darf aber nicht nur die Reparatur bereits eingetretener Schäden umfassen,
sondern muß vorsorgend in den Abwägungsprozeß der Planung und Entscheidung
eingebracht werden. Daher sind prognostische Überlegungen und Entscheidungs-
alternativen für die Konsensbildung mit entsprechenden Umweltdaten abzustützen.

Aktuelle Daten werden in zunehmendem Maße für Störfälle und Umweltkatastrophen
benötigt, deren Ursachen z.T. weit entfernt zu suchen sind und deren Ursachen und
Wirkungen beseitigt oder abgemindert werden müssen. So sind Maßnahmen bei Smog, bei
Chemieunfällen, bei Wasserverunreinigungen, bei Altlastproblemen und dergleichen auf
der Grundlage bestmöglicher Daten zu ergreifen.

Viele wesentliche Umweltfragen können nur anhand neuester Forschungsergebnisse sachgerecht behandelt werden. Zunehmend werden auch komplizierte chemische Fragen
wesentlich für umweltrelevante Entscheidungen und Einschätzungen. Der hierfür erforderliche Sachverstand von Spezialisten wird nicht im Regelfall am Ort des konkreten Informa-
tionsbedarfs zur Verfügung stehen und muß daher von anderer Stelle abgerufen werden.

Die Ziele des Umweltschutzes müssen sich im öffentlichen Entscheidungs- und Abwägungsprozeß gegenüber starken wirtschaftlichen Interessen behaupten. Es gilt eine umweltver-
trägliche Standortplanung, Arbeitsplatzsicherung und Arbeitsplatzschaffung, Gestaltung
der Verkehrsinfrastruktur usw. zu ermöglichen.

Häufig kommt also zu dem Fehlen an Planstellen in Sachen Umweltschutz im Bereich der
öffentlichen Hand der Datennotstand hinzu. Während die Interessenvertreter anderer
Ressorts im allgemeinen verläßliche und flexible Datengrundlagen haben, sitzt der Um-
weltschützer häufig mit leeren Händen da und hat keine Fakten der Umweltbelastung und
Umweltgefährdung zur Verfügung.

Wie weit können nun EDV-gestützte Informationssysteme und neuerdings auch Expertensysteme dem Datennotstand des Umweltschutzes entgegenwirken? Sind die Versprechun-
gen der Glanzprospekte von EDV-Herstellern, Software-Häusern und Beratungsfirmen über

die Leistungsfähigkeit moderner Informationstechniken einerseits und die Hoffnungen der theoretischen Informatik andererseits realistisch? Welche positiven und negativen Beispiele von Umweltinformationssystemen gibt es überhaupt?

Da Menschen mit den Informations- und Expertensystemen zu arbeiten haben, ist Überzeugung und Motivation für den Erfolg wesentlich. Es gilt, Ängste abzubauen und auch Kollegen, die nicht ein besonderes "technisches Händchen" besitzen, in die Aufgaben mit den Informationstechniken zu integrieren. Schließlich ist die persönliche Sphäre des Menschen und seines Datenkranzes nach dem Datenschutzgesetz zu achten und bei der Einführung neuer Informationstechniken, die von großer Bedeutung für die jeweiligen Arbeitsplätze sind, die jeweiligen Personalvertretungen zu beteiligen. Nicht ohne Grund widmen die Gewerkschaften dem Einsatz der EDV in den Verwaltungen von Bund, Ländern und Gemeinden ganz besondere Aufmerksamkeit.

Für Aufgaben des Umweltschutzes ist im Bereich der angewandten Informatik eine rasante Entwicklung in Gang gekommen, deren weiteres Ausmaß kaum zu überschätzen ist. Dabei kommt der grafischen Datenverarbeitung, gerade im Bereich der öffentlichen Planung, die Karten und sonstige Grafiken als wesentliche Basis hat, eine besondere Bedeutung zu.

Im folgenden soll die bisherige Entwicklung der Informationstechnik schlaglichtartig beleuchtet werden:

- Die Speicherkosten sind in ca. 15 Jahren fast auf 1/1000 gefallen; in gleichem Maße haben das Volumen und der Energieverbrauch der Speicher abgenommen.
- Zwischen 1951 (Beginn der Computertechnologie) und 1990 wird sich die Leistungsfähigkeit der Rechner etwa wie 1:1 Milliarde vergrößert haben.
- In absehbarer Zeit werden über 1 Mio. Personal Computer in der Bundesrepublik aufgestellt sein.
- Im Jahr 1990 wird mit 3 Mio. Terminals und PC's gerechnet.
- Im Jahr 2000 werden ca. 3/4 aller Mitarbeiter des öffentlichen Dienstes mit einem Terminal oder PC arbeiten.
- Im Jahr 1955 betrug der Anteil der Software 5-10 % an den Kosten; 1985 waren es bereits 70-90 %. Daher kommt den Fragen der Softwarekompatibilität große Bedeutung zu.
- Die grafische Informationstechnik steht am Beginn einer enormen Entwicklung, die nicht zuletzt durch den PC-Markt forciert wird. Damit entstehen ganz neue Chancen für räumliche Informationssysteme.
- Der Einsatz der PC's schafft neue Gefahren der Insellösungen und Zersplitterung, wenn nicht das Konzept der Vernetzung u. a. mit zentralen Datenbanken vorangetrieben wird.
- Es besteht ein großer Mangel an benutzerfreundlichen Systemoberflächen (Einfache Mensch-Maschine-Dialoge). Derartige Benutzeroberflächen müssen vor allem auch für grafische Informationssysteme entwickelt werden.

2. Anwendungsbereiche und Informationsbedarf

Im föderativ gegliederten System der Bundesrepublik Deutschland werden auf Bundesebene vor allem Aufgaben der Gesetzgebung, Rahmenplanung, Trend- und Strukturbeob-
achtung und -analyse, Grenz- und Richtwertbestimmung und internationalen Einbindung
wahrgenommen. Die Bundesländer sind hauptsächlich mit dem Vollzug von Gesetzen und
Umweltnormen im konkreten Handlungsbereich der öffentlichen Hand betraut, während
bei den Kommunen der konkreteste Umweltschutz zum "Anfassen" stattfindet. Dies gilt
z. B. für die Umweltbereiche Luftreinhaltung, Lärmbekämpfung, Wasserreinhaltung,
Bodenschutz sowie Naturschutz und Landschaftspflege und zusammengefaßt für vernetzte
ökologische Gesamtsysteme.

2.1 *Bundesebene*

Auf Bundesebene sind vor allem das Landschaftsinformationssystem LANIS der Bundesforschungsanstalt für Naturschutz und Landschaftsökologie und das Umweltplanungs- und
Informationssystem UMPLIS des Umweltbundesamtes zu nennen.

Das System UMPLIS /1, 2, 3/ besteht aus über 30 größeren und kleineren Datenbanken, die
wesentliche Bereiche des Umweltschutzes umfassen. Der Entwicklungsstand der einzelnen
Datenbanken ist unterschiedlich, soll hier jedoch nicht im einzelnen erläutert werden. Bei
einer Typologie dieser Datenbanken lassen sich folgende fünf Bereiche unterscheiden:

1. "Wissenschaftliche Dokumentation"
   Hier geht es vor allen Dingen um die Fachliteratur des deutschsprachigen Bereiches
   sowie die Integration mit der zentralen Fachbibliothek des Umweltbundesamtes.
   Weiterhin sind hier die laufenden und abgeschlossenen Forschungs- und Entwicklungs
   vorhaben auf dem Umweltsektor zu nennen.

2. Umweltbeobachtung/Monitoring
   Von wesentlicher Bedeutung für den Umweltschutz sind präzise Daten über den
   Zustand der Umwelt insbesondere der sogennanten Medien Luft, Wasser und Boden.
   Weiterhin sind hier integrierte Aussagen zur ökologischen Gesamtsituation erforder-
   lich. Besonders zu erwähnen ist das gemeinsam von Bund und Ländern im Aufbau
   befindliche Smogfrühwarnsystem.

3. Schadstoffe und Umweltchemikalien
   Wesentlich für die meisten auftretenden Fragen und Probleme im Umweltschutz sind
   Daten zu den betroffenen Schadstoffen. Neben der im Umweltbundesamt im Aufbau
   befindlichen zentralen Stoffdatenbank werden verschiedene Aspekte abgedeckt /4/:
   - Umweltchemikaliengesetz (vor allem neue Stoffe),
   - Waschmittelgesetz,
   - Pflanzenschutzgesetz,
   - Risiken in Chemieanlagen,

- Gefahrstoff-Schnellauskunft für Unfälle, Gefahrgutkontrollen und vorbeugende Maßnahmen,
- wassergefährdende Stoffe.

4. Umwelttechnologie
   Im Bereich des Umweltschutzes sind neue technologische Geräte und Anlagen von großer Bedeutung, wie z. B. die Minderungstechnologien bei der Luftreinhaltung oder der Abwasserentsorgung.

5. Umweltschäden und Wirkungen
   Trotz der Maßnahmen des Umweltschutzes und der Umweltvorsorge werden immer mehr Schäden im Umweltbereich sichtbar. Vor allem sind hier die Waldschäden und die Schäden an Kulturdenkmälern und andere Materialien zu nennen.

Wesentlich im Umweltschutz ist die Kooperation mit den Bundesländern und der Wirtschaft. Insbesondere im Bereich des Umweltmonitoring und im Bereich der Umwelttechnologie sind diese Kooperationen von entscheidender Bedeutung. In diesem Kooperationsverbund sind einfache Mensch-Maschine-Dialoge, die der Komplexität der jeweiligen Aufgaben angemessen sind, von großer Wichtigkeit für die Akzeptanz.

2.2 Landesebene

Der EDV-Einsatz für Aufgaben des Umweltschutzes hat auf der Landesebene rasch zugenommen /5/. Dabei ist zu beobachten, daß moderne und leistungsfähige Informatikanwendungen wie Diaolgosysteme, Datenbanksysteme, dezentrale Verarbeitung mit PC's und grafische Datenverarbeitung zum Zuge kommen. Die Schwerpunkte liegen mit ca. einem Drittel bei der Wasserwirtschaft und mit jeweils ca. 15 % bei den Bereichen Luft sowie Natur und Landschaft. Dabei lassen sich die Anwendungungsklassen: Erfassen/Messen (z. B. Luftmeßnetze), Datenverwaltung, Auswertung, Modellrechnung/Simulation (z.B. Ausbreitungsrechnungen) und Grafik (z. B. Biotopkartierung) unterscheiden.

Im Jahr 1986 überwogen die Einsatzbereiche der Großrechner mit knapp über 50 %, gefolgt von Minirechnern mit ca. 20 % und PC's mit ca. 17 %. Wie zu erwarten ist, nimmt die Verwendung von PC's überproportional zu. Es gilt festzuhalten, daß bereits fast zwei Drittel aller Anwendungen dialogorientiert konzipiert sind.

Obgleich nur bei ca. 43 % die Anzahl der Nutzer je EDV-System bekannt ist, kann angenommen werden, daß weitaus die meisten Systeme über einen kleinen.Kreis von max. 5 regelmäßigen Benutzern verfügt und ein Drittel nur einen Nutzer hat.

Zusammenfassend kann für die Landesebene gesagt werden, daß sich der Computereinsatz beschleunigt, die Bedeutung des Großrechners langsam zurückgeht und der Anteil der Dialogprogramme sich in ca. 3 Jahren verdoppelt hat. Besonders wichtig sind Kooperationsformen des EDV-Einsatzes mit den Kommunen, dem Bund und längerfristig angelegte Konzeptionen für die Systeme.

2.3 *Gemeindeebene*

Auf der Gemeindeebene zeichnet sich eine rasante Entwicklung beim Einsatz von Umwelt-informationssystemen ab, die durch preiswerte Hardware (z. B. leistungsfähige PC's) und hochauflösende Farbgrafik im Verbund mit aktuellen Datenbeständen gekennzeichnet ist. Als Beispiele seien genannt:

Umweltatlas Berlin (in Zusammenarbeit mit dem Umweltbundesamt)

Für Bielefeld wird das Umweltsystem USCHI aufgebaut.

Bedeutende Fortschritte sind auch beim Umlandverband Frankfurt beim Einsatz von raum-bezogenen Informationstechniken zu verzeichnen.

Neben anderen sind die wichtigen Aktivitäten der Umweltinformationssysteme in Hamburg, München, Düsseldorf, Wuppertal und Nürnberg zu nennen.

2.3.1 *Umweltatlas Berlin als Anwendungsbeispiel der grafischen Informationstechnik*

Ziel des Umweltatlas Berlin war es, das vielfältige bereits vorhandene Datenmaterial ein-heitlich aufzubereiten und damit für Planungszwecke nutzbar zu machen; zusätzlich wurden Datenlücken durch Neuerhebungen geschlossen. Die Arbeit wurde 1981 begonnen und ergab ein umfassendes Werk von 45 Einzelkarten, wobei jeweils fachliche Erläute-rungen zu den Umweltkarten beigefügt sind.

Der Umweltatlas Berlin umfaßt die Bereiche:

1. Boden:	Bodengesellschaften, Versiegelung, Schwermetalle, Abla-gerungen
2. Wasser:	Qualität der Oberflächengewässer, Biomassentiterver-fahren/BMT, Grundwasserabsenkung, oberflächennahes Grundwasser, Verschmutzungsempfindlichkeit, Gewäs-serufer, Fischfauna (Verbreitung, Umweltansprüche, Gefährdungsgrad) usw.
3. Luft:	Schwefeldioxid, SMOG-Daten, Stickoxide, Staub, sonstige Luftschadstoffe, Bioindikatoren
4. Klima:	Lufttemperatur in 2 m Höhe, bodennahe Windverhält-nisse, Temperatur- und Feuchteverhältnisse bei aus-tauscharmer Wetterlage, stadtklimatische Zonen
5. Biotope:	Stadtökologische Raumeinheiten, Vegetation, wertvolle Flächen für Flora und Fauna, Waldstruktur
6. Flächennutzung:	Nutzung, Grün- und Freiflächen, Erholung, Grünanlagen, Einwohnerdichte
7. Verkehr/Lärm:	Verkehrsmengen und -lärm, Straßenrandbebauung, Grün- und Freiflächen, Wohngebiete
8. Zusammenfassende Karten:	Freiraumfunktionen, empfindliche Umweltbereiche.

Der Umweltatlas wurde fachbereichsübergreifend aufgebaut. Alle Daten sind in einer umfassenden geographischen Datenbank abgespeichert, die zum einen das räumliche Bezugssystem (Grenzen, Straßen, Baublöcke, Gewässer usw.) und zum anderen die umweltrelevanten Sachdaten sowie einige bewertete Daten (z. B. Verschmutzungsempfindlichkeit des Grundwassers) enthält. Durch die Darstellung in der für den Planer gebräuchlichen Form der Karte soll gewährleistet werden, daß die Ergebnisse flächendeckend und überschaubar bleiben. Dadurch können regionale Differenzierungen, räumliche Zuordnungen und stadtökologische Problemgebiete deutlich gemacht werden.

Raumbezogene Informationssysteme beinhalten Faktendaten (in der Fachliteratur meist Sachdaten genannt) und Daten zum Raumbezug. Diese grafischen oder geometrischen Daten ermöglichen es z.B., einen Umweltatlas oder andere Planungskarten zu erstellen und gliedern sich in

- Punkt   (z. B. Standort einer Meßstelle, eines Emittenten usw.)
- Linie   (z. B. politische Grenze der Kommune, Abschnitt einer Straße, eines Flusses, Leitungsnetzes usw.)
- Fläche   (z. B. Baublock, Grünfläche, ökologisches Schutzgebiet, Rasterquadrat usw.)

Wie bei einer Karte benötigt man ein räumliches Bezugssystem etwa mit x- und y-Koordinaten. Dann kann jeder Punkt durch zwei Koordinatenwerte gekennzeichnet werden; eine gerade Linie ist durch die beiden Eckpunkte, eine Fläche durch die Verbindungslinien gekennzeichnet.

Räumliche Informationssysteme haben meist technische Ähnlichkeiten mit CAD-Systemen (ComputerAided Design), die für technische Zeichnungen und technische Konstruktionen verwendet werden.

3. Informationspolitik und Umweltschutz in Japan

Von Japan ist bekannt, daß besonders verheerende Umweltbelastungen die rasante Industrialisierung und Motorisierung begleiteten. In unserer Zeit wurde einer transparenten und auf verläßlichen und aktuellen Umweltdaten aufbauenden Berichterstattung eine große Bedeutung beigemessen, so daß das Thema Informatik im Umweltschutz für Japan besonders aufschlußreich erscheint /6/.

Schon Anfang der siebziger Jahre wurde der Einsatz der Informatik auf den verschiedenen Ebenen der staatlichen Planung und Kontrolle vorangetrieben; dies wurde aus europäischer Sicht mit einer Beharrlichkeit verfolgt, die durchaus beispielhaft zu nennen ist. Dabei muß vor allem der pragmatisch-effizienten Auslegung und Realisierung der japanischen Umweltinformationssysteme Anerkennung gezollt werden. Die ausgezeichnete Umweltberichterstattung und die damit erzielte Transparenz von Umweltbelastungen und Verursachern kann als Teil der Umweltpolitik in Japan eingestuft werden. Die Umweltberichterstattung erhält damit den Rang eines politischen Instrumentes, das erhebliche Steuerungskraft entwickelt und die Erfolgskontrolle umweltpolitischer Maßnahmen nicht nur wesentlich erleichtert. Anzumerken ist dabei, daß der Druck zu einer transparenten Informationspolitik frühzeitig von der betroffenen Bevölkerung selbst ausging.

So kann festgestellt werden, daß vor allem im Bereich der Luft- und Gewässerbelastung die Umweltinformationssysteme Herzstück der Umweltpolitik sind.

Japan verfügt mit ca. 1700 Meßstationen der Luftgüter über das umfangreichste und engmaschigste Meßnetz der Industrienationen und - was z. B. im Vergleich zur Bundesrepublik besonders interessant ist - über ein hohes Maß an Transparenz der Emissionen, so daß der Rückschluß auf Verursacher und Emittent für jedermann ermöglicht wurde. Alle Systeme sind durch Informatikanwendungen gekennzeichnet.

Weit entwickelt sind Frühwarnsysteme, die durch rechtzeitige Informierung den politischen Handlungsraum zu Gegenmaßnahmen wesentlich vergrößern. Gleichzeitig wird die Bevölkerung gewarnt, so daß individuelle Schutz- und Vorbeugemaßnahmen ergriffen werden können. Aber nicht nur kurzfristige Maßnahmen werden durch leistungsstarke Umweltinformationssysteme gestützt, sondern auch präventive Maßnahmen (Vorsorgeprinzip) werden wesentlich durch den Einsatz der Informatik verbessert.

4. Exkurs zur Benutzerfreundlichkeit und Psychologie des Mensch-Maschine-Dialoges

Wenn es gelingen soll, dem bisher weitgehend unerreichbaren Ziel nahezukommen, daß der Endbenutzer direkt mit den Datenbanken arbeitet, ist es notwendig, die idealtypischen Nutzergruppen abzugrenzen, zu analysieren und bei der Gestaltung der Benutzeroberflächen zu berücksichtigen. Wesentlich ist es, den bisherigen Problemen der viel zu geringen Nutzung der meisten Datenbanken auf die Spur zu kommen und die Mensch-Maschine-Dialoge so zu gestalten, daß die verschiedenen idealtypischen Gruppen mit den Datenbanken umgehen können.

Ohne hier die eigentlich erforderliche Gründlichkeit der psychologischen Behandlung erreichen zu können, sollen die wichtigsten Benutzergruppen genannt werden:

- Der ängstliche Benutzer
  Weite Gruppen der möglichen Benutzer sind hier einzustufen, ohne daß dies zunächst immer sichtbar oder erkennbar wird. Häufig wird die Ängstlichkeit hinter anderen pseudo-rationalen Gründen verborgen. Die eigentliche Ursache dieser Ängstlichkeit ist die Furcht vor der Kontrolle und Präzision des Computers sowie dessen "intellektueller Erbarmungslosigkeit".

- Der aggressive Benutzer
  Viele Benutzer reagieren nach den ersten Mißerfolgen im Umgang mit den Datenbanken mit Aggressivität, so daß die notwendige Einarbeitung in die Systeme unterbleibt und starke negative Wirkung bei der Akzeptanz entstehen.

Nach psycholgischen Theorien ist aber Aggressivität oft auf verdrängte Ängstlichkeit zurückzuführen. Durch den Mechanismus der Rationalisierung gelingt es dann, die Ängste, Enttäuschungen und Erniedrigungen im Umgang mit dem Computer von sich selbst auf das EDV-System und deren Entwickler umzulenken.

- Der gestreßte Benutzer
  Viele Benutzer sind unter Streß nicht in der Lage, die erforderliche Leistung zur Bewältigung der Komplexität zu erbringen; wenn schwierige Benutzeroberflächen und andere Probleme bei der Nutzung der Datenbanken diese Streßsituation noch verstärken, sind positive Ergebnisse kaum zu erwarten.

- Der technisch interessierte Benutzer
  Von Informatikern und Datenbankentwicklern wird meistens dieser Benutzertyp - oft unreflektiert - vorausgesetzt. Mit ihm ist sicher der leichteste Umgang möglich, so daß auch eine schwer verständliche, schwer lernbare und hochkomplexe Benutzeroberfläche durch intensive und wiederholende Schulung beherrscht wird. Anzumerken ist, daß diese Gruppe nur eine kleine Minderheit der Benutzer darstellt.

- Der sachlich kühle Benutzer
  Auch diese Benutzergruppe wird z. T. bei Informatikern und Datenbank-Spezialisten einbezogen. Zu beachten ist hierbei allerdings, daß diese Benutzergruppe sehr ökonomisch mit der ihr zur Verfügung stehenden Arbeitszeit umgeht und im allgemeinen nicht bereit ist, einen größeren Aufwand für ein schwieriges technisches Instrument aufzubringen. Es besteht auch hier die Notwendigkeit der Reduktion der Komplexität auf das angemessene Maß der Problembewältigung. Es geht nicht an, daß hochkomplexe Benutzeroberflächen beherrscht werden müssen, um relativ einfache Aufgaben zu erledigen.

Um den sich aus den Anforderungen der idealtypischen Benutzergruppen ergebenden Aspekten für einen benutzerfreundlichen Mensch-Maschine-Dialog gerecht zu werden, sind vor allem folgende Prinzipien zu erfüllen /7/:

- Flexibles und individuelles Layout für die Dialogmasken
- Gliederung in verschiedene Benutzerschalen
- Flexibler Dialogablauf
- Einfachdialoge mit jeweils angemessener Komplexität

Wie ausgeführt, ist die Reduktion der Komplexität für die jeweiligen Mensch-Maschine-Arbeitsvorgänge von entscheidender Bedeutung. Hierfür sollten Schalenkonzepte für abgrenzbare Benutzergruppen entwickelt werden, die auf die verschiedenen idealtypischen Gruppen zugeschnitten sind und für Einsteiger, gelegentliche Benutzer und Profis eine sinnvolle Arbeitsmöglichkeit eröffnen.

Durch das Graphen-Konzept in der Dialogführung ist einerseits die Anpassung an die jeweiligen Benutzergruppen erreichbar und andererseits die einheitliche Behandlung der verschiedenen Datentypen innerhalb des Systems zu bewerkstelligen. Dabei geht es um:

- Wissen und Texte
- Daten, Werte und Zahlen
- Grafiken und Bilder.

5. Thesen und wesentliche Trends der angewandten Informatik im Umweltbereich

Im hier gesetzten Rahmen sollen thesenartig wesentliche Aspekte der Informatik im Umweltschutz beleuchtet werden.

5.1 *Ältere Entwicklungen*

- Umfangreiche Datenbanken im Aufbau, z. B. Luftimmissionsdatenbank des Bundes LIMBA ca. 100 Mill. Meßwerte
- Umweltberichte in Papierform und online Abfragen (dialoggesteuert) für die wissenschaftliche Dokumentation
- Methodenbanken, Methodenketten
- Datenbanksysteme mit relationalen Eigenschaften
- Auftragsverwaltung innerhalb der Softwaresysteme
- Fachinformationssysteme aus mehreren Datenbanken, Kopplungen in Benutzeroberflächen
- Einheitlicher Umweltthesaurus, U-Klassifikation
- Offline-Grafik (zentrale Groß-EDV)
- Prozedurale Programmiersprachen
- Anfänge von geographischen Datenbanken

5.2 *Neuere allgemeine Entwicklungstrends*

- Workstations online Grafik, Modelle, Menue- und Maustechnik, Risikoanalysen
- PCs werden immer leistungsfähiger und werden netzfähig. Weite Verbreitung
- Expertensysteme mit funktionalen Sprachen
- Verteilte Datenbanken
- Neue Speicherkonzepte, Laserplatte
- Aufbau gegliederter Netze
- Einrichtung von Datenbanken mit breit einsetzbaren Softwarepaketen ohne Programmieraufwand

5.3 *Mögliche zukünftige Informatikaufgaben im Umweltbereich*

- Mehr Intelligenz in den Systemen
- Aufbau von Frühwarn- und Früherkennungssystemen
- Verbindung von Expertensystemen mit Umweltdatenbanken und Umweltinformations-
  systemen
- Verbindung von workstations in Netzen mit zentralen und dezentralen Datenbanken
- Verteilte Wissensbanken und Regelbanken (Netze sind bislang langsam und teuer)
- Individuell gestaltete Benutzerschalen (gemeinsam mit Benutzergruppen erarbeitet für
  Informationssysteme und Expertensysteme); Einfachdialoge, grafische Dialoge
- Aufbau von Grundsoftware für geographische Datenbanken.

Literatur

/1/ Page, B., Seggelke, J.:
     UMPLIS - Ein umfassendes Informationssystem für den Umweltschutz
     In: Informatik im Umweltschutz. Anwendungen und Perspektiven, B. Page (Hrsg.),
     München, Wien 1986; S. 178-192

/2/ Seggelke, J.:
     Das Umweltplanungs- und Informationssystem des Bundes UMPLIS.
     Aufgaben, Hoffnungen und Grenzen.
     In: Informatikanwendungen im Umweltbereich, A. Jaeschke, B. Page (Hrsg.),
     Kernforschungszentrum Karlsruhe, KfK 4223, März 1987; S. 47-72

/3/ Jahresbericht 1987
     Umweltbundesamt (Hrsg.); Bismarckplatz 1, Berlin 33

/4/ Musgrave, B., Page, B., Stopp, M.:
     INFUCHS - Ein Informationssystem für Umweltchemikalien, Chemieanlagen und
     Störfälle
     In: Informatik und Umweltschutz. Anwendungen und Perspektiven.
     Prof. Dr. B.- Page (Hrsg.), München, Wien, 1986 S. 145-177

/5/ Studie über DV-Anwendungen in den Umweltbehörden des Bundes und der Länder,
     Umweltbundesamt (Hrsg.), Texte 34/86 Berlin 1986

/6/ Weidner, H.:
     Umweltberichterstattung in Japan: Erhebung, Verarbeitung und Veröffentlichung von
     Umweltdaten; Edition Sigma, Rainer Dohn Verlag; Berlin 1987

/7/ Seggelke, J.:
     Ein Schalenmodell für den Einfachdialog verschiedener Benutzergruppen beim Umwelt-
     informationssystem UMPLIS
     In: Informatikanwendungen im Umweltbereich, A. Jaeschke, B. Page (Hrsg.),
     Kernforschungszentrum Karlsruhe, KfK 4223, März 1987; S. 73-86

Landes-Informationssystem für die Umwelt
erläutert an Beispielen aus der Ökologie

F. Jungwirth

Zusammenfassung

Der Naturhaushalt stellt ein hochvernetztes System dar. Wir müssen, um die Lebensgrundlagen für Mensch, Tier und Pflanze zu bewahren, die komplexen Wirkmechanismen erforschen, analysieren und verständlich darstellen. Zumeist ist die Erhebung, Auswertung und Präsentation von umweltrelevanten Daten (anthropogene, biogene Daten und Wertvorstellungen) der erste Schritt zum Schutz der Umwelt.

Wir brauchen ein Informationssystem, das über seine Methoden, Verfahren und Programme sowie Datengrundlagen zum einen die einzelnen Fachbereiche im technischen und ökologischen Umweltschutz unmittelbar unterstützt. Zum anderen muß so ein System aber auch in der Lage sein, wegen der Interdependenzen die notwendige Gesamtschau zu produzieren. Es muß damit sowohl horizontal (Fachgebiete im Umweltschutz) als auch vertikal (Verwaltungsebenen) technisch vernetzt bzw. arbeitsteilig arbeiten.

An Hand von aktuellen Anwendungen, wie Artenschutzprogramme auf Landkreisebene, Umweltverträglichkeitsprüfungen bei Raumordnungsverfahren, sollen die bayerischen Arbeiten und der Entwicklungsstand aufgezeigt werden.

Ein Informationssystem über die Umwelt: Vorgaben und Folgen

Zunächst einige Hinweise auf die Behörde aus der ich komme, in der die Erfahrungen gewonnen wurden, über die ich heute berichten möchte. Wir haben in Bayern die Aufgabenbereiche Landesentwicklung und Umweltfragen 1970 in einem Ministerium zusammengeführt. Leitziel der Landesentwicklungspolitik ist die Schaffung gleichwertiger Lebens- und Arbeitsbedingungen in allen Teilen Bayerns. Die Ziele sind in einem Landesentwicklungsprogramm zusammengefaßt. In diesem Programm werden die einzelnen Fachplanungen der Fachministerien koordiniert. Daneben ist unser Geschäftsbereich, der sich über alle staatlichen Verwaltungsebenen erstreckt, zuständig für den technischen und ökologischen Umweltschutz.

Ich möchte nun im Interesse der Zeit das Informationssystem, das diese Aufgaben unterstützen soll, in Statements und in Thesen Ihnen vorstellen. Zunächst drei grundsätzliche Statements.

1. Nutzungsansprüche von Wirtschaft und Gesellschaft konkurrieren in unserem hochtechnisierten Land um einen knappen Raum. Sie greifen auf eine zum Teil schon überlastete Natur zu. Es ist deshalb notwendig, mögliche Nutzungskonflikte von vornherein auszugleichen und die natürlichen Ressourcen landesweit als Wirtschaftsgut aber auch als Lebensgrundlage für Mensch, Tier und Pflanze zu bewahren. Wir müssen sorgsam umgehen mit den Grundgütern des Lebens Luft, Boden, Wasser und Energie. Das heißt auch, daß wir über die Situation und den Verbrauch dieser Basisgüter Bescheid wissen müssen. Wir brauchen also über sie Informationen. Eine so komplexe Aufgabe wie dieses planerische Ordnen und Gestalten von Raum und Umwelt kann aber heute nur noch mit Hilfe modernster Technik gelingen.

2. In unserer natürlichen Umwelt spielen sich sehr komplexe Reaktionen in Form von vernetzten Systemen ab. Es gibt hier gegenseitige Rückkopplungen. Viele dieser Wirkungszusammenhänge sind heute noch unbekannt. Ein rein lineares Denken und Beobachten von Einzelkomponenten reicht nicht aus. Wir brauchen eine Gesamtschau.

3. Umweltbezogene Planungen und Maßnahmen stehen wie nie zuvor heute im Rampenlicht der Öffentlichkeit. Das bedeutet für die planende und für die genehmigende Behörde, daß sie noch umfassender, noch detaillierter das Vorhaben vorbereiten und untersuchen muß, daß eine Unmenge von Fakten, von Daten zu verarbeiten sind und verdichtet werden müssen, so daß alle Beteiligten an diesem Prozeß, insbesondere die Öffentlichkeit mit anschaulichen, lesbaren Unterlagen versehen werden können. Denn seinem Wesen nach kann der Auftrag, die Umwelt zu schützen, niemals vom Staat allein, sondern nur in Zusammenarbeit mit allen verantwortungsbewußten Gruppen und Verbänden der Gesellschaft erfüllt werden. Unabdingbare Voraussetzung für dieses verantwortungsbewußte gemeinschaftliche Handeln ist jedoch klare und ausreichende Information. Daher besteht vor allem im Umweltbereich für den Staat eine besondere Pflicht, informierend tätig zu werden und beim einzelnen Bürger Problembewußtsein zu wecken. Die gezielte Öffentlichkeitsarbeit wird damit zu einem neuen, eigenen Verwaltungsauftrag des Staates.

Ich möchte hier eine Formulierung aufgreifen, die vorhin Herr Prof. E. U. von Weizsäcker gebraucht hat. Wir müssen, um Umweltbewußtsein zu wecken, "ansteckende Informationen" produzieren. Oder anders formuliert: Umweltschutz durch Information.

Was sind nun, ausgehend von diesen Statements, die Kriterien, die Folgerungen für ein Umweltinformationssystem?

1. Folge:
Zunächst: Wir haben es mit einem Verwaltungs- und Planungsprozeß zu tun. Es laufen Dialoge innerhalb der Behörde, zwischen den Behörden und in der Öffentlichkeit ab. Dieser Prozeß kann nicht automatisiert werden, wie einige Verwaltungsvollzugsaufgaben. Das Informationssystem muß diesen Prozeß begleiten und unterstützen, nicht automatisieren. Wir brauchen letztendlich, bezogen auf die Maschine, auf das System, einen Mensch-Maschine-Dialog. Dieser Mensch-Maschine-Dialog muß dieses Frage-Antwort-

Frage-Spiel mit hoher Flexibilität abbilden. Damit muß auch bei der verwendeten Software ein anderer Weg beschritten werden, als sonst gewohnt. Wir brauchen Datenbanksysteme, benutzerfreundliche Abfragesprachen statt Spezialprogrammen, wir brauchen Programm-module, die bei Bedarf geeignet kombiniert werden.

Die zweite Folge:
Sowohl der Planungsprozeß als auch die Bearbeitung von Umweltproblemen findet in der Regel über mehrere Verwaltungsebenen statt. Das führt dazu, daß wir ein arbeitsteiliges Informationssystem aufbauen und weiterentwickeln müssen, arbeitsteilig im Hinblick auf die Maschinen aber auch die Software und die Informationen. Dieses System wird über mehrere Verwaltungsebenen (staatlich und kommunal) verteilt sein. Aber, und das ist eine notwendige Voraussetzung - ich habe vorhin die Begriffe der Gesamtschau, der Wirkungszusammenhänge gebraucht - die Teilsysteme müssen zusammenarbeiten. Wir brauchen "ein Fenster in die Natur" und ich glaube, der Bildschirm am Computer kann uns hier behilflich sein.

Es gibt meiner Meinung nach noch einen weiteren Grund, weshalb ein Umweltinforma-tionssystem arbeitsteilig über die Verwaltungsbereiche hinweg organisiert sein muß: Es geht um die Aktualisierung der erforderlichen Daten. Ich behaupte: Ein großer Teil der Daten ist in Verwaltungsvorgängen, in Akten im staatlichen und kommunalen Bereich versteckt. Es gilt diese Datenschätze zu entdecken und zu heben. Sie müssen digital gespeichert werden und "mobil" über die Verwaltungsebenen gemacht werden. Es gilt der Grundsatz, die Daten dort digital zu erfassen und zu speichern, wo sie entstehen. Aber die Stellen, die sie berechtigt benötigen, können sie ad hoc, im Regelfall, periodisch abrufen. Natürlich ergeben sich dabei eine Reihe von rechtlichen und technischen Fragen. Einige von ihnen möchte ich in einem späteren Abschnitt ansprechen.

Zusammengefaßt: Wir brauchen ein Informationssystem, das sowohl vertikal über die Verwaltungsebene arbeitet als auch horizontal über die Fachbereiche im technischen, ökologischen Umweltschutz sowie in der Landes- und Regionalplanung tätig ist und zudem verwandte Gebiete, z. B. die Landwirtschaftsverwaltung, mit einbezieht.

Und drittens:
Das Informationssystem muß ausbaufähig sein in Richtung neuer Fragestellungen, Daten, Verfahren, und es muß offen sein für neue Technologien. Ich nenne hier stellvertretend nur die auf uns zukommende Bürokommunikation, wie ich meine, die große Herausforderung in technischer und psychologischer Richtung, die in den nächsten Jahren auf die Verwal-tung zukommt. Es ist je nach Sicht das "Trojanische Pferd" oder positiv formuliert, der "Katalysator", der bei der Ausbreitung der digitalen Instrumente wirksam sein wird. Die Bürokommunikation wird uns schneller als andere technischen Entwicklungen die Leitungsinfrastruktur, die Harmonisierung oder Kompatibilität der Technik, die Akzeptanz, d.h. den Abbau von Berührungsängsten in bezug auf die neue Technik bringen. Und sie wird uns insbesondere die digitale Speicherung von dringend notwendigen Informationen bescheren. Die Bürokommunikation wird das Pferd sein, auf dessen Rücken viele

EDV-Anwendungen auch im Umweltbereich "vorangaloppieren" werden. Die neue Technik am Arbeitsplatz kann uns - wenn wir alles richtig organisieren - ein gewaltiges Phantasiepotential und Engagement unserer Fachkolleginnen und -kollegen bei der Anwendung neuer digitaler Verfahren in den verschiedenen Gebieten des Umweltschutzes erschließen.

Eine vierte Folge:
Welche Daten benötigen wir? Ich meine, wir brauchen drei Datengruppen. Die erste Gruppe sind sozio-ökonomische Daten über die Bevölkerung, die Wirtschaft, die Infrastruktur, über Emissionen und Immissionen. Die zweite Gruppe sind biogene Daten. Es sind letztlich Informationen über die Grundgüter Luft, Boden, Wasser und Energie und die Wirkungszusammenhänge innerhalb des ökologischen Systems. Und die dritte Gruppe sind Wertvorstellungen, die ihrer Natur nach mit Geld nicht zu messen sind. Was ist es z. B. uns, der Gesellschaft wert, eine bestimmte Schmetterlingsart zu schützen? Was ist uns der Schutz eines Landschaftsbildes, einer Landschaft wert?

Es sind dies sehr unterschiedliche Datenkategorien, die wir im Umweltbereich brauchen. Eines haben sie gemeinsam, es ist der Raumbezug, der Flächenbezug. Wir müssen dabei beachten, daß z.B. im ökologischen Bereich die Räume, die miteinander verbunden sind, sehr weit voneinander entfernt liegen können. Ich denke hier nur an die Brutplätze von Vögeln und ihre Überwinterungsplätze. Sie können tausende von Kilometern voneinander entfernt sein. Oder der Bau von Stauseen in den Alpen beeinflußt nachhaltig das natürliche Beziehungsgeflecht in diesem Raum.

Woher kommen die benötigten Daten? Einen Teil, insbesondere die sozio-ökonomischen Daten stellt die amtliche Statistik aus ihren Erhebungen zur Verfügung. Darüber hinaus müssen jedoch, gerade Daten mit Flächen- oder Raumbezug zusätzlich erhoben werden. Es sind dies vorwiegend Meßdaten über Emissionen und Immissionen (automatische Meßsysteme zur Schadstoffmessung), ökologische Daten wie Arten-, Biotop- und Flußauenkartierungen oder Bioindikatorenmeßsysteme. Immer interessanter werden die Möglichkeiten, die sich aus der digitalen Auswertung von Luftbildern (auch Falschfarbeninfrarotbilder) oder der Nutzung von Satellitenaufnahmen ergeben.

In diesem Zusammenhang sind jedoch u.a. folgende Fragen zu klären:

- Verfügbarkeit der Daten, Fundstelle
- Definition der Daten (Interpretationsbedürftigkeit)
- Beschreibung der Merkmale und Ausprägungen
- Deskriptoren (Thesauri)
- Zugriffsberechtigung, Datenschutz
- Datenaustauschbeziehungen
- Projektionsmethode, Koordinationssysteme
- Maßstäbe, Kartenblattbezug
- Gebietsabgrenzung

Für welche Zwecke brauchen wir Daten? Wir brauchen Informationen für analytische Zwecke, d. h. zur Untersuchung von Wirkungszusammenhängen, von Situationen, von Entwicklungen im Umweltbereich. Hier richten wir uns in erster Linie an unsere Fachkollegen in den Fachabteilungen. Die Information kann deshalb durchaus kompliziert sein, auch kompliziert verpackt sein. Wir brauchen aber auch Daten für argumentative Zwecke. Die Zielrichtung ist hier in erster Linie der politische Bereich, die Führungsspitze in der Verwaltung. Hier müssen wir die Information auf den Punkt bringen, komprimiert in kurzer Zeit das Wesentliche aussagen. Und drittens: für kommunikative Zwecke. Wir brauchen Informationen zur Information der Öffentlichkeit. Zur Entwicklung eines wohlverstandenen Umweltbewußtseins. Die Information muß anschaulich und lesbar sein. Eine ganz zentrale Rolle kommt dabei der graphischen Datenverarbeitung zu, die an sich eine spezielle Form der Informationsverdichtung darstellt. Ich will nur ein Stichwort geben. Wir haben das Sprichwort: Ein Bild spricht Bände oder ein Bild spricht mehr als tausend Worte. Zur Kommunikation sollten wir uns dieses Medium nutzbar machen. Und noch etwas ist zu beachten, es kommt mehr auf das "Empfangen" der Information, als auf das "Aussenden" an!

Ich möchte nun im zweiten Teil Ihnen einige Karten und Grafiken vorstellen und versuchen anhand dieser Bilder gleichsam meine Thesen und Statements zu untermauern.

(Aus technischen Gründen kann in der schriftlichen Fassung des Vortrags nur ein kleiner Teil der Darstellungen enthalten sein. Auch gibt die Schwarz/Weiß-Fassung der wiedergegebenen Abbildungen nur einen Teil der Aussagen wieder, die die farbigen Originale enthalten. Wegfallen mußten u. a.: Darstellungen aus Flächennutzungsplänen, Realnutzung aus Luftbildern, Überlagerung von widerstreitenden Flächennutzungen, ökologische Merkmale aus dem Raumordnungskataster, Verteilungen von Schwermetallen aus einem Bioindikatorenmeßnetz, Schwefeldioxidbelastung, verschiedene Ergebnisse aus Artenschutzkartierungen sowie eine Reihe von Auswertungen aus Satellitenaufnahmen bezüglich Bannwaldausweisung um Verdichtungsgebiete und über Vitalitätsuntersuchungen von Bäumen im Münchner Stadtgebiet).

Das erste Bild (Abb. 1) zeigt Ihnen die Komplexität eines Informationssystems für den Umweltschutz und für die Planung. Ich glaube, ich brauche die einzelnen Bereiche nicht zu erläutern. Es soll nur symbolisch aufzeigen, daß wir eine Fülle von Teilsystemen benötigen, die - und darauf kommt es an - zusammenarbeiten müssen, die koordiniert werden müssen.

Ein weiteres Bild (Abb. 2) deutet an, wie man über ein Umweltinformationssystem die Umweltverträglichkeitsprüfung im Rahmen eines Raumordnungsverfahrens unterstützen kann. Eine Organisation beabsichtigt einen Staudamm an der Donau zu bauen, um elektrischen Strom zu produzieren. Eine Frage, die sich sofort ergibt: Welche Auswirkungen wird die Aufstauung der Donau für Auwälder, für Naturschutzgebiete und sonstige Nutzungsarten mit sich bringen? Mit unserem Instrumentarium können wir "optisch" zeigen und quanitativ berechnen, wie die Beeinträchtigungen sein werden. Wir schaffen gleichsam Waffengleichheit mit den Planungsunterlagen der antragstellenden Organisation. Waffengleichheit für den Naturschützer!

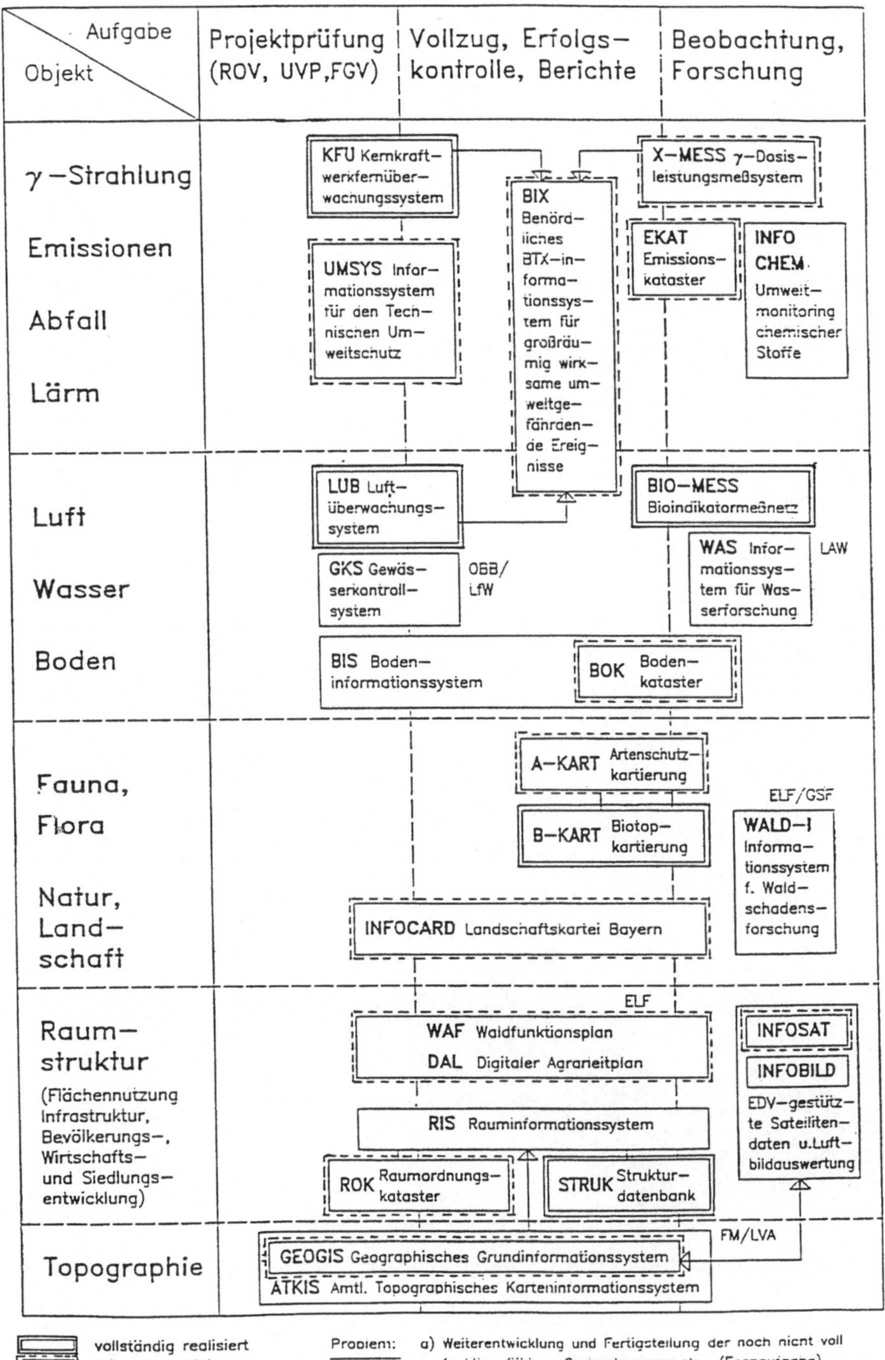

Abb. 1: Komponenten eines umfassenden Umweltkontrollsystems

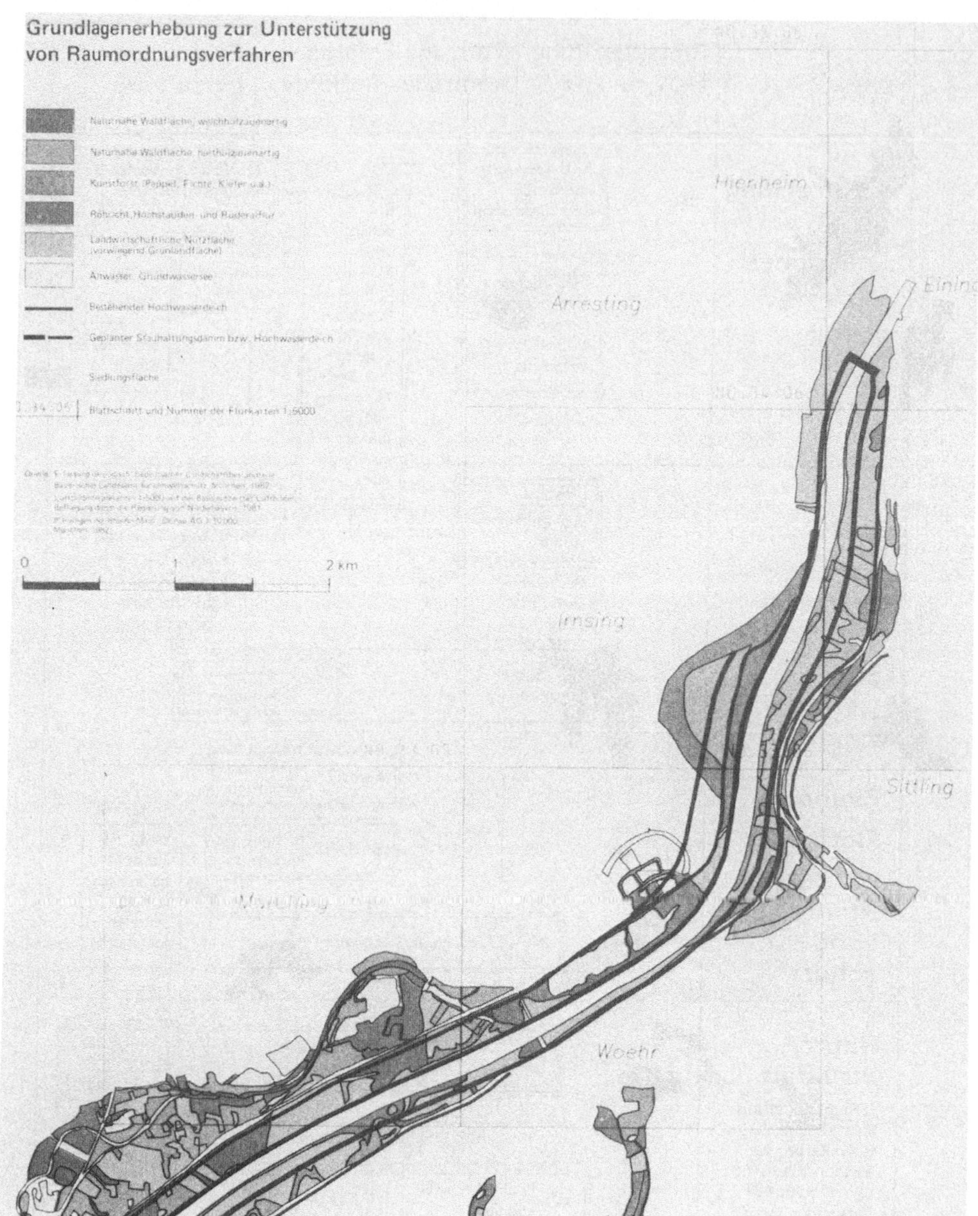

Abb. 2: Grundlagenerhebung zur Unterstützung von Raumordnungsverfahren

Abb. 3 zeigt einen flächenmäßigen und inhaltlichen Ausschnitt aus der Biotopkartierung. Sie wurde Mitte der 70er Jahre in 1:50000 kartiert und wird zur Zeit im Maßstab 1:5000 aktualisiert.

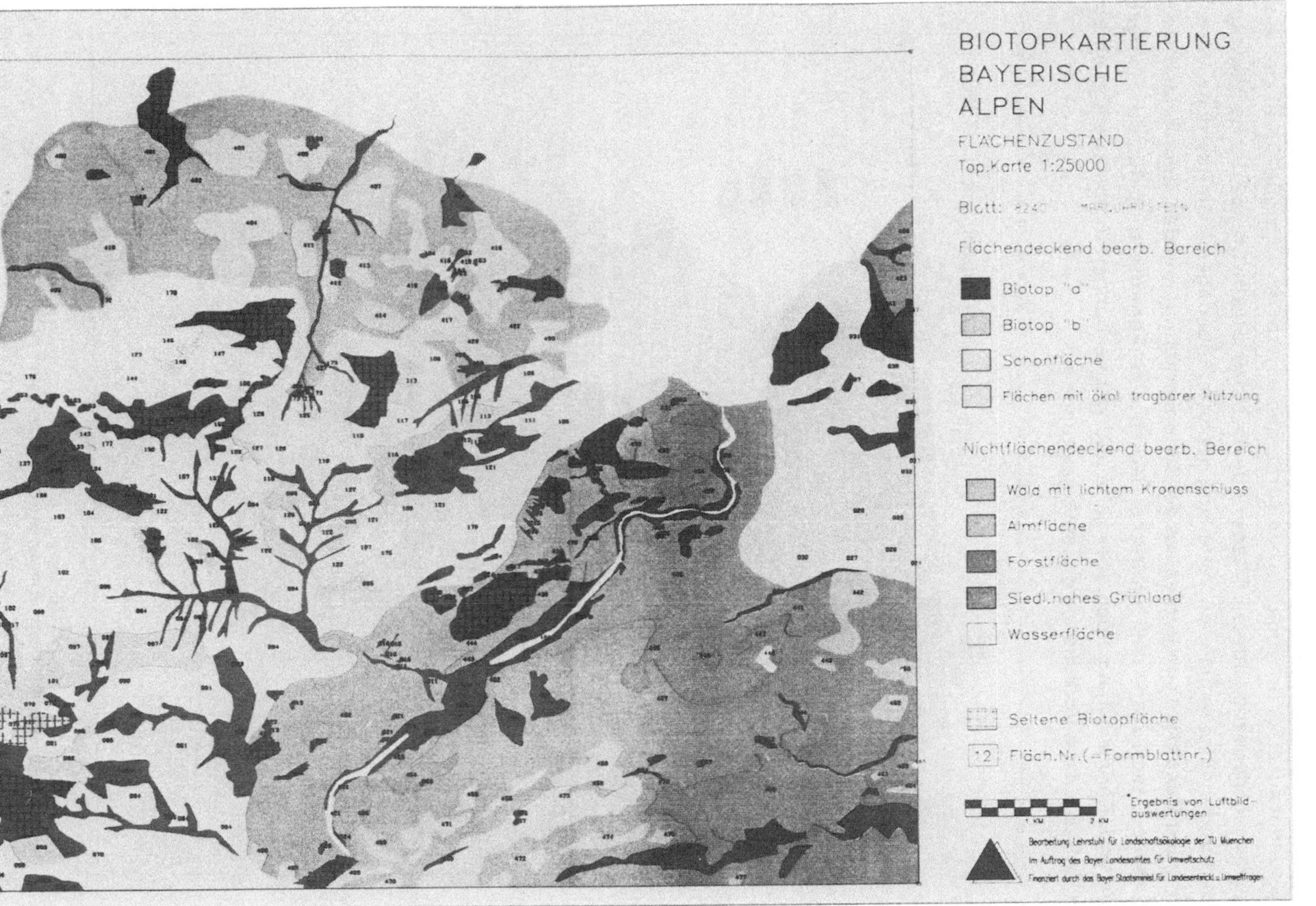

Abb. 3: Biotopkartierung Bayerischer Alpen

Abb. 4 stammt aus einer ornithologischen Kartierung Bayerns (Rastergröße 10 x 10 km). Aus der Gesamtzahl der beobachteten Arten wurde die biozönotische Gruppe der Heckenvögel selektiert und in ihrer räumlichen Verteilung geplottet. Überlagert man nun diese Verteilung mit den Standorten von Hecken aus der Biotopkartierung und den langjährigen Temperaturzonen, sieht man, daß natürliche Hecken eine Voraussetzung für diese Vogelgruppe sind. Darüberhinaus üben aber kalte und warme Temperaturzonen einen erheblichen Einfluß auf das Vorkommen dieser Vogelgruppe aus.

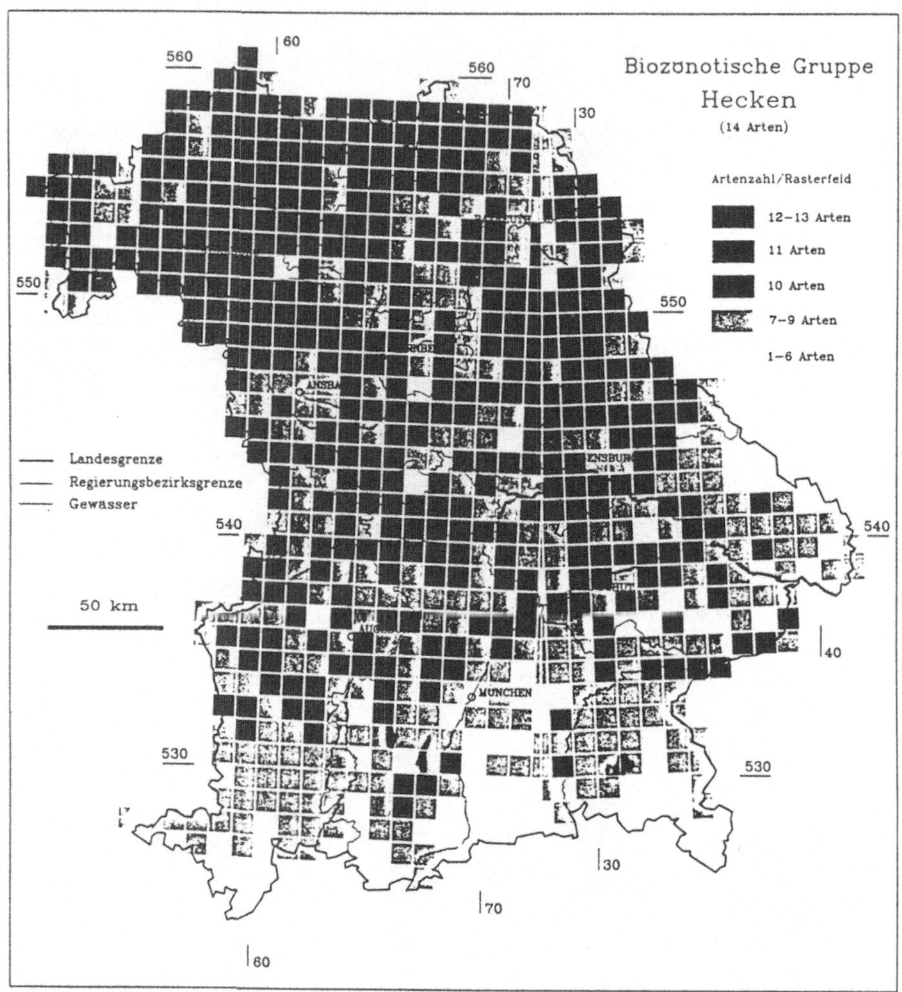

Abb. 4: Biozönotische Gruppe Hecken
In der biozönotischen Artengruppe „Hecken" sind 14 Vogelarten zusammengefaßt. Die Karte zeigt, wieviele Arten dieser Gruppe in jedem Rasterfeld nachgewiesen sind. Man vergleiche die räumliche Übereinstimmung artenreicher und artenarmer Felder sowohl mit der Verteilung der Hecken nach der Biotopkartierung als auch mit der der Klimakenngröße Tagesmittel der Lufttemperatur. Klimatisch benachteiligte (kühlere) Gebiete erreichen auch bei hoher Heckendichte meist nur durchschnittliche bis unterdurchschnittliche Zahlen des Heckenvogelkollektivs.

Mit dieser Darstellung möchte ich nur andeuten, daß wir mit der graphischen Datenverarbeitung ein Werkzeug in die Hand bekommen, mit dem wir einigen der weithin unbekannten Wirkungszusammenhänge im "ökologischen Netzwerk" auf die Spur kommen können.

Ausblick

Generell kann man feststellen, daß der Computereinsatz bei der Datenanalyse und -aufbereitung nicht zuletzt wichtige Dienste in der oft schwierigen umweltpolitischen Auseinandersetzung liefern kann. Ein funktionierendes Umweltinformationssystem kann für die notwendige Argumentationshilfe beim politischen Interessenausgleich sorgen. Schließlich machen sichere und verläßliche Informationen Konflikte erst objektivierbar und damit konsensfähig.

Ich wollte aufzeigen, daß die Aufgabe "technischer und ökologischer Umweltschutz" ein umfassendes Informationssystem erfordert. Der Auf- und Ausbau eines solchen Systems stellt eine Fülle von technischen und organisatorischen Problemen. Was die Technik betrifft, so kommt uns die sich abzeichnende Entwicklung entgegen. Unser Hauptaugenmerk sollten wir zukünftig auf die organisatorischen Voraussetzungen und die erforderliche enge Zusammenarbeit zwischen allen beteiligten Stellen richten.

Derzeitige und zukünftige Informatikanwendungen bei Landesumweltbehörden

A. Breitenstein

Zusammenfassung

Die im Umweltschutz mit großem finanziellem und personellem Aufwand erarbeiteten Datenmengen und komplexen Zusammenhänge sind heute rationell nur noch durch den Einsatz der EDV zu gewinnen und zu aggregieren. Dabei stellt die Vielfalt der Informationsgewinnung, sei es mit Hilfe von automatisch arbeitenden, über DFÜ verkoppelten Meßnetzen oder, im anderen Extrem, aus den Handakten, z. B. des Biotopkartierers, ähnlich große Anforderungen an die EDV wie die zielgerichtete Datenaufbereitung sowohl für den Spezialisten in der Fachverwaltung wie für die Erstellung von Wissensbasen für den fachübergreifenden Umweltschutz und die Berichterstattung. An ausgewählten Beispielen wird das Spektrum der Anforderungen an die EDV erläutert.

1. Einführung

Die Mitarbeiter der Landesanstalt für Umweltschutz Baden-Württemberg (LfU), in der auch ich für die Koordinierung von Umweltforschung und Umweltinformation tätig bin, sind hier in dieser bedeutenden Großforschungseinrichtung, dem Kernforschungszentrum Karlsruhe (KfK), oft Gäste. Vielfältige Zusammenarbeit hat eine gute Partnerschaft auf vielen wissenschaftlichen Gebieten entstehen lassen. Naturgemäß sind es besonders die Gebiete des Umweltschutzes, aber auch die Nutzung des Rechenzentrums sowie die Zusammenarbeit bei der Entwicklung von Expertensystemen, die besonders erwähnt sein sollten. Das Land Baden-Württemberg als Geldgeber und das KfK fördern darüber hinaus im Rahmen zweier Projektträgerschaften Forschungsvorhaben in den Bereichen der Ursachen-Wirkungsbeziehungen der Waldschäden; zur Luftreinhaltung und Medizin sowie zu Wasser-, Abfall- und Bodenproblemen. Der Beirat für Umweltforschung des Landes Baden-Württemberg tagt regelmäßig hier im KfK.

Die LfU wurde bereits 1975 durch Zusammenführung aller bedeutenden landeseigenen Umweltinstitute gegründet. Es werden seitdem alle Umweltmedien bearbeitet. Der Detaillierungsgrad der Arbeitsgebiete und der Umfang der abzuwickelnden Planungs-, Untersuchungs- und Meßaufgaben hat ebenso wie die Komplexität der fachübergreifenden Problemstellungen ständig zugenommen. Aufgrund dieser vielseitigen Anforderungen sind in der LfU derzeit über 600 Personen beschäftigt, davon eine große Anzahl von Wissenschaftlern, die zusammen Erfahrungen aus mehr als 25 Fachdisziplinen in die gemeinsame Arbeit einbringen. Das war und ist für die Zusammenarbeit mit den Fachverwaltungen, wie Gewerbeaufsicht, Naturschutz-, Abfallwirtschafts-, Wasserwirtschafts-, Landwirtschafts-, Forst-, Medizinalverwaltung sowie mit anderen Bereichen eine günstige Ausgangssituation.

In den letzten Jahren vollzog sich die Konzentration der Arbeitsgebiete schrittweise auch bei den vorgesetzten Ministerien und führte letztendlich in diesem Jahr zur Gründung eines eigenständigen Umweltministeriums in Baden-Württemberg.

Es waren in Baden-Württemberg also bereits frühzeitig günstige Voraussetzungen geschaffen für einen fachübergreifenden Umweltschutz.

Der große Umfang der Meß-, Untersuchungs-, Überwachungs- und Verwaltungsaktivitäten der LfU, der Fachverwaltungen und anderer Landeseinrichtungen lieferte in den letzten Jahren eine enorme Vielfalt von Grunddaten zur Umweltsituation in Baden-Württemberg.

Kenntnisse und Erfahrungen aus langen selbstbetriebenen Meß- und Beobachtungsreihen waren für die Spezialisten der verschiedenen Fachrichtungen notwendig, um die Sicherheit zu gewinnen, die Grunddaten in Kausalzusammenhänge einzubinden und einzelne Fakten gemeinsam mit den erkannten Regeln zu fachspezifischen und fachübergreifenden Wissensbasen zusammenzufassen.

Ergänzende Hilfestellungen dazu erbrachten die intensiven Kontakte zu der Forschungscommunity der Hochschulen und des hiesigen KfK. Diese wurden wiederum durch eine großzügige Umwelt-Forschungsförderung seitens des Landes unterstützt.

In diesem Zusammenhang muß außerdem der intensive Erfahrungs- und Datenaustausch mit den Fachverwaltungen der anderen Länder und des Bundes erwähnt werden. In einem Grenzland wie Baden-Württemberg ergeben sich auch aus der Zusammenarbeit mit Regionen benachbarter Staaten aufgrund gemeinsamer grenzüberschreitender Umweltprobleme viele weitere Daten und Informationen (Internationale Gewässerschutzkommission für den Bodensee, Dreiseitige Deutsch-Französisch-Schweizerische Regierungskommission für nachbarschaftliche Fragen , Rheinanlieger etc.).

Die umfangreichen Aufgaben bei der wissenschaftlichen Erschließung ständig neuer ökologisch-wirtschaftlich-technischer Zusammenhänge und Abhängigkeiten können bei ständigem Personalmangel nur mit dem Einsatz des Rationalisierungsinstrumentariums der Informatik bewältigt werden.

Eingesetzt werden:
- Prozeßrechner für die Automatisierung:
    - von Sensoren und Meßgeräten im Feld und Labor,
    - von ganzen Meßnetzen mittels entsprechender DFÜ,
    - von Alarmmeldungen (Sprachausgabe mit telefonischer Benachrichtigung etc.)
- Datenbanksystem (ADABAS) mit entsprechenden Schnittstellen für Auswertungsprogrammierung (NATURAL)
- Programmpakete für Ausbreitungs-, Simulations- und Prognoserechnungen

- Landschaftsdatenbank (LDB, siehe auch folgender Vortrag von F. Arnold) und weitere grafische Werkzeuge
- Expertensysteme, die z. Zt. im Rahmen der Forschungsförderung Baden-Württembergs entwickelt werden (siehe Vortrag von R. Weidemann, W. Geiger u. W. Eitel).

Unter Berücksichtigung der übrigen Vorträge soll in der Folge aus dem großen Spektrum des Informatikeinsatzes für den Umweltschutz in Baden-Württemberg nur ein Teil anhand einer fachübergreifenden Problemstellung dargestellt werden.

Ein wesentlicher Anteil der Grunddaten wird durch den Betrieb von Meßnetzen erarbeitet. Der Betrieb von Meßnetzen, die Erfassung, die Auswertung und die Datenhaltung der Meßwerte werden sehr wesentlich vom Stand der eingesetzten EDV-Hilfsmittel beeinflußt, deswegen einige Beispiele aus einem ausgewählten Bereich, nämlich dem der Ausbreitung von Schadstoffen über den Luftpfad.

2. Emissionen

Die Emissionen sind die Ursache der Belastungen. Erfolgreiche Luftreinhaltepolitik muß sich aus der Fortschreibung von Katastern ablesen lassen, die für die Ballungsgebiete Baden-Württembergs angefertigt werden.

Entsprechend der Zusage der Landesregierung, die Räume Karlsruhe, Mannheim und Stuttgart wie ausgewiesene Belastungsgebiete zu behandeln, werden in diesen Räumen Luftreinhaltepläne erstellt. Wesentlicher Bestandteil eines Luftreinhalteplans ist das Emissionskataster, in dem die Emissionen der maßgebenden luftverunreinigenden Stoffe erfaßt und katastermäßig dargestellt sind. Das Emissionskataster gibt einen Überblick über die Emissionsverhältnisse im dem erfaßten Gebiet und bildet eine wichtige Arbeitsgrundlage für gebietsbezogene Luftreinhaltemaßnahmen. Die Emissionen sind dabei nach den Emittentengruppen Industrie/Gewerbe, Hausbrand und Verkehr gegliedert.

Die Datensammlung stützte sich auf freiwillige Emissionserklärungen der Gewerbe- und Industriebetriebe in diesen Gebieten. Die Datenhaltung erfolgt in der ADABAS-Datenbank der LfU. Die Auswertung und die Aufbereitung wird mit Hilfe von NATURAL vorgenommen.

Aus den veröffentlichen Emissionskatastern der verschiedenen Belastungsgebiete und Quellengruppen wurde das der Quellengruppe Industrie und Gewerbe für Mannheim ausgewählt. Mit den Tabellen auf Bild 1 werden die Emissionen der anorganischen sowie der organischen Gase und Dämpfe wiedergegeben. Dies sind die aggregierten Daten für das gesamte Gebiet. Die durchschnittlichen jährlichen Emissionsdichten (t/a je km^2) wurden mit einer Auflösung von 1 Quadratkilometer für die wichtigsten Stoffe jeweils in separaten Karten der Emissionskataster für die verschiedenen Quellengruppen und Ballungsgebiete dargestellt. Die Aufwendungen für die Ermittlung und Aggregation dieser Daten sind sehr hoch gewesen.

Tabelle   : Emission anorganischer Gase

Bezeichnung des emittierten Stoffes	Jahresemission in t/a	Emissionsanteil in %
Anorganische Gase	**96.300**	**100,0**
Schwefeldioxid	44.422	46,1
Stickoxide (als NO_2)	34.098	35,4
Kohlenmonoxid	13.552	14,1
Chlorwasserstoff	4.031	4,2
Fluorwasserstoff	120	0,1
Edelgase (ohne Rn)	37	
Distickstoffoxid	21	
Ammoniak	10	
Wasserstoff	5	0,1
Schwefeltrioxid	2	
Chlordioxid	1	
sonstige anorganische Gase	<1	

Tabelle   : Emission organischer Gase und Dämpfe –
Emissionsanteile verschiedener Kohlenwasserstoffe

Bezeichnung des emittierten Stoffes	Jahresemission in t/a	Emissionsanteil in %
Organische Gase und Dämpfe	**5.605**	**100,0**
Kohlenwasserstoffe	**2.165**	**38,6**
Aliphatische Kohlenwasserstoffe	833	14,9
Hexan	602	10,7
Vergaserkraftstoff, Normal	195	3,5
Vergaserkraftstoff, Super	192	3,5
Dieselkraftstoff/Heizöl EL	80	1,4
Mineralöl	56	1,0
Cycloalkane	27	0,5
Heizöl S	25	0,5
Petroleum	23	0,4
Dämpfe aus Bitumen	20	0,4
Flugbenzin	18	0,3
Benzin, mittelschwer	17	0,3
Benzin, leicht	13	0,2
Butan	12	0,2
Schmieröl	12	0,2
Testbenzin	8	0,1
Propan	8	0,1
Rohöl	8	0,1
Pentan	5	0,1
Benzin, schwer	4	0,1
Inden	2	
Solvent Naphtha	2	
Naphthalin	1	0,1
Gasöl	1	
sonstige Kohlenwasserstoffe	1	

Bild 1:   Emission anorganischer Gase und organischer Gase und Dämpfe;
aus: Emissionskataster Mannheim - Quellengruppe Industrie und Gewerbe

3. Immissionen, Luftmeßnetz

Der Umfang der Immissionsbelastungen und der Depositionen von Luftschadstoffen wird sowohl durch Emissionen im Land als auch durch Ferntransporte bestimmt. Die Import-Exportquote des grenzüberschreitenden Schadstofftransports variiert für verschiedene Wetterlagen sehr stark.

Die von der ECE im Rahmen des internationalen EMEP-Programms erarbeiteten Datensätze sind wichtige Grunddaten bei der Bewertung der Eigenanteile an den Immissionsbelastungen.

Baden-Württemberg hat zur besseren Bestimmung der Ausbreitungsbedingungen von Luftschadstoffen einige Forschungsprojekte gefördert. Zu Ergebnissen von zwei Projekten werden K.R. Bräutigam, C. Kupsch und G. Sardenmann sowie F. Fiedler vortragen.

An den 32 z. Zt. betriebenen Stationen des automatischen Vielkomponentenmeßnetzes wurden die auf dem Bild 2 erkennbaren Jahresmittelwerte z. B. für Schwefeldioxid (SO_2) erhalten.

Neben den üblichen Immissionskomponenten werden einige metereologische sowie partiell ausgewählte radiologische Daten automatisch gemessen.

Über einen Netzverbund werden die Werte in die Zentrale nach Karlsruhe übermittelt. Automatische Alarmweiter- und Sprachausgabe sorgen für eine lückenlose Alarmbereitschaft.

Die Errichtung weiterer 30 Stationen steht bevor.

Die Datenhaltung erfolgt in der Datenbank der LfU unter ADABAS. Die Daten werden über DFÜ dem Umweltbundesamt auch für das bundesweite Smog-Frühwarnsystem (siehe Vortrag H. Reichert) aktuell übermittelt. Bundesweite Informationen stehen unserer Luftmeßzentrale im Gegenzug zur Verfügung.

4. Depositionsmessungen (Bild 3)

Die Depositionen sind das Maß für die Belastung von Boden und Bewuchs.

Am Beispiel des räumlich stark differenzierten Protoneneintrages in Wald- und Freiflächen, gemessen im Niederschlagsmeßnetz der Forstlichen Versuchs- und Forschungsanstalt Baden-Württemberg (FVA) sei dies hier kurz skizziert.

Die Proben werden mit Hilfe von Sammlern und die Daten einzeln im Labor gewonnen. Die Datenhaltung erfolgt in der FVA und in den LfU-Umweltqualitätsdateien.

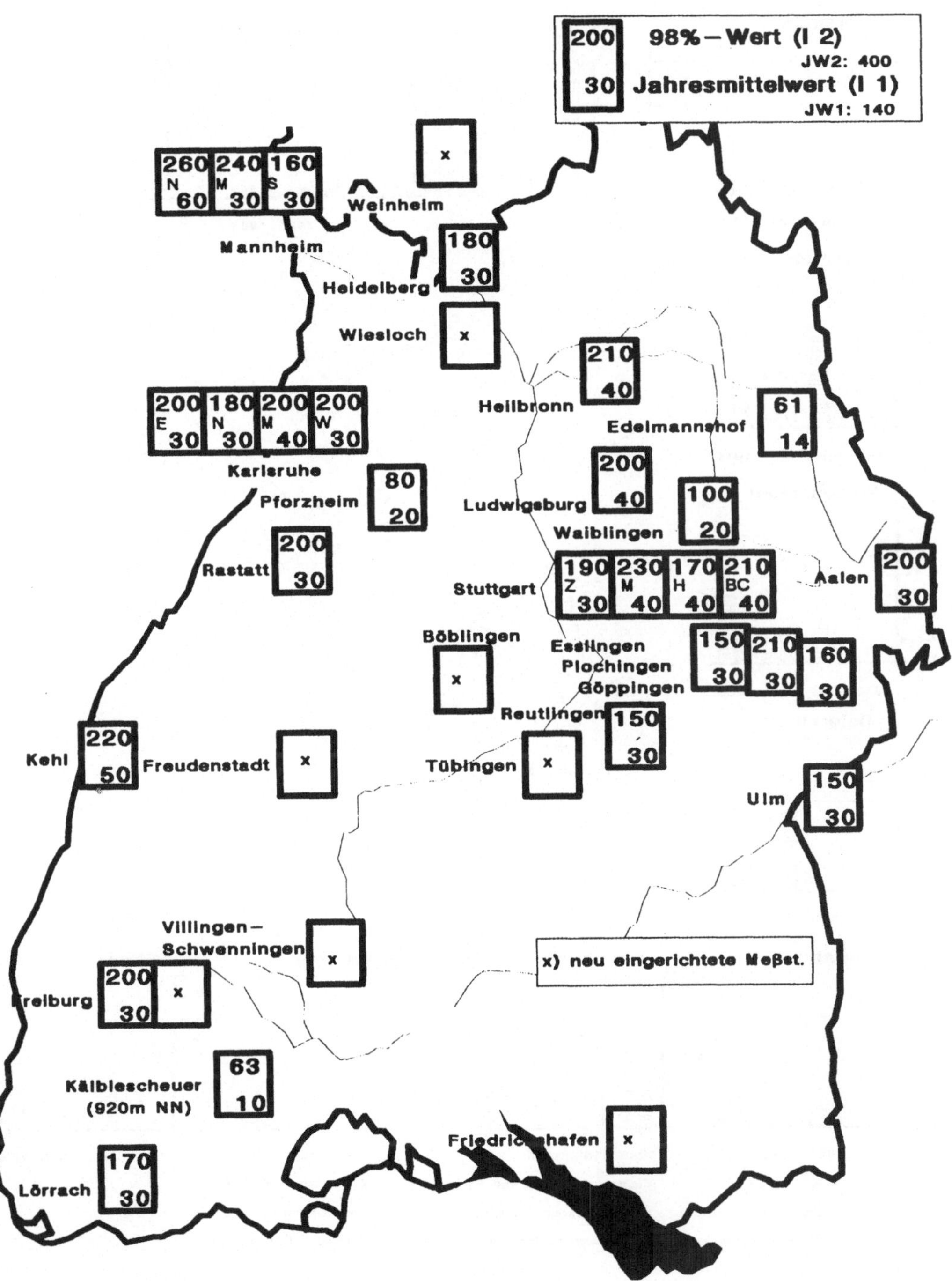

Bild 2: SO$_2$ Immissionskonzentrationen in µg/m^3
Jahresmittelwerte 1986 in Baden-Württemberg

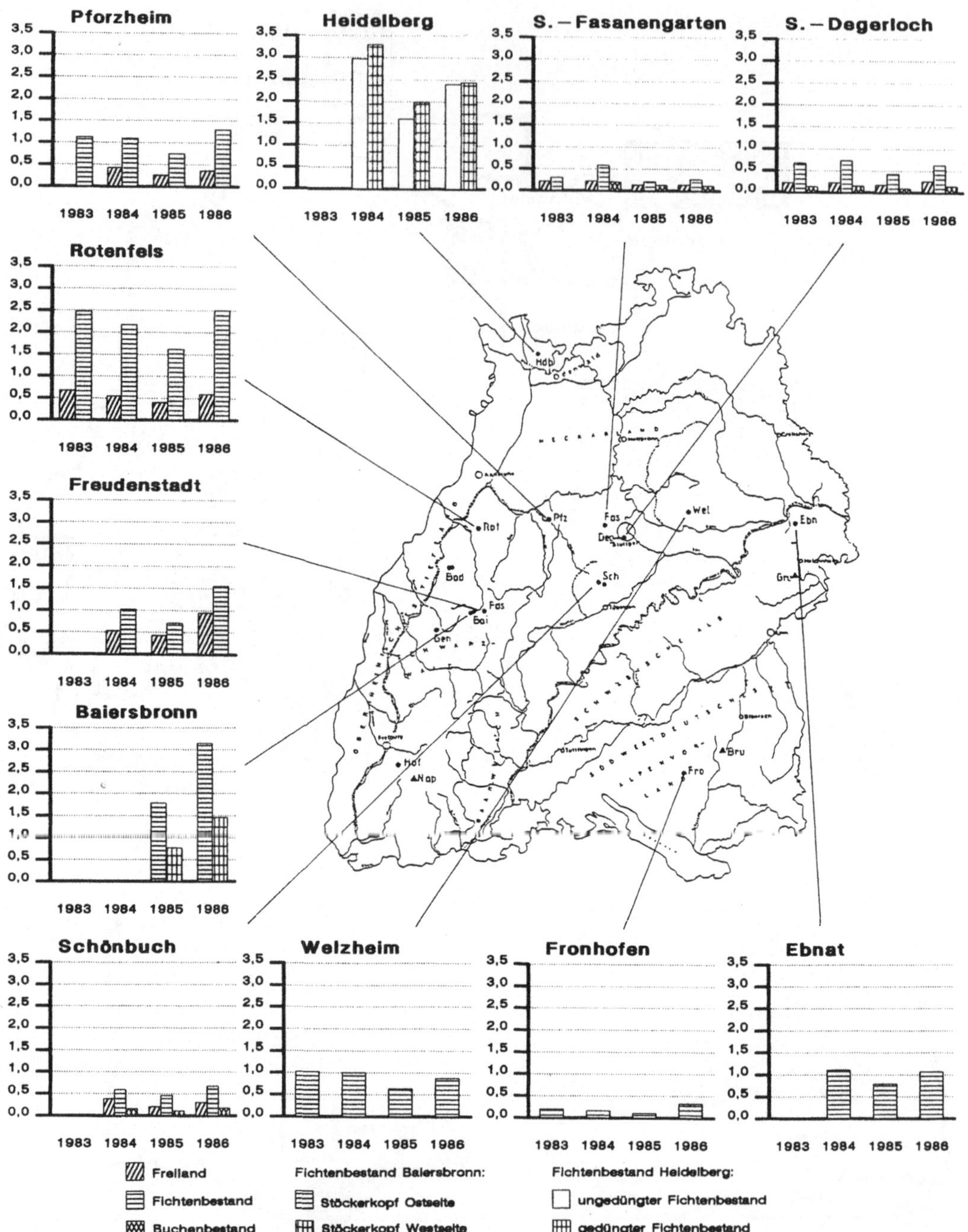

Bild 3: Protoneneintrag (Wasserstoffionen (H$^+$)) in k Mol H$^+$/ha für die Mittelwerte über die Winter- und Sommerhalbjahre von 1982/83 bis 1985/86
aus: Umweltbericht 1987 Baden-Württemberg

5. Wirkungskataster

Immissionsökologische Aussagen werden durch
- Wirkungsmeßnetze in Ballungsgebieten
- landesweite Bioindikator-Expositionsprogramme
- Dauerbeobachtungsflächen und Probenahmestellen

erzielt. Zusammen mit den Immissionsmeßdaten erlauben die Auswerteergebnisse eine umfassendere Beschreibung der lufthygienischen Situation. Die Daten werden einzeln zum Teil vor Ort und im Labor gewonnen. Die Auswertung erfolgt auf PC's, die endgültige Datenhaltung in der ADABAS-Datenbank der LfU.

6. Radiologische Umwelt-Überwachung

Es erfolgt eine Umgebungsüberwachung in- und ausländischer kerntechnischer Anlagen. Die Kernreaktorfernüberwachung des Betriebes der Anlagen erfolgt mit einem gesonderten Meßnetz (KFÜ). Die Datenhaltung geschieht gesondert in der LfU. Ausbreitungsrechnungen sind unmittelbar durchführbar. Die Aufsichtsbehörde, nämlich das Umweltministerium, ist mittels DFÜ online zugeschaltet.

Dies sollten einige charakteristische Beispiele für den Betrieb von Meßnetzen und zur Datengewinnung in verschiedenen Bereichen sowie der praktizierten Datenhaltung sein.

7. Weitere Umweltbereiche

Herr Wizgall wird in seinem Vortrag sicherlich auf spezielle Aspekte der Datengewinnung, der -verarbeitung und -haltung im Bereich der Abfall- und Wasserwirtschaftsverwaltung eingehen. Weitere Beispiele wie Biotopkartierung, Bodenmeßnetz usw. sollen hier nicht weiter erwähnt werden.

8. EDV-Systemübersicht LfU und Kommunikationsverbund in Baden-Württemberg

Damit eine Vorstellung entsteht, in welcher Hardware und Kommunikationslandschaft sich die zuvor erwähnten Meßnetze einbetten, einige Erläuterungen zur Hardware und zum Kommunikationsnetz (siehe Bild 4).

Aus der Systemübersicht der DV-LfU kann zunächst abgelesen werden, daß die Hardware aus einer Kopplung von VAX-Rechnern der Firma DEC besteht. Weiterhin sind mehrere Kommunikationsebenen erkennbar.

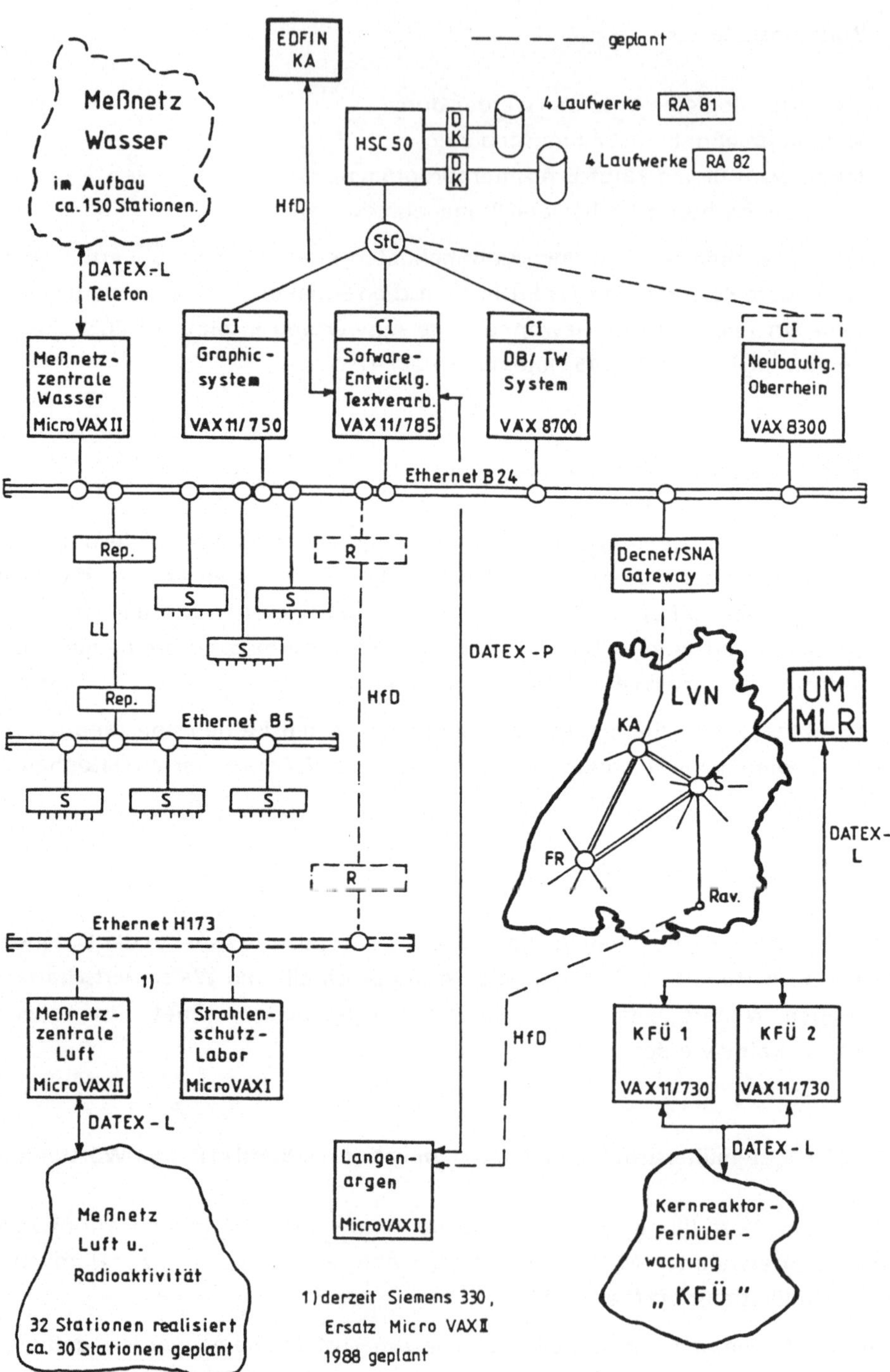

Bild 4: Systemübersicht- DV-LFU

Die Meßnetze für Luft- und Radioaktivität arbeiten über die DATEX-L mit der Zentrale zusammen. Im Meßnetz Wasser ist dies in gleicher Weise geplant. Das LfU-Institut für Seenforschung und Fischereiwesen in Langenargen am Bodensee ist mittels DATEX-P angebunden. Die verschiedenen Häuser, in denen die LfU untergebracht ist, sind jeweils mit einem Ethernet ausgerüstet, welche entweder über HfD-Leitung oder optische Kopplung mit der EDV-Zentrale verbunden sind.

Die größeren VAX-Rechner in der Zentrale werden z. Zt. zu einem Cluster mit den Laufwerken verschaltet. Die Verbindung zum Großrechenzentrum (IBM) der Oberfinanzdirektion KA wird z. Zt. über HfD betrieben. Das KFÜ arbeitet in der LfU im Inselbetrieb. Die Verbindung zu den Meßstellen und zum aufsichtführenden Ministerium wird über DATEXL hergestellt.

Im Jahre 1988 wird das Landesverwaltungsnetz Teil Umwelt in Betrieb gehen. Über ein DECNET/SNA-Gateway wird die DEC-Welt der LfU mit diesem Netz verbunden. Die Vorbereitungen dazu sind nahezu abgeschlossen. Dieses Netz wurde aufgrund der Erfahrungen mit unzureichenden Kommunikationsverbindungen zur Zeit des Reaktorunfalls in Tschernobyl konzipiert. Folgende Forderungen wurden gestellt:
-   flächendeckendes Netz,
-   hohe Verfügbarkeit,
-   schnelle Übertragungswege,
-   hohe Datensicherheit,
-   Flexibilität bei Ausfällen und hohem Durchsatz,
-   Erweiterbarkeit,
-   zentrales Netzwerkmanagement,
-   Anschluß von Kommunen, Ländern und Bund,
-   Benutzerfreundlichkeit.

Die Topologie des Netzes ist folgende:
Netzzone I mit dem Ringverbund zwischen Karlsruhe, Freiburg und Stuttgart,
Netzzone II mit der Anbindung von Konzentratorrechnern,
Netzzone III mit der Anbindung der Dienststellen an den nächstliegenden Konzentrator.

9. Fachübergreifender Umweltschutz

Nach dem Ausflug in die Welt der Hardware und der Kommunikationsnetze sollen Ergebnisse der Anwendung dargestellt werden.
In welchem Ausmaß sich die, aus all den genannten Quellen gespeisten Wissensbasen erweitertern, kann man an den Ergebnissen der fortlaufend erfolgenden Bewertungen der Umweltsituation in Baden-Württemberg erkennen. Seit 1979 werden die Bewertungen im Rahmen einer umfassenden Umweltberichterstattung zur Umweltqualität Baden-Württemberg im 4-jährigen Rhythmus von meinen Mitarbeitern redaktionell aufbereitet

und veröffentlicht. Der Umweltbericht 1987 wurde vor wenigen Wochen der Öffentlichkeit vorgestellt. Die redaktionelle Arbeit meiner Mitarbeiter konnte nur deshalb termingerecht und so erfolgreich sein, weil die Zusammenarbeit mit allen Beteiligten aus vielen Institutionen Baden-Württembergs sehr gut war und mindestens teilweise auf vorbereiteten umfangreichen Wissensbasen aufsetzen konnte.

Dazu möchte ich Beispiele anhand von Karten erläutern, die mit dem Methodenpaket der Landschaftsdatenbank der LfU aus Meßdaten der Landwirtschaftlichen Untersuchungs- und Forschungsanstalt Augustenberg (LUFA) erstellt wurden. (Die farbigen Karten können in diesem Nachdruck nicht wiedergegeben werden).

Zunächst das Quecksilber- Schwermetallkataster der Ackerböden Baden-Württembergs. Die Darstellung zeigt, daß unter Berücksichtigung der Grenzwerte der Klärschlammverordnung keine Überschreitungen dieser Werte vorliegen. Anders sieht dies bei dem Nickel-Schwermetallkataster aus. Allein schon der Farbeindruck legt eine andere Beurteilung nahe. Die Grenzwerte sind in einigen Gebieten überschritten.

Die Ursachen sind für den Bodenkundler offensichtlich, wenn diese Karte mit der Bodenkarte verglichen wird. Die hohen Gehalte sind lithogener Herkunft und überdecken anthropogene Einflüsse vollständig.

Die Verschneidung der Karten weist auf den Kalk- und Dolomituntergrund in Bereichen der Schwäbischen Alb hin. Die Bodenbildung aus dem Untergrund erklärt die Schwermetallgehalte der Ackerböden.

Diese Überlagerung von thematischen Karten ist bereits ein oft angewandtes Hilfsmittel für Ursache-Wirkungsermittlungen. Selten jedoch ist die Datenbasis so umfangreich und das Ergebnis so klar.

Die vermehrte Anwendung dieser und ähnlicher Methoden erfordert:
1. Den weiteren Ausbau des Instrumentariums der grafischen DV
2. Die Vervollständigung der Datenbasen.

Zu 1.: Der Ausbau der grafischen DV wird überall beschritten. Die Betonung liegt auf überall. Das Ziel, normierte und leicht bedienbare Werkzeuge für alle Anwender zu erhalten, dürfte noch in weiter Zukunft liegen. So werden der Vermessungsbereich, die Flurbereinigung und der Umweltschutz, um nur einige zu erwähnen, wahrscheinlich noch geduldig sein müssen, bis ihre Interessen mit gemeinsam nutzbaren Werkzeugen zu erfüllen sind.

Zu 2.: Die Vervollständigung der Datenbasen erfolgt laufend, z. B. wird versucht, in Baden-Württemberg um der zunehmenden Nitratbelastung im Grundwasser Einhalt zu gebieten, mit der Einführung des sogenannten Wasserpfennigs und der damit möglichen Entschädigungszahlung die Landwirte zu einer Einschränkung der Düngung zu veranlassen. Für dieses Programm werden sofort 120.000, mittelfristig 400.000 Nitratanalysen der Bodenproben in Wasserschutzgebieten notwendig.

Es wächst also eine umfangreiche Datenbasis heran.

Zusammen mit der ebenfalls umfangreichen Datenbasis zur Grundwasserbeschaffenheit, die z. Zt. ca. 19.000 später 40 - 50.000 Informationen zu den Wasserfassungen enthält, sowie in weiterer Verbindung mit der hydrogeologischen Kartierung werden sich interessante Schlußfolgerungen ziehen lassen. Dies gilt vor allem für besonders belastete Gebiete, wenn erweiterte Zeitreihen verfügbar sind. Dieser Zuwachs an Informationen weckt aber weiteren Bedarf, denn sicherlich ist nicht nur der Nitrateintrag in den Wasserschutzgebieten von Bedeutung. So werden Wünsche in Richtung Realnutzungskartierung wach. Es ist für mehrere Verwaltungsbereiche interessant, die jährliche reale Nutzung auf den landwirtschaftlichen Flächen zu kennen. Jedes Jahr wird mit großem Aufwand durch die Landwirtschaftsverwaltung, z. B. bundesweit, die Ernteermittlung betrieben. Auch aus diesem Grunde ist man an einer rationelleren Arbeitsmethodik interessiert.

Die Fernerkundung bietet sich dafür mit der nunmehr auch für den zivilen Bereich verfügbaren verbesserten Auflösung an. Die jedoch noch vorhandenen methodischen Probleme sind Untersuchungsgegenstand eines von Baden-Württemberg vergebenen Forschungsvorhabens an 3 Fernerkundungsinstitute.

Um die anstehenden und sich ständig ausweitenden Aufgaben des Umweltschutzes bewältigen zu können, muß das Rationalisierungsinstrumentarium der EDV in immer größerem Umfang genutzt werden. Der Zwang zur Rationalisierung ergibt sich auch aus volkswirtschaftlichen Gründen. Alle Aufwendungen, die für den Kostenblock: Planungs-, Überwachungs- und Forschungskosten getätigt werden, stehen nicht für den kurativen und den präventiven Umweltschutz, also z. B. für Vermeidungs- und Substitutionsstrategien zur Verfügung.

Das Rationalisierungsinstrument EDV läßt sich aber nur dann nutzen, wenn es im genügendem Umfang eingesetzt werden kann. Dabei gibt es im öffentlichen Dienst einige Schwierigkeiten. Zwischen der Zuweisung von neuen Aufgaben einerseits und von Sach- und Personalmitteln andererseits ergeben sich stets Verzögerungen. Während die Sachmittel noch einigermaßen zügig bereitgestellt werden, wird dies bei den Personalstellen wesentlich restriktiver gehandhabt. Hinzu kommt die abgesenkte Eintrittsbesoldung, die Bund und Länder den Berufsanfängern generell, also auch den Informatikern, nur bieten können. Diese ist nicht konkurrenzfähig mit der Entlohnung in der freien Wirtschaft. Daraus ergeben sich immer größere Defizite bei der Bearbeitung anstehender Aufgaben.

Eine begrenzte Lösung besteht darin, die Informatikanwendungen der Fachabteilungen mit eigenen Fachleuten, die Informatikkenntnisse haben oder sich aneignen, ausführen zu lassen. Daraus folgen wiederum verstärkt Forderungen an die leichte Handhabung von Datenbanken, Abfragesprachen etc.; kurzum alles, was sich unter dem Schlagwort - "leichter bedienbare Benutzeroberflächen" - subsummieren läßt, ist deshalb für eine breite Anwendung des Rationalisierungsinstruments EDV im Umweltschutzbereich von ausschlaggebender und zunehmender Bedeutung.

Landschafts-Informationssystem, ein Instrument zur räumlichen Umweltplanung

F. Arnold

Zusammenfassung

Natur und Umweltschutz sind erst seit wenigen Jahren Einsatzbereiche für die Informatik. Die zunehmende Belastung unserer Umwelt kann nur durch Verbesserung der Information entweder vermieden oder minimiert werden. Raumbezogene digitale Informationsysteme mit entsprechenden Auswerteprogrammen sind nunmehr als geeignete Instrumente zur Erfassung und Darstellung der Daten vielfältig einsetzbar. Die Informatik wird jedoch bei der Weiterentwicklung noch ein breites Anwendungsfeld für die fachbezogene Programmerstellung vorfinden.

Vortrag

Als erstes ein Wort zur Person. Obwohl ich seit fast 14 Jahren Informatik im Umweltbereich aktiv betreibe, bin ich nicht Informatiker, sondern nur Anwender und Nutzer der Informatik mit dem Ziel, dieses Instrumentarium als Werkzeug und Hilfsmittel für eine verbesserte Planung und Umweltvorsorge einzusetzen.

Als zweites ein Wort zur Institution. Die BFANL, früher im Geschäftsbereich des BML, ist heute eine nachgeordnete Behörde des BMU, die für Naturschutz, Landschaftspflege und Umweltplanung durch Verbesserung der Information Entscheidungsgrundlagen effektivieren will.

Abb. 1 zeigt Abhängigkeiten und Aufbau der Zusammenarbeit mit Institutionen des Naturschutzes.

Daß fast alle Redner bisher graphische Datenverarbeitung als Beispiele der Umsetzung von Informatikwerkzeugen gezeigt haben, ist entweder geschickte Dramaturgie der Veranstalter oder die graphische Datenverarbeitung ist tatsächlich ein wesentliches Feld der Zusammenarbeit zwischen raumbezogener Umweltplanung und Informatik.

Abb. 2 zeigt eine simplifizierte, maschinenreduzierte Landschaft.

Dieses digitale Höhenmodell ist für wesentliche Aussagen Grundvoraussetzung, soll hier aber nur dem Ziel räumlicher Orientierung und Darstellung der *technischen Möglichkeiten* dienen:

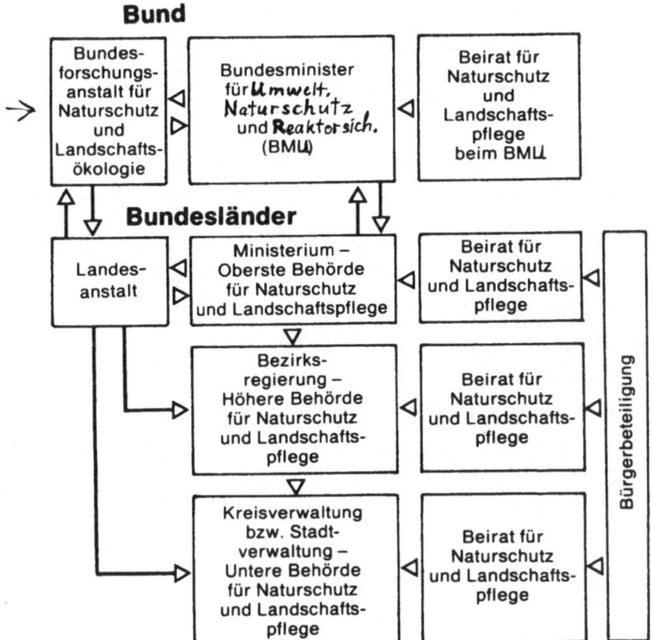

Abb. 1: Zuständigkeiten und Zusammenarbeit in Naturschutz und Landschaftspflege

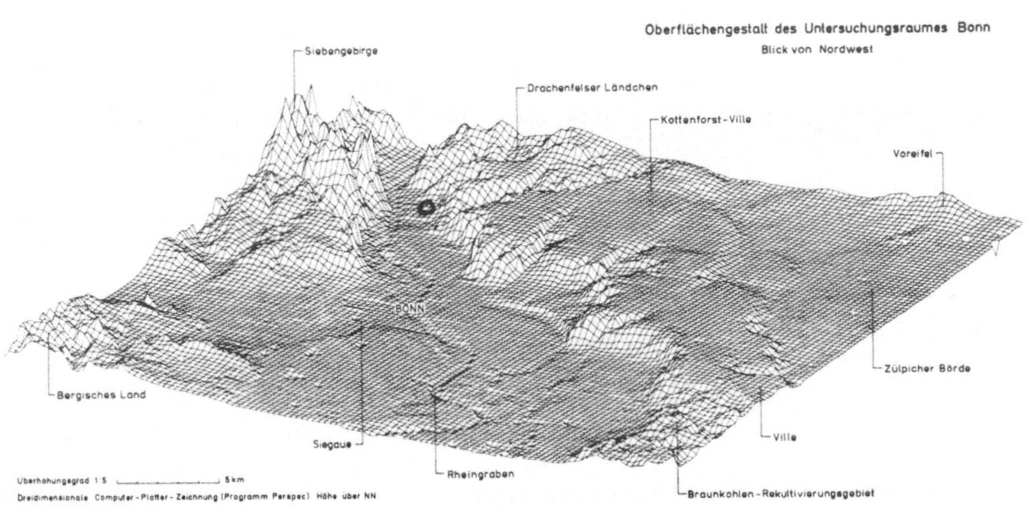

Abb. 2: Digitales Höhenmodell als räumliche Planungshilfe

Der *technischen Möglichkeiten*, die vor wenigen Jahren unter dem Eindruck des Satzes: "Das wichtigste Funktionselement einer Datenverarbeitungsanlage ist ein magnetisierter Eisenkern" (FRANKE in Raumordnung und Raumforschung 1970), noch nicht möglich erschienen.

Der *technische Möglichkeiten*, ja Notwendigkeiten, die heute in der Erkenntis nachhaltig negativer Veränderungen von Natur und Landschaft, einer immer intensiveren Umwelt-diskussion und nicht zuletzt der Tatenlosigkeit der Entscheidungsträger verstärkt einge-setzt werden müssen, um schnellere und exaktere Informationen über den Zustand unserer natürlichen Umwelt zu erhalten. Der bisherige Mangel an problemorientierter, flächenbezogener Umwelt-Information belastet nicht nur Politiker und planende Verwaltung, sondern den Gesamtbereich raumbezogener Planung in bezug auf Quantität und Qualität der Entscheidungsgrundlagen. Abhilfe ist nur über den Abbau der Defizite in der Informationsbasis und durch Einsatz neuer Planungsinstrumente möglich.

Auf welchen Ebenen dieses neue Instrumentarium in enger Zusammenarbeit wirksam werden muß, zeigt Abb. 3, bei der die BFANL nur aus egoistischen Motiven im Zentrum steht. Für andere aufgeführte Institutionen stellt sich dieses natürlich analog dar.

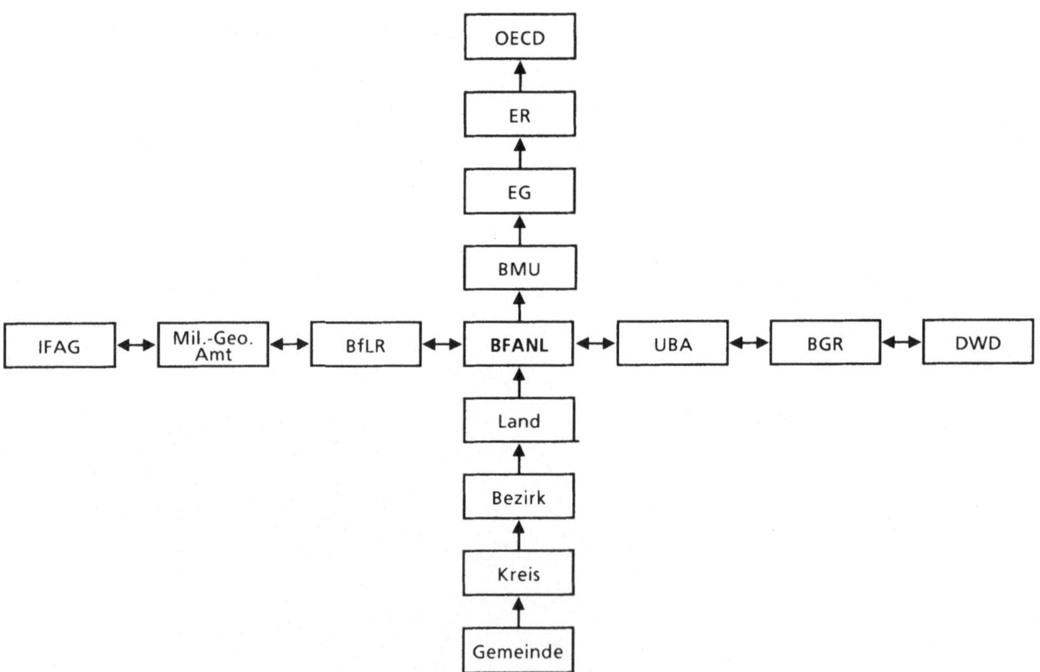

Abb. 3: Kooperation im Bereich Datenverarbeitung

Als neues Planungsinstrument baut die BFANL seit nunmehr 2 Jahren ein Landschafts-Informationssystem (LANIS) auf. Anfänglich für regionale Einzelprojekte (Landschaftsanalyse, Umweltverträglichkeitsprüfungen) rasterorientiert, nunmehr auf Vektorbasis und bezogen auf die gesamte Bundesrepublik Deutschland, werden überwiegend flächenbezogene Daten digital erfaßt und in LANIS abgespeichert.

LANIS (Landschafts-Informationssystem) ist ein DV-Instrumentarium für Naturschutz und Landschaftspflege,
- das koordinatenbezogene, numerische und Textdaten
- über die natürlichen Ressourcen, die Tier- und Pflanzenwelt und Flächennutzung,
- bezogen auf unterschiedliche Räume und Ebenen bereithält.

Mittels benutzerfreundlicher Programme werden die gespeicherten und laufend aktualisierten Daten
- gemäß den Anforderungen und Fragestellungen verarbeitet und ausgewertet
- und die Daten- und Ergebniswiedergabe in Form von thematischen Karten, Zeichnungen, Tabellen, Listen, Diagrammen oder Texten ermöglicht.

Derartige Landschafts-Informationssysteme sind für Teilbereiche für verschiedene Bundesländer im Aufbau oder Einsatz, wobei die BFANL zweifelsohne die Initialzündung verursacht hat. Teilweise mit identischer Hard- und Software haben die Länder insbesondere den Bereich des Biotopschutzes als erstes Feld einer digitalen Erfassung und Auswertung geleistet. Enge Kooperation findet über verschiedene Arbeitskreise bis hin zum Austausch von Daten, Programmen und Modellen statt.

Eine typische Hardware-Konfiguration für die graphische aber auch alphanumerische Datenaufbereitung zeigt Abb. 4, wobei wie später noch zu zeigen sein wird, insbesondere die graphischen Outputgeräte wesentliches Medium sind.

Für das Interaktive Graphische System bei der BFANL ist folgende Hardware eingesetzt:
CPU -   Rechner PRIME 250 II, 32 Bit, 2 MB Kernspeicher
        Plattenlaufwerk Control Data 32 MB, davon 16 MB Wechsel, 2x CD 630 MB;
        Bandstation Kennedy Modell 9100, 800/1600 BPI, 75 IPS, PRIME PT200
        12 Userkonsolen PRIMEVISION 2000 II (SEI);
        Graphischer Bildschirm TEKTRONIX 4014-(Vektor);
        Graphischer Bildschirm CIS AED 5 2 (Raster, Farbe);
        Graphischer Bildschirm PERICOM 7800 (Raster);
        Digitalisierer CALCOMP Modell 9000 (DIN A0);
        Digitalisierer CALCOMP Modell 648 (DIN A0);
        Plotter TEWIDATA 281 (DIN A 3), 8 anwählbare Farben;
        Matrixdrucker (-plotter) PRINTTRONIX Modell P 300.
        Plotter CALCOMP 1044 DIN A 0 8 COLOURS.
CPU -   PRIME 2350, 32 Bit, 4 MB MEMORY.

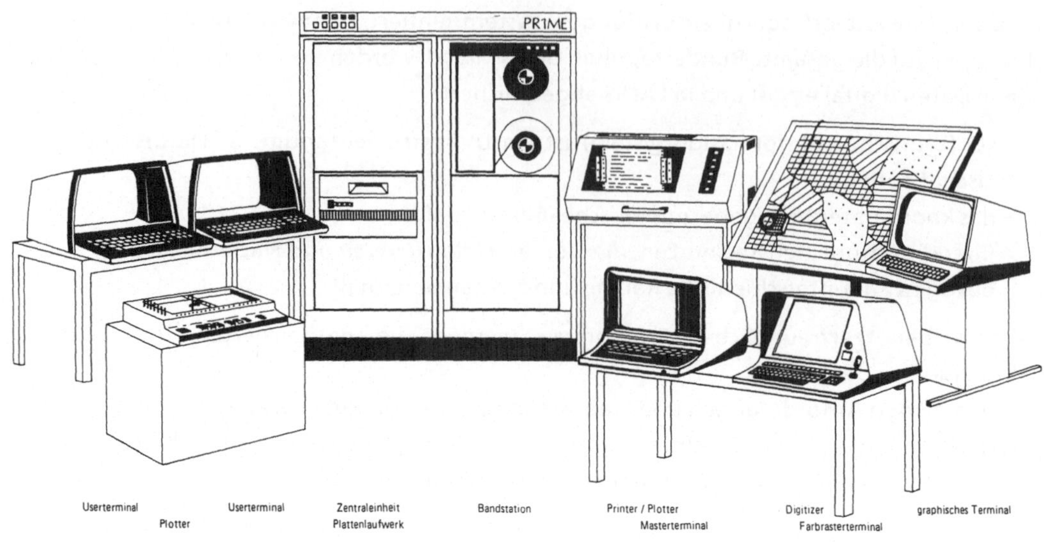

Abb. 4: Hardwarekonfiguration zur graphischen Datenverarbeitung

Die wesentlichen bei der BFANL benutzten Programme sind:

      Rasterprogramm GRID, IMGRID, MAP;

      3-D-Programm PERSPC;

      Plotprogramme GRAFIC, TRANSFO;

      Retrievalsystem POWER, RUNOFF (Prime Software);

      Statistikpackage MINITAB;

      Bildschirmeditor MINEMAX;

      Graphisches Programmpaket MILAN - LDB-System BW;

      (Modulares Interaktives Landschafts-Analysesystem);

      Interaktive, raster- bzw. flächenbezogene Farbprogramme für den Farbraster-

      bildschirmplatz AED 512.

Das LDB-System (Landschafts-Daten-Bank) Baden-Württemberg ist dabei Herzstück der graphischen Software. Das modular aufgebaute Softwarepaket ist eine gemeinsame Eigenentwicklung der Landesanstalt für Umwelt in Karlsruhe, der BFANL sowie der Landesanstalt für Ökologie in Recklinghausen. Das Softwarepaket wird bisher nicht kommerziell vertrieben und steht daher für Anwender beim Aufbau von Geographischen Informationssystemen nahezu kostenfrei zur Verfügung.

Landschafts-Informationssystem mit der Bundesdatenbank für Naturschutz und Landschaftspflege;

Spezielle Anwendungen:
- Umweltverträglichkeitsprüfungen
- B 202
- A 46
- Donaukanalisierung
- Naturschutzbewertung der Oberrheinflußaue
- Landschaftsdatenbank Kassel
- Landschaftsplan Bonn

Anwendung der Textverarbeitung:
- Naturschutzgebietsdatei
- Landschaftsplanverzeichnis
- Adressendateien

Statistische Anwendungen:
- Kreisstatistik der Bundesrepublik Deutschland.

Für die Datenerfassung und -auswertung der Flächendaten wird das Netz der topographischen Übersichtskarte 1 : 200 000 verwendet. Dieser Maßstab ist unter Berücksichtigung der Planungsebene sowie dem Erfassungsaufwand noch hinreichend vertretbar.

Das Koordinatensystem ist ein planares Gauß-Krüger-Netz (Abb. 5), das mit Hilfe von Transformationssoftware natürlich auch in ein UTM bzw. Geographisches Netz überführt werden kann.

Die Liste der gespeicherten Flächen- und Liniendaten in der BDNL (Fläche der Bundesrepublik):

- Naturschutzgebiete
- Landschaftsschutzgebiete
- Naturparke
- Waldflächen (zwei Generalisierungen)
- Unzerschnittene großflächige Waldgebiete
- Biotope (unvollständig)
- Böden
- Höhenlinien
- Straßennetz
- Eisenbahnnetz
- Bundes-, Landes- und Kreisgrenzen
- Forstliche Wuchsgebiete
- Niederschläge, Jahresmittel bis 1930
- Niederschläge, Januarmittel bis 1960
- Jahresdurchschnittstemperatur

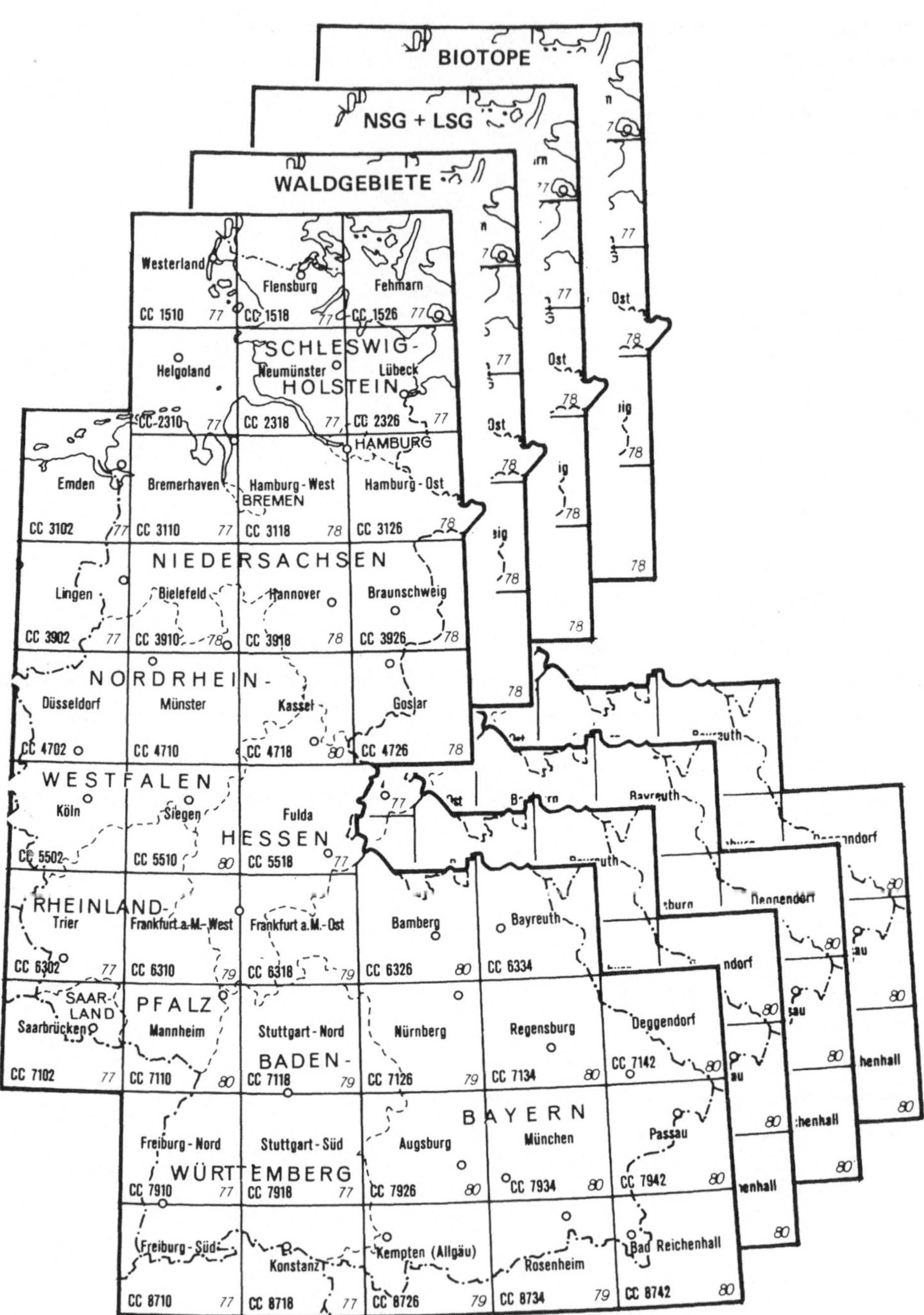

Abb. 5: Systematik des Raumbezugs zur Datenerfassung und -speicherung

- Vegetationszeit
- Freizeitgebiete
- Schneedecke
- Potentielle natürliche Vegetation
- Waldfläche nach Waldformationen
- Benachteiligte Gebiete
- Herkunftsgebiete für forstliches Vermehrungsgut
- Land- und forstwirtschaftliche Nutzungen (Meisel-Karte)
- Naturräumliche Gliederung
- Bioklima
- Oberflächennahe Rohstoffe und Rohstoffsicherungsgebiete
- Landschaftsbildeinheiten
- Unzerschnittene verkehrsarme Räume

gibt einen Überblick über die Vielfalt bisher gespeicherter Daten, zeigt jedoch auch, daß zu einer umfassenden räumlichen Umweltbeobachtung noch wesentliche Datensätze fehlen. Durch systematische Übernahme von Fremddatensätzen (IFAG, DWD, BGR) wird versucht, Defizite aufzuarbeiten. Dabei kommt der Informatik bei der Vielfalt der benutzten Digitalisierungsprogramme und Datenbanken eine wesentliche Aufgabe bei der Schnittstellendefinition zu.

Vorhandene Programme, sowohl raster- als auch vektororientiert, ermöglichen

- die Überlagerung von Karten,
- die Verknüpfung von Daten,
- die Kombinierung von Karten,
- die räumliche Zusammenfassung von Flächen,
- die inhaltliche Zusammenfassung von Daten,
- die Distanzermittlung zwischen Objekten,
- die Darstellung von Sichtbeziehungen und weiteres.

Ein Beispiel einer möglichen Überlagerung und Auswertung zeigt Abb. 6.

Solche Auswertungen sind notwendig:

- für die Erstellung von bundesweiten und großräumigen Programmen und Plänen;
- für die Bereitstellung von Entscheidungskriterien auf Bundesebene;
- für Aufzeigen von Konfliktbereichen bei Nutzungsansprüchen;
- für die Erarbeitung von Lösungen bei Konfliktfällen;
- für eine bundesweite Landschaftsstatistik oder Flächenstatistik der natürlichen Ressourcen und Flächennutzungen;
- als Ausgangsbasis für die laufende Raumbeobachtung;
- für gesamträumliche Übersichtsdarstellungen.

Abb. 6: Überlagerung und Auswertung digitaler Datensätze zur UVP

Insgesamt dienen diese gewonnenen Informationen dann der N + L-Politik. Aus diesem Grunde ist zu fordern, daß Datenaufnahme und Programmerstellung zügig vorangehen, um z. B.:

    bei der Bundesverkehrswegeplanung,

    bei der Ausweisung von Landschaften von nationaler Bedeutung,

    bei der Bodenschutzkonzeption oder

    bei der Sicherung von Teilen von Natur und Landschaft mit gesamtstaatlich repräsentativer Bedeutung

eingesetzt werden zu können.

Voraussetzung ist hierfür die Bereitstellung ausreichender Daten. Diese Datenbanken, auch Faktendatenbank oder Textdatenbank genannt, enthalten Sachverhalte des Naturschutzes, der Landschaftspflege, der Vegetationskunde, die als Texte, Listen, Kataster, Fundorte beschreibend dargestellt sind. Ihre gezielte Erfassung, Abspeicherung und Auswertung bedarf zwar grundsätzlich nicht zwingend einer EDV-Unterstützung, doch die Vielzahl von Einzelinformationen über Modellvorstellungen zu koppeln, Entwicklungen aufzuzeigen und letztlich dem Ziel eines naturschutzbezogenen Überwachungs- und Auskunftssystems näher zu kommen, erfordert den Einsatz der Datenverarbeitung.

Sukzessive wird nunmehr in LANIS die flächenhafte Speicherung der von den Ländern ausgewiesenen Biotopflächen betrieben. Die Heterogenität der Biotope sowie die unterschiedlichen Erhebungsmethoden werden hierbei den Aufbau einer inhaltlich beschreibenden, die Generalisierung der flächenhaft auf die Bundesrepublik bezogenen Erfassung aufhebenden Datei unumgänglich machen. Auswertungen dieser Datei können als unterstützende Information für ein Biotopschutzprogramm bzw. als Grundlage für ein Schutzgebietsystem herangezogen werden.

Es ist im Rahmen dieses Kurzreferates nicht möglich, alle Anwendungsfelder für räumlich-ökologische Daten im Bereich des Landschafts-Informationssystems aufzuzeigen.

Stellvertretend daher zwei bundesweite Anwendungen zur Demonstration der Einsatzmöglichkeiten eines Geographischen Informationssystems (GIS), aber auch zum Aufzeigen der Vollzugsdefizite.

Bedeutung der LANIS als Informations-Bereitstellung auf dem Umweltsektor.

Im dritten DV-Programm der Bundesregierung (1976-1979) sollten "im Bereich der kommunalen, regionalen und Landesplanung verstärkt Informations- und Entscheidungssysteme für die planende Verwaltung als Demonstrations- und Pilotprojekte gefördert werden".

Diesem Ziel ist die BFANL trotz des erst am Anfang stehenden Aufbaus von LANIS schon in erheblichem Umfang nahegekommen. Die bisher insbesondere in der Flächendatenbank BDNL gespeicherten Informationen stellen schon jetzt Daten und Fakten zur Entscheidungsvorbereitung des Ministeriums zur Verfügung. Als wesentlichste Bereiche können genannt werden:

1. Erstellung der Karte der Waldschäden für die Bundesrepublik für das Jahr 1984.
   Die BFANL hat die Statistik mit dem Instrumentarium EDV nicht nur den Wuchsgebieten, sondern den nunmehr exakt abgegrenzten und digitalisierten Waldflächen zugeordnet. Neben generellen Karten (z.B. aller Baumarten und aller Schadstufen) wurden bedarfsorientierte Auswertungskarten erstellt (z.B. nur Eiche in Schadklassen 3 und 4). Funktionsfähigkeit, sofortige Einsatzbereitschaft und Nutzungsmöglichkeiten wurden hiermit nachhaltig nachgewiesen.
   Dieser weitgehend reagierende Nachvollzug schon eingetretener Zustände ist aus der Sicht von Naturschutz und Landschaftspflege jedoch nicht geeignet, Auswirkungen dieser Waldschäden auf das Landschaftspotential (Naturhaushalt, Erholungsvorsorge) festzustellen und gegebenenfalls Maßnahmen im Sinne einer geänderten Naturschutzpolitik zu treffen.

Ziel von LANIS ist ein umfassender, im bisherigen Ausbauzustand (instrumentell und personell) nicht durchführbarer Einsatz der EDV für das Aufzeigen der auftretenden Konflikte bis hin zur Erarbeitung von handlungsorientierten Strategien. Dies beinhaltet die Kopplung und Überlagerung aller zur Verfügung stehenden Informationen, auch aus anderen als naturschutzorientierten Quellen (Bodendaten, Daten über chemische Belastung, Wetterdaten usw.). Sammlung, Aufbereitung, Speicherung, Auswertung und Abfrage von bisher funktional getrennten Datenbeständen sind nur durch Zusammenführung in integrierten Informationssystemen, d. h. durch konsequente Nutzung der technologischen und instrumentellen Möglichkeiten der EDV durchführbar.

2. Für ein ressortübergreifendes Programm der Bundesregierung Bodenschutz "Bodenschutzkonzeption" wurden die Möglichkeiten des Einsatzes von LANIS zur Informationsbeschaffung und -verdichtung und generell die Nutzung der flächenbezogenen und deskriptiven EDV diskutiert. Die aufgezeigten und akzeptierten Möglichkeiten überstiegen zwar bei weitem das gegenwärtig Leistbare, wären jedoch als Beitrag von Naturschutz und Landschaftspflege von großer Bedeutung. Grundlage hierfür ist die in der Bundesdatenbank gespeicherte Bodenkarte der Bundesrepublik in Verbindung mit korrelativen Daten der Bundesanstalt für Geowissenschaften und Rohstoffkunde, Hannover, aus dem Bereich der Gewässer- und Bodenbelastung mit chemischen und chemisch-physikalischen Stoffen. Im übrigen gilt auch hier das für die Waldschadensdarstellung und die daraus zu ziehenden Schlußfolgerungen Gesagte. Naturschutzpolitik oder Landschaftspflegepolitik ist ohne ausreichende Information und deren konfliktaufzeigende Darstellung nicht mehr möglich. Den Ansprüchen und Notwendigkeiten entsprechende Information ist ohne Einsatz der EDV undenkbar.

Zu folgenden realen, explizit formulierten bzw. programmatischen Aufgaben sind durch LANIS (in entsprechender Ausstattung) Ergebnisse einzubringen:

- Sicherung von Teilen von N + L mit gesamtstaatlicher repräsentativer Bedeutung;
- Schutz des Bodens (Leistungsfähigkeit des Naturhaushaltes);
- Schutz von Biotopen und Landschaften;
- Freisetzung und Extensivierung landwirtschaftlich genutzter Flächen.

Dieser kurze Abriß spezieller Einsatzmöglichkeiten des Informationssystems für umweltrelevante Fragestellungen belegt nachhaltig an konkreten Beispielen nicht nur die Nützlichkeit, sondern auch die Effektivität derartiger Systeme in der räumlichen Planung.

Allerdings sind bis zur optimalen Einsatzfähigkeit noch eine Reihe von Defiziten aufzuarbeiten, bei denen die angewandte Informatik vielfältige Betätigungsfelder hat:

- Rechnerkopplung wegen der großen Datenmengen durch LAN's oder Parallelanschluß
- Kopplung von Datenbanken
- Transformation von Raster in Vektor und umgekehrt
- Schnittstellendefinition zwischen Vektordatenbanken
- Vereinheitlichung der graphischen Softwarepakete
- Verbindung von Graphik und Beschreibung in beide Richtungen

- Erstellung von Modellrechnungen
- Aufbau von Methodenbanken
- Darstellung von Simulationen
- Aufbau von Expertensystemen

Das große Interesse, das dieses Symposium gefunden hat, läßt hoffen, daß Umweltschutz und Informatik für die Zukunft eine fruchtbare Symbiose eingehen.

Informationstechnik in der Wasserwirtschaftsverwaltung Baden-Württemberg

R. Wizgall

Zusammenfassung

Die Abfall- und Wasserwirtschaftsverwaltung Baden-Württemberg hat zunehmend Aufgaben des Umweltschutzes wahrzunehmen, die einem stetigen Wandel unterworfen sind. Waren die Aufgaben der Vergangenheit mehr durch konstruktive und konzeptionelle Tätigkeiten geprägt, so bilden heute hoheitliche Überwachungsaufgaben einen eindeutigen Schwerpunkt. Aufgaben der Überwachung sind jedoch prädestiniert, um mit informationstechnischen Mitteln rationell und effektiv gelöst werden zu können.

Der Einsatz der Informationstechnik erstreckt sich hierbei auf folgende Verwaltungseinheiten: Umweltministerium, Regierungspräsidien, Wasserwirtschaftsämter und Landesanstalt für Umweltschutz.

Wurde die Informationstechnik bisher punktuell in Rechenzentren eingesetzt, so wird nunmehr zusätzlich eine flächendeckende Ausstattung bei den Wasserwirtschaftsämtern vorgenommen. Es werden informationstechnische Hilfsmittel (z. B. Arbeitsdateien) erstellt, die das Bearbeiten umfangreicher Daten der Überwachung und das Verwalten wasser- und abfallwirtschaftlicher Objekte erlauben. Mit dem Einsatz geeigneter Datenbanksysteme und Abfragesprachen in Verbindung mit einer anwenderfreundlichen Hardware werden in einem Netzverband Voraussetzungen geschaffen, die zu einer Förderung der Akzeptanz beim Anwender beitragen.

1. Einleitung

Die Anfänge der Wasserwirtschaftsverwaltung in Baden-Württemberg reichen weit zurück. So ist bekannt, daß

- für den Landesteil Baden im Jahr 1823 in einer Bekanntmachung des Großherzoglichen Innenmisteriums das gesamte Wasser- und Straßenbauwesen in eine "Oberdirektion des Wasser- und Straßenbaus" konzentriert wurde,

- für den Landesteil Württemberg im Jahr 1807 im königlichen Departement des Innern ein "Straßen-, Brücken- und Wasserbaudepartement" gebildet wurde.

Im Rahmen dieses Referats soll neben einem kurzen Einblick in die Organisation, vordergründig auf den Einsatz der Informationstechnik bei den Wasserwirtschaftsämtern eingegangen werden.

2. Aufgabenbereich und Behördenstruktur

Die Wasserwirtschaftsverwaltung befindet sich in einem ständigen Umstellungs- und Anpassungsprozeß. Waren die Aufgaben der Vergangenheit mehr durch konstruktive und konzeptionelle Tätigkeiten geprägt, so bilden heute hoheitliche Überwachungsaufgaben einen eindeutigen Schwerpunkt. Es ergeben sich folgende Gebiete

- Schutz des Menschen vor dem Wasser
- Nutzung des Wassers
- Gewässerreinhaltung
- Abfallwirtschaft
- Umweltverträglichkeit wasserwirtschaftlicher Maßnahmen
- Vorbeugender Schutz des Wassers
- Altlastensanierung

Besonders die Aufgaben der Überwachung sind jedoch geradezu prädestiniert, um mit informationstechnischen Mitteln rationell und effektiv gelöst werden zu können.

Der Aufbau der Behördenstruktur der Wasserwirtschaftsverwaltung erfolgt in einer vertikalen Hierarchie in drei Ebenen,

- strategische Ebene   (Umweltministerium als oberste Wasserbehörde)
- operative Führungsebene   (Regierungspräsidien als höhere Wasserbehörden)
- operative Ebene   (untere Wasserbehörden und Wasserwirtschaftsämter).

Dem Umweltministerium unmittelbar nachgeordnet ist die Landesanstalt für Umweltschutz mit den für die Wasserwirtschaft relevanten Instituten Wasser- und Abfallwirtschaft, Fischerei- und Seenwesen, Altlastensanierung.

3. Lenkung des Informationstechnikeinsatzes

Das Umweltministerium plant, koordiniert und organisiert die Ausstattung der Wasserwirtschaftsverwaltung, insbesondere der Wasserwirtschaftsämter mit Informationstechnik. Die Regierungspräsidien und untere Wasserbehörden sind informationstechnisch anderen Organisationseinheiten untergeordnet.

Die informationstechnischen Stützen der Wasserwirtschaftsverwaltung sind die beiden Umweltrechenzentren

- Datenverarbeitungs- und Entwicklungstelle der Ministerien für Ländlichen Raum und Umwelt
- Rechenzentrum der Landesanstalt für Umweltschutz

4. Ausstattung der Wasserwirtschaftsämter

4.1 *Vorarbeiten*

Im Rahmen einer 2-jährigen Testphase auf der Grundlage einer ausführlichen Ist-Analyse und Soll-Konzeption wurden folgende Ziele definiert:

- Entwicklung typischer Anwendungsverfahren automationsgeeigneter Aufgaben der Wasserwirtschaftsämter
- Überprüfung der gewählten Hardwarekonfiguration in Bezug auf Leistung und auf generelle Lauffähigkeit der zu entwickelnden Anwendungsverfahren (z. B. wasser- und abfallwirtschaftliche Arbeitsdatei mit Überwachungssystem).
- Abgrenzung der Aufgabenschwerpunkte zu anderen Organisationseinheiten.
- Schulung der Bediensteten
- Förderung der Akzeptanz

4.2 *Ergebnisse der Testphase*

Die in der Zielsetzung definierten Forderungen wurden weitestgehend berücksichtigt. Folgende Einsatzbereiche haben sich ergeben

- Technischer Bereich mit Ingenieurprogrammen
- Textverarbeitung
- Verwaltung wasser- und abfallwirtschaftlicher Objekte mit Überwachungsaufgaben.

4.3 *Systemkonfiguration*

Nach einer eingehenden Systemanalyse vom Institut für Datenverarbeitung in der Technik beim Kernforschungszentrum Karlsruhe über den Anwendungsbereich haben sich eindeutige Anforderungen an die Hard- und Softwareumgebung ergeben.

Die Wasserwirtschaftsverwaltung rüstet die 23 Wasserwirtschaftsämter mit einem Mehrplatzsystem Micro VAX II der Firma Digital Equipment (DEC) aus.

- Hauptspeicherkapazität 9 MB
- Plattenkapazität 1x71 MB, 2x159 MB
- Magnetbandlaufwerk 95 MB
- Betriebssystem Micro VMS
- Schnittstelle für Datex-P Anschluß; späterer Anschluß an das Landesverwaltungsnetz.

Für die Textverarbeitung und Bürokommunikation wird All-in-1 der Firma DEC eingesetzt. Rechenprogramme für Ingenieuraufgaben werden in Fortran realisiert. Die Datenbankanwendungen werden unter Natural/Adabas entwickelt. Besonders hervorzuheben ist in diesem Zusammenhang die Entwicklung der Arbeitsdatei für wasser- und abfallwirtschaftliche Objekte mit Überwachungssystem und das Grundwasserüberwachungsprogramm. Die Arbeitsdatei ist das wichtigste informationstechnische Instrumentarium und wird deshalb näher erläutert.

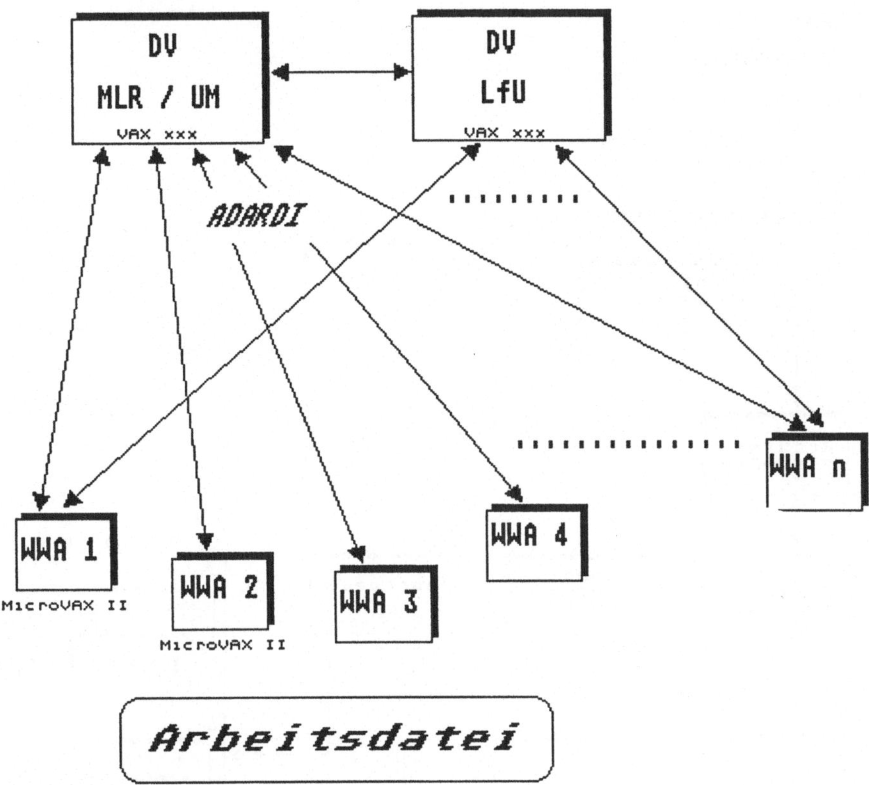

Abb. 1: Systemübersicht

4.4 Aufbau der wasser- und abfallwirtschaftlichen Arbeitsdatei

Die Arbeitsdatei dient der Erfassung und Auswertung von Daten nach bestimmten Kriterien im Bereich Wasser- und Abfallwirtschaft; dies bezieht sich sowohl auf Objektdaten wie auch auf Überwachungsdaten.

Wasser- und abfallwirtschaftliche Objekte sind

- Anlagen (z. B. Anlagen der Wasserversorgung, der Abwasserbeseitigung, der Abfallwirtschaft, flußbauliche Anlagen)
- Gebiete (z. B. Wasserschutzgebiete, Überschwemmungsgebiete)
- Gewässer

Die Arbeitsdatei ist zweigeteilt in

- die Objektbeschreibung
- das Überwachungssystem

Die Daten zur Beschreibung der Objekte sind in einzelne Blöcke gegliedert. Durch diese Aufgliederung in einzelne strukturierte Blöcke ist eine einheitliche Erfassung der teilweise sehr unterschiedlichen Objekte gewährleistet. Zusätzlich gibt es spezielle Dateien wie

- Adressendatei
- Gewässerdatei
- Einleitungsdatei
- Stoffdatei

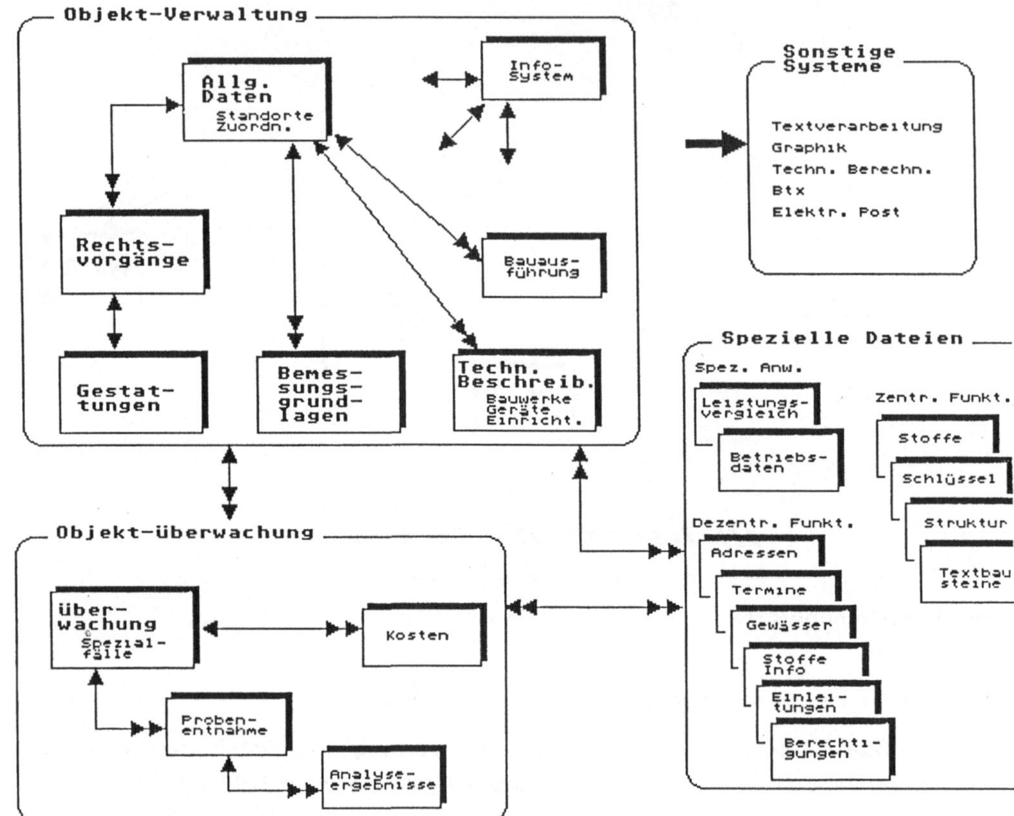

Abb. 2: Funktionen Arbeitsdatei

Die einzelnen Blöcke haben im wesentlichen folgenden Inhalt.

Block 1 - Allgemeine Daten/Sonstige allgemeine Daten
Block 1 enthält die sogenannten "Stammdaten" eines Objekts und dient zu dessen I dentifizierung bzw. schlagwortartigen Beschreibung. Folgende Angaben sind in Block 1 enthalten:
- Objektart
- Objektnummer (lfd. Nummer)
- Name/Bezeichnung
- Einzelangaben zur Verfahrenstechnik/Betriebsweise
- Anschriften/Adresse

- Standort/Lagebeschreibung
- Angaben zu sonstigen betroffenen wasserwirtschaftlichen Objekten in einem Wasserschutzgebiet
- Zuordnung anderer Objekte (z. B. ein Industriebetrieb ist einer Kläranlage zugeordnet, eine Umladestation ist einer Deponie zugeordnet, usw.)
- Angaben zur Geologie/Hydrogeologie
- Lage des Objekts zum Grundwasser
- Bemerkung

Block 2 - Rechtsvorgang

Block 2 beschreibt den Rechtsvorgang eines Objekts mit folgenden Angaben:
- Art des Rechtsvorgangs (Planfeststellung, Genehmigung, ..)
- Stand des Verfahrens (abgeschlossen, im Verfahren, ..)
- Zuständige Behörde
- Datum, Aktenzeichen
- Angaben zu Ausbau-/Teilabschnitten, einzelnen Bauteilen soweit hier gesonderte Rechtsvorgänge bestehen
- Einzelnachweise - z.B. Eignungsfeststellungen
- Termine

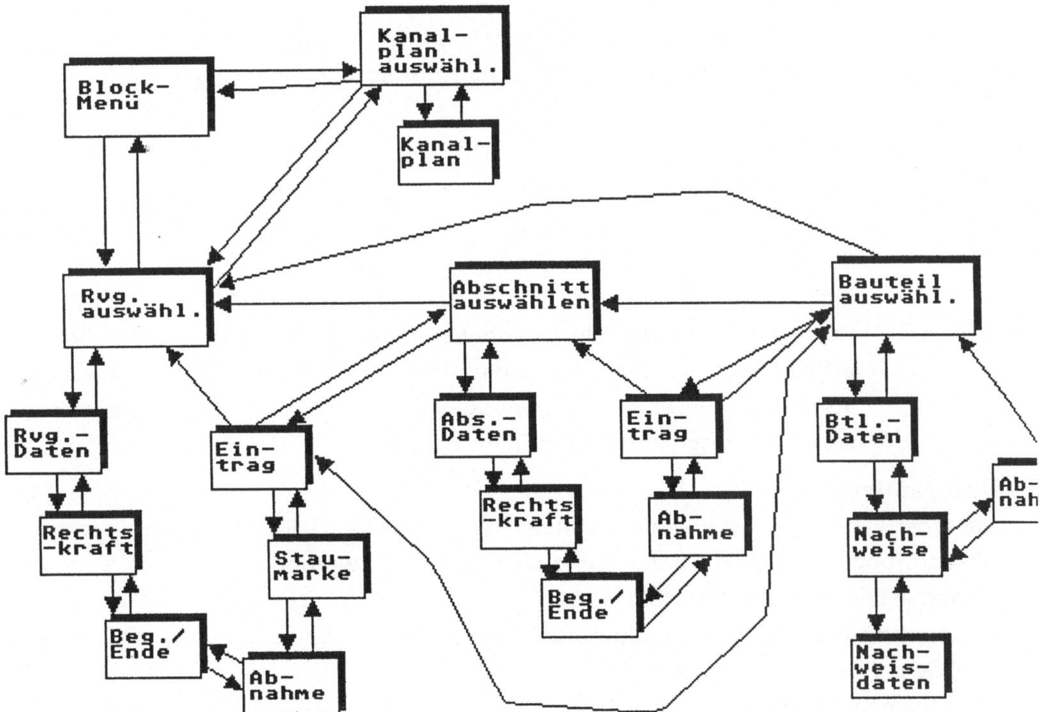

Abb. 3: Ablaufsteuerung Rechtsvorgänge

Block 3 - Inhalt der Gestattung/Nebenbestimmungen

Block 3 beschreibt den Inhalt einer Gestattung:

- Umfang der wasserrechtlichen Entscheidung, hinsichtlich Qualität und Quantität (Entnahmemenge, Einleitungsmenge, Einleitungstandards
- Anforderungen an den Einsatz, die Verwertung bzw. die Beseitigung

Block 4 - Bemessungsgrundlagen/Auslegungsdaten/Gutachten

Block 4 gibt die Möglichkeit, allgemeine Angaben zu den Bemessungsgrundlagen, Auslegungsdaten bzw. zu erstellten Gutachten zu erfassen wie z. B.:

- Ergebnisse Pumpversuche/Quellschüttungen
- Angaben zum Einzugsgebiet
- Angaben zur Ausbaugröße/Auslegung
- Angaben zum Durchsatz/Kapazität
- Angaben zu Bemessungsabflüssen/Jährlichkeit

Block 5 - Objektbeschreibung - Technische /Sonstige Objektdaten

Mit Block 5 kann ein Objekt umfassend in seinen technischen Details beschrieben werden. Durch den strukturierten Aufbau ist es möglich, je nach Erfordernis auch technische Details zu erfassen. So können u. a. beschrieben werden:

- Bauwerke mit Angabe der Abmessungen, des verwendeten Materials, der Steuerung, ...
- Einrichtungen/Ausrüstungen mit Angaben der Abmessung, des verwendeten Materials, der Steuerung, der technischen Schutzvorkehrungen, ...
- Versorgungseinrichtungen
- Geräteausstattung
- Anschlußwerte der Anlage
- Bemerkungen

Block 6 - Bauausführung/Bauzeit/Baukosten

Block 6 enthält Angaben über Bauausführung, Bauzeit, Baukosten über die Höhe von Beihilfen. Die Beschreibung der Objekte ist vereinheitlicht und erfolgt über Schlüssel. Die Schlüsselverzeichnisse mit den entsprechenden Schlüsseln werden vom System verwaltet und an den Eingabefeldern dem Anwender interaktiv zur Verfügung gestellt.

Überwachungssystem

Das Überwachungssystem ist ein Instrumentarium für die Überprüfung der Objekte. Der Überprüfungsumfang kann individuell zusammengestellt werden.

Folgende Bereiche werden erfaßt:

- Überprüfungsdaten, Art der Überprüfung
  Überprüfungsturnus - Soll
  Allgemeine Angaben zur Überprüfung
  Überprüfung auf Einhaltung von Genehmigungswerten
  Beobachtungen und Angaben zur/bei der Überprüfung

Überprüfung der verwerteten/beseitigten Stoffe
Ergebnisse letzte Überprüfung
Veranlassungen, Terminüberwachungen

- Ergebnisse Probenahmen
Untersuchungslabor
Zeitraum Probenahme bis Analyse
Analysenergebnis Parameter/Wert
Analyseverfahren

- Kosten der Überprüfung
Personalkosten
Fahrtkosten
Untersuchungskosten
Adressat der Kostenrechnung/des Gebührenbescheids

- Sonstige Überprüfungsdaten
Umweltfälle
Schwerpunktüberprüfungen
Grundwasserschadensfälle

Anwendungen

In einer ersten Stufe werden im einzelnen zur Verfügung gestellt:
- Erfassung, Speicherung und Auswertung der Daten (Statistik, Berichte, grafische Auswertung)
- Arbeitsplanung und Überwachung
- Leistungsvergleich von Kläranlagen
- Betriebsdatenauswertung von kommunalen Kläranlagen
- Abwasserabgabe
- Schwerpunktüberprüfung

Auswertungen

Es sind zwei Arten von Auswertungen zu unterscheiden:
- Standardauswertungen: Für bestimmte, immer wiederkehrende Fragestellungen werden benutzerfreundliche Auswerteprogramme bereitgestellt.
- Gezielte Auswertungen im Einzelfall ad hoc: Für spezielle Fragestellungen wird es möglich sein, gewünschte Daten aus der Datenbank zu selektieren und in aufbereiteter Form am Bildschirm oder auf einem Drucker auszugeben. Hierzu ist Super Natural vorgesehen.

Umfang der wasser- und abfallwirtschaftlichen Arbeitsdatei

Anzahl Objekt insgesamt (landesweit)	rd. 500 000
Datenmenge insgesamt	rd. 700 MB
Erfaßte Objektarten	rd. 190
Objektartbezogene Erfassungsschemata	rd. 40
Schlüsselverzeichnisse	rd. 160

Mit der Arbeitsdatei wird den Wasserwirtschaftsämtern ein Instrumentarium an die Hand gegeben, mit dem derzeitige und zukünftige Aufgaben wie

- die Überwachung
- das Berichtswesen
- die Erfolgskontrolle
- die Arbeitsplanung
- die automatische Auskunftserteilung (z. B. Termine)
- die Transparenz der Aufgabenerledigung
- die wasserwirtschaftliche Planung

effizient und sachgerecht erledigt werden können.

5. Nutzung für das Umweltinformationssystem (UIS) und Kosten

Das informationstechnische System der Wasserwirtschaftsverwaltung ist eine unverzichtbare Grundkomponente für ein Umweltinformationssystem.

Der Überwachungsteil mit einem Anteil von ca. 40 % an der gesamten wasser- und abfallwirtschaftlichen Arbeitsdatei ist im vollem Umfang dem UIS zuzuordnen.

Für die Ausstattung der 23 Dienststellen (17 Ämter, 6 Außenstellen) mit Hard- und Software fallen zusammengefaßt folgende Kosten an

Hardware mit Betriebssystem incl. Schnittstellen
   3.700.000,-- DM

Software
   2.000.000,-- DM

Laufende Jahreskosten für Wartung, Softwarepflege und Postdienste
   850.000,-- DM

6. Ausblick

Die Beschaffung der neuen Hardware ist eingeleitet und wird aller Voraussicht nach Anfang 1988 abgeschlossen werden können. Folgender Installationszeitplan ist vorgesehen:

- bis April 1987   10 Dienststellen
- Dezember 1987   7 Dienststellen
- April 1988   6 Dienststellen

Die Produktion mit der wasser- und abfallwirtschaftlichen Arbeitsdatei bei den Ämtern dürfte Mitte 1988 anlaufen. Daneben werden laufend je nach Verfügbarkeit Ingenieur-Programme zur Verfügung gestellt. Mit Abschluß der Installation wird die Textverarbeitung aufgenommen.

Datentechnische Werkzeuge zur digitalen Verarbeitung von Satellitenbilddaten für Fernerkundungsanwendungen

R.Winter, W. Markwitz, H.-J. Lotz-Iwen, G. Lohmann

Zusammenfassung

Die von modernen Sensoren aufgenommenen Satellitenbilddaten mit wachsender geometrischer Auflösung (Spot HRV mit 10 m pro Bildpunkt), spektraler Auflösung (Landsat TM mit 7 Spektralkanälen), zeitlicher Auflösung (Meteosat VISSR mit 1 Bild/30 Min.) und dynamischer Auflösung (ERS-1 SAR mit 16 bit pro Bildpunkt) erfordern angepaßte datentechnische Werkzeuge zur digitalen Verarbeitung. Hierfür wird ein vernetztes System von Arbeitsplatzrechnern zur digitalen Bildverarbeitung des Deutschen Fernerkundungsdatenzentrums vorgestellt, deren Merkmale - insbesondere die Programmierschnittstelle - diskutiert und die Leistungsfähigkeit an Verarbeitungsbeispielen zur Fernerkundungsanwendung demonstriert. Schwerpunkt dieser Verarbeitungen sind besonders die Probleme der Geometrie, des Filterns und der multispektralen Klassifizierung. Es werden Anwendungen vor allem aus dem Umweltbereich zur Thermalkartierung und Waldkartierung, deren Möglichkeiten und Grenzen dargestellt.

Einleitung

Die Fernerkundungsdaten der zweiten Generation, wie man sie von satellitengetragenen Systemen, z.B. Landsat TM (Thematic Mapper), Spot HRV (High Resolution Visible Range Instrumtent), erhält, erreichen immer höhere Auflösungen räumlich, zeitlich, spektral und dynamisch. Dieser Trend setzt sich auch bei künftigen Fernerkundungssystemen wie dem europäischen Fernerkundungssatelliten ERS-1 fort. Damit können Satellitenbilder für die Überwachung der Umwelt, für die Landesentwicklung und für die Inventur von natürlichen Ressourcen auch großmaßstäblich eingesetzt werden (derzeit bis zu 1 : 100 000).

Die dazu benötigten digitalen Verarbeitungsanlagen müssen daher den gestiegenen Anforderungen in Bezug auf Datendurchsatz und komplexeren Auswertemethoden genügen und für zukünftige Entwicklungen offen sein.

Es ist eine wesentliche Aufgabe des Deutschen Fernerkundungsdatenzentrums (DFD) der DFVLR, Datenauswerte- und Zugriffstechnologien dem Stand der Technik entsprechend bereitzustellen. So wurde MIDAS (Modulares Interaktives Dezentrales Auswertesystem) entwickelt, ein neues Bildverarbeitungssystem für die Fernerkundung. MIDAS ist eine Entwicklung der DFVLR; das System schließt Hardware (lokale Arbeitsplatzrechner), Software (System und Anwendung) und schnelle Kommunikation zwischen den Rechnern ein.

Wesentliche Komponente ist das Bildverarbeitungs-Programmsystem UPSTAIRS, dessen Konzept die DFVLR zusammen mit dem Softwarehaus Klein + Stekl, Stuttgart, entwickelt hat. Im Jahre 1985 gründeten die DFVLR und Klein + Stekl die Arbeitsgemeinschaft GEOSOFT. Sie soll gemeinsam neue Methoden zur Digitalverarbeitung von Fernerkundungsdaten entwickeln und UPSTAIRS als ein deutsches System einem breiten Nutzerkreis bereitstellen. Das System wird heute außerdem in der Bundesanstalt für Geowissenschaften und Rohstoffe in Hannover und im Institut für Photogrammetrie und Ingenieurvermessungen der Universität Hannover eingesetzt.

Hardwarekonzept

Die Neukonfiguration basiert auf den Erfahrungen, die die Hauptabteilung Angewandte Datentechnik der DFVLR aus der Arbeit mit den Bildverarbeitungssystemen DIBIAS (Digitales Interaktives Bild-Auswerte-System) und DBVS (Digitales Bild-Verarbeitungs-System) gewonnen hat. Für MIDAS bedeutet das:

- Einbindung in das Rechnerkonzept dieser DFVLR-Hauptabteilung
- Möglichkeit der einfachen Vernetzung von interaktiven Bildverarbeitungsplätzen (Workstations)
- Kopplung an den Großrechner des DFVLR-Rechenzentrums in Oberpfaffenhofen über ein schnelles "Local Area Network"
- Flexibilität mit Bezug auf Display-Hardware
- In der operationellen Ausbaustufe höhere Leistungsfähigkeit als die Vorgängersysteme.

Im Verlauf des Jahres 1985 wurde das Bildverarbeitungssystem MIDAS unter diesen Randbedingungen aufgebaut. Es ist in Bild 1 schematisch skizziert und setzt sich aus drei Komponenten zusammen:

- Lokale Workstation   (VAX-Mini- und Microcomputer, SUN 3 und Peripherie)
- Displaysystem   (Bildverarbeitungs-Prozessor mit Displayperipherie)
- Großrechner (Remote Host)   (IBM 3081).

Vom Arbeitsplatzrechner können sowohl lokal als auch auf dem Remote Host (IBM) Bildverarbeitungsprozesse initiiert und überwacht werden. Die Kommandoeingaben erfolgen in beiden Fällen interaktiv über das Terminalmenü der lokal eingesetzten UPSTAIRS-Software.

Die Ein- und Ausgabe erfolgt derzeit über Magnetbandgeräte, einen Digitalisiertisch, einen hochauflösenden Fotorecorder sowie zwei Drucker. Die Verarbeitung und Datenspeicherung können sowohl auf den lokal vorhandenen Plattenlaufwerken als auch auf dem Großrechner stattfinden.

Ethernet als Lokal Area Network (LAN) realisiert die schnelle Kopplung der Rechner und erlaubt den Zusammenschluß von Rechnern verschiedener Hersteller.

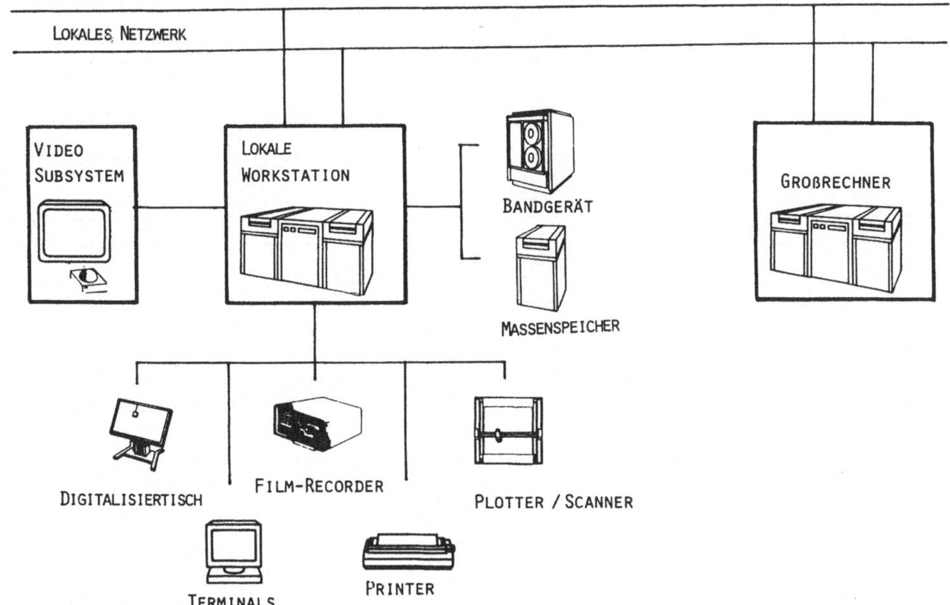

Abb. 1: Hardware-Struktur von MIDAS

Die Verbindung zum Displaysystem (DeAnza IP6400- und IP9000-Prozessor, zwei Monitore, zwei Rollkugeln) ist als virtuelle Softwareschnittstelle gestaltet.

Die offene Strukturierung von MIDAS gewährleistet nicht nur größere Flexibilität beim weiteren Ausbau, sie gestattet auch den Transfer des Systems zu anderen Anwendern im Bereich der digitalen Bildverarbeitung.

Softwarekonzept

Die UPSTAIRS-Software besteht aus zwei Funktionsgruppen, der Anwendersoftware und dem Systemkern. Die beiden Teile sind durch eine Programmierschnittstelle miteinander verbunden. Die Anwendungsprogramme können somit die Funktionen des Kerns benutzen.

Die Anwendungssoftware umfaßt die folgenden vier Gruppen (Bild 2).

- Dienstprogramme
- Allgemeine Bildverarbeitungsprogramme
- Sensorspezifische Bildverarbeitungsprogramme
- Projektspezifische Bildverarbeitungsprogramme.

Die Funktion der Dienstprogramme ist im wesentlichen die Nutzerverwaltung, die Eingabe und Ausgabe von Daten, die Verwaltung der Bilddaten sowie die Interaktion mit dem Displaysystem.

<table>
<tr><td colspan="4" align="center">NUTZEROBERFLÄCHE</td></tr>
<tr><td align="center">DIENSTPROGRAMME</td><td align="center">ALLGEMEINE
BV-SOFTWARE</td><td align="center">SENSORSPEZIFISCHE
BV - SOFTWARE</td><td align="center">PROJEKTSPEZIFISCHE
BV - SOFTWARE</td></tr>
<tr><td colspan="4" align="center">PROGRAMMIERSCHNITTSTELLE</td></tr>
<tr><td align="center">DATENBANK</td><td align="center">RECHNERKOPPLUNG</td><td align="center">DIALOG MANAGER</td><td align="center">VIRTUELLES
DISPLAY SYSTEM</td></tr>
<tr><td colspan="4" align="center">BETRIEBSSYSTEM</td></tr>
</table>

Abb. 2: Software-Struktur von MIDAS

Die allgemeine Bildverarbeitungssoftware enthält Programme zur radiometrischen und geometrischen Verarbeitung, zur Bildverbesserung, Filter und Klassifizierungsalgorithmen.

Mit UPSTAIRS können die Nutzer eigene projektspezifische Software entwickeln und in das System integrieren, wobei sie durch eine umfangreiche Unterprogrammbibliothek und einen Fortran-Precompiler unterstützt werden.

Der Systemkern umfaßt folgende Komponenten:

- die Datenbank
- die Rechnerkopplung
- den Dialogmanager
- das virtuelle Displaysystem.

Alle Daten sind in einer zentralen Datenbank gespeichert. Sie enthält die Bilder und die Zusatzdaten. Bilddaten sind grundsätzlich kanalweise (band interleaved) abgespeichert. Die einzelnen Kanäle dürfen dabei durchaus unterschiedliche Größe und Auflösung haben.

Bilder können auch aus einem Gitter von Rasterpunkten bestehen. Das Gitter wird bei der Entzerrung von Bildern auf eine Referenz erzeugt. Die Rasterpunkte beschreiben dann die berechnete Abbildung.
Neben der Originalversion wird das Gitterbild abgespeichert, das weniger Speicherplatz beansprucht als die entzerrte Version. Erst beim Lesezugriff auf das aktuelle Bild wird das entzerrte Rasterbild erzeugt.

Zu jedem Bild werden Zusatzinformationen gespeichert. Solche Daten sind z. B. das Histogramm des Bildes, Testgebiete für die Klassifizierung, Paßpunkte für die Entzerrung, Eigenwerte bei Transformationen, die Bildgeschichte oder weitere verbale Informationen.

Die Kopplung zwischen der lokalen Workstation und dem Großrechner IBM 3081 ist eine wesentliche Komponente von MIDAS. Auf beiden Rechnern ist jeweils zu diesem Zweck ein Prozeß permanent aktiv. Die gesamte Software läuft auf dem lokalen Rechner wie auf dem Großrechner. Die Programme, die das Displaysystem verwenden, sind nur lokal implementiert.

Alle Programme können von der Workstation aus gestartet und überwacht werden. Der Nutzer entscheidet beim Programmstart, ob das Modul lokal oder auf dem Großrechner ablaufen soll. Im lokalen Betrieb können Programme sowohl im Vordergrund (interaktiv) als auch im Hintergrund (batch mode) laufen.

Die virtuelle Schnittstelle zum Displaysystem besteht aus einem Satz von Unterprogrammen, mit dem die Hardware des Displaysystems gesteuert wird. Die Anwendungsprogramme sprechen das Displaysystem nur über diese Schnittstelle an. Wird eine andere Display-Hardware angeschlossen, so brauchen die Anwendungsprogramme nicht verändert zu werden; lediglich die Unterprogrammschnittstelle muß an die neue Hardware angepaßt werden. Die Software wird dadurch von der verwendeten Hardware weitgehend unabhängig.

Der Dialogmanager verwaltet den Dialog mit dem Nutzer. Die Nutzeroberfläche selbst ist ein Menüsystem, das hierarchisch in drei Ebenen gegeliedert ist.

Ausblick

Das Bildverarbeitungssystem MIDAS wurde im Jahr 1985 aufgebaut und steht nun für die Nutzung und weitere Verbreitung bereit. Die Vorzüge des Bildverarbeitungssystems MIDAS lassen sich wie folgt zusammenfassen:

- MIDAS erfordert im Gegensatz zu den meisten kommerziell vertriebenen Bildverarbeitungssystemen keine dedizierte Hardware; es kann auf dem VAX/VMS-Rechner implementiert werden.
- MIDAS ist ein offenes, benutzerfreundliches System; es unterstützt Software-Erweiterungen durch Unterprogramm-Bibliotheken und einen Precompiler.
- Die virtuelle Schnittstelle zum Display-System garantiert eine weitgehende Unabhängigkeit gegenüber der Display-Hardware.
- Die Kopplung zum Großrechner erlaubt es, rechen- und speicherintensive Prozeduren auf dem Remote Host zu verarbeiten - parallel zu den lokal ablaufenden Prozessen.
- Die neu konzipierte Datenbankstruktur kann geokodierte Fernerkundungs- und Zusatzdaten problemlos verarbeiten.
- Das Bildverarbeitungssystem MIDAS ist professionell programmiert und dokumentiert nach den Richtlinien des Software Engineering (ESA-Standard). Durch die Arbeitsgemeinschaft GEOSOFT ist die Kontinuität gewährleistet. Die Portierung auf das Betriebssystem UNIX ist schon weitgehend realisiert - und damit eine weitgehende Unabhängigkeit von Rechner-Hardware.

Im Deutschen Fernerkundungsdatenzentrum werden an dem Bildverarbeitungssystem MIDAS vor allem folgende Arbeiten durchgeführt:

- Lagerstättenprospektion
- Waldkartierung und Waldschadenskartierung mit Satellitenbilddaten
- Hochgenaue Entzerrung von SAR-Daten (Synthetic Aperture Radar)
- Geocodierung von Landsat TM-Daten
- Aufbau eines Expertensystems zur Landnutzungskartierung.

Speziell zur Geocodierung liegt heute schon beim Deutschen Fernerkundungsdatenzentrum ein Datenpool entzerrter und aktueller Landsat TM Daten mit der dazugehörigen Paßpunktdatei für die Bundesrepublik vor (Bild 3). Eine Radarkarte für das Bundesgebiet mit SAR-Daten ist für die 90er Jahre vorgesehen.

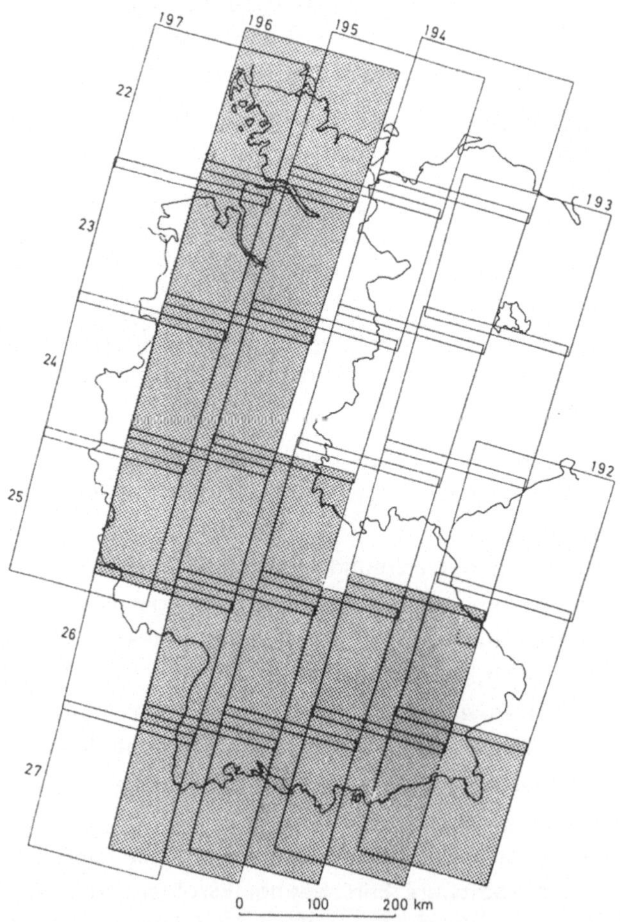

Abb. 3: Landsat TM Überdeckung der Bundesrepublik Deutschland. Die markierten Szenen liegen im Deutschen Fernerkundungsdatenzentrum entzerrt vor.

Objektivierte Ermittlung des Waldzustandes aus Flugzeug-Scannerdaten

W. Pillmann, Z. Zobl

Zusammenfassung

Waldzustandsbeschreibungen können aufgrund stichprobenweise terrestrisch erhobener Vitalitätsmerkmale von Bäumen und flächendeckend durch Luftbildinterpretationen und Scannerbildklassifikationen erfolgen. Das Fortschreiten neuartiger Walderkrankungen macht die Standardisierung und Objektivierung der Waldzustandserfassung erforderlich. In der vorliegenden Arbeit werden die Instrumente zur Scannerbildverarbeitung vorgestellt und Beispiele vorliegender Ergebnisse gezeigt.

1. Einleitung

Waldbereiche zeigen in den Industrienationen ein Fortschreiten von Schadenssymptomen, die gemessen an der Lebensdauer einer Baumgeneration katastrophal sind. Die Schäden sind raumzeitlich differenziert und sind auf standortspezifische Stressoren und Wirkungsketten zurückzuführen.

Die wirkungsvolle und nachhaltige Bekämpfung von Waldschäden setzt die Kenntnis der artabhängigen raumzeitlichen Verteilung des Baumzustandes voraus. Bei einer Waldfläche von rund 38.000 km^2 oder 46 % des Bundesgebietes Österreichs ist eine umfangreiche Informationsmenge periodisch zu erheben, zu verarbeiten und anschaulich darzustellen.

Zur Waldzustandsfeststellung werden Methoden der Fernerkundung und der Informationsverarbeitung zur ökonomischen Bewältigung der Aufgabe der Vitalitätsbeurteilung von Bäumen kombiniert. Dazu gehören die Interpretation von Infrarot-Luftbildern und die Erfassung und Verarbeitung von digitalen Scannerbilddaten. Anders als bei ertragswirtschaftlich orientierten Inventuren der Forstwirtschaft sind bei der Ermittlung von Güteangaben zum Waldzustand unterschiedliche Merkmale zu einer Gesamtangabe zu verdichten. Die Beschreibung eines komplexen Gütemerkmales setzt wiederum die objektivierte und reproduzierbare Erfassung der Detailmerkmale voraus, wie sie durch multispektrale Scanneraufnahmen möglich sind.

2. Aufnahmematerialien und Aufnahmetechnik

Scanneraufnahmen ermöglichen mit Hilfe von Sensoren die meßtechnische Erfassung von Strahlungswerten. Aus dem Flugzeug oder von Satelliten aus wird die Rückstrahlung (Emission, Remission) des Sonnenlichtes von Objekten am Boden mit dem Scanner zeilenweise abgetastet und in digitaler Form abgespeichert. Ein Bildelement wird in mehreren Spektralbereichen durch Strahlungsmeßwerte charakterisiert, deren Verlauf als "Spektrale Signatur" bezeichnet wird.

Farbinfrarot-Luftbilder sind fotografische Aufnahmen auf Spezialfilm. Abgebildet wird das sichtbare Spektrum (ab ca. 500 nm), aber auch rotnahes Infrarot. Der fotografische Prozeß ermöglicht Aufnahmen mit hoher geometrischer Auflösung allerdings nur in drei Farbschichten die spektral überlappend sensibilisiert sind.

Die geometrische Auflösung des Scanners ist gegenüber dem fotografischen Luftbild um rund eine Zehnerpotenz geringer. Durch den Scanner werden jedoch physikalisch meßbare Primärdaten mit hoher spektraler Auflösung reproduzierbar in genau bekannten Wellenlängenbereichen erfaßt. Tabelle I zeigt die Gegenüberstellung der strukturellen und spektralen Auflösung von Luftbild- und Scannerdaten.

	Flughöhe / geom. Auflösung	Spektrale Auflösung
Scanner ATM Meßfeld 1,25 mrad	2000 m / 2,5 m	11 Spektralkanäle zw. 400 - 14000 nm
Landsat V Thematic Mapper	ca. 700 km / 30 (120) m	8 Spektralkanäle zw. 450 - 12500 nm
IR-LB Objektiv Brennweite 300 mm	2000 m / 0,3...0,5 m	3 überlappende Spektralbereiche

Tabelle 1: Gegenüberstellung der spektralen und geometrischen Auflösung von Infrarotluftbildern (IR-LB) und Scanneraufnahmen

Flugzeuggeflogene Fernerkundungsaufnahmen werden gewöhnlich zum Zeitpunkt der voll entwickelten Vegetation im Juli und August angefertigt. Die meteorologischen Flugbedingungen sowie technische Restriktionen begrenzen die Zahl optimaler Flugtage für ein bestimmtes Gebiet auf wenige Tage im Jahr. Die Zielsetzung der Datenaufnahmen - z. B. für allgemeine Kartierungen oder Thermalstudien - bestimmen die Flugparameter. Für Waldzustandsuntersuchungen mit Scannerdaten hat sich eine geometrische Auflösung zwischen 1,5 und 3 m als günstig erwiesen. Dies entspricht bei einem momentanen Meßfeld von 1,25 x 1,25 mrad einer Flughöhe zwischen 1200 und 2400 m.

Vom Satellitenscanner Landsat V - Thematic Mapper werden Szenen desselben Gebietes mit einer Periode von 16 Tagen aufgenommen. Die Auflösung dieser Bilddaten ermöglicht vielfältige, generalisierte Prospektionen. Klassifikationen im Einzelbaumbereich sind mit Satellitendaten derzeit jedoch nicht möglich.

Bei Aufnahme von Infrarot-Luftbildern sind Bildmaßstäbe zwischen 1:5000 und 1:7000 zur Kronenstrukturbeurteilung von Bäumen optimal. Werden sowohl Scanner- als auch Luftbildaufnahmen simultan angefertigt, ist eine sorgfältige Flugplanung mit genauer Abstimmung aller Flugparameter eine notwendige Voraussetzung zur Waldzustandserfassung.

Scannermessungen in Verbindung mit Bodenmessungen und terrestrischen Erhebungen eröffnen damit den Zugang zur objektivierten Beschreibung der Vitalität des Waldes mit hoher Aussageschärfe.

Die Kosten für eine Datenerfassung setzen sich aus den Teilbeträgen für Flugplanung, Flugdurchführung, Kosten des Aufnahmematerials, Bandüberspielungen, Filmentwicklungen, Anfertigung von Flugübersichten und Archivierung zusammen. Weiter sind Kosten zur Risikoabdeckung vorzusehen, da Verhinderung und Abbruch von Flügen aus meteorologischen, technischen und menschlichen Gründen nicht auszuschließen sind. Zur Beurteilung von Befliegungs- und Auswertekosten ist der Nutzen der entstehenden Materialien zu bewerten. Dabei ist zu berücksichtigen, daß auf das Aufnahmematerial nicht nur für Waldzustandserhebungen sondern beispielsweise auch für Zwecke der Raum- und Regionalplanung in der Energieforschung, der Verkehrserhebung und für Kartierungszwecke jederzeit zurückgegriffen werden kann. Weiter können Beweissicherungen durchgeführt und auch Veränderungen dokumentiert werden.

3. Instrumente der Waldzustandsbeschreibung

In der Bundesrepublik Deutschland, in Österreich und der Schweiz werden Waldzustandsinventuren seit rund fünf Jahren angefertigt. In den anderen europäischen Ländern werden Waldschadenserhebungen erst seit kürzerer Zeit durchgeführt. Die meisten Untersuchungen basieren auf stichprobenweisen terrestrischen Erhebungen. Zum Teil werden Waldzustandsinventuren auf der Basis von Luftbildinterpretationen durchgeführt. Versuchsweise werden den gewonnenen Ergebnissen Scannerbildklassifikationen gegenübergestellt.

Mit jeder der genannten Methoden wird darauf abgezielt, eine Standardisierung der Datengewinnung zu erreichen, aufgrund derer Ergebnisvergleiche der Waldzustandsbeschreibungen sinnvoll sind. Durch Einsatz von Methoden der Fernerkundung können Daten von größeren Waldbereichen einheitlich erfaßt und verarbeitet werden. Die Erhebung des Kronenzustandes aus Luftbildern beinhaltet noch teilweise subjektive Interpretationsgesichtspunkte, die allerdings durch Kalibriertests auf ein vertretbares Maß reduziert werden können. Demgegenüber enthalten Scannerdaten nur mehr physikalisch definierbare Meßunsicherheiten. Scanneraufnahmen sind daher zur objektivierten Erfassung des Waldzustandes besonders geeignet.

Am Österreichischen Bundesinstitut für Gesundheitswesen (ÖBIG) wurden seit 1978 mehrere Arbeiten zur Waldschadenserhebung durchgeführt (Fibich, Pillmann, Zirm et.al.). Überwiegend wurden bisher Vitalitätserhebungen durch Luftbildinterpretation durchgeführt.

Im Untersuchungsbereich Wien existiert zwischen 1979 und 1986 die wohl dichteste Zeitreihe von Meßflügen, bei denen Farbinfrarotluftbilder und Scannerdaten gleichzeitig aufgenommen wurden. Parallel dazu laufen seit 1979 Arbeitsprogramme zum Thema Scannerdatenverarbeitung (Pillmann, Täubert, Iwaniewicz, Slonek 1983, 1986).

Neben den Arbeiten im Bildanalyselabor werden laufend Bodenerhebungen zur Kontrolle der Scannerbildklassifikationen durchgeführt. In weiteren Arbeitsprogrammen werden an der Universität Wien die Biotopkartierung Wien durchgeführt und "Korrespondierende Merkmale im phänologisch-biologischen spektralen Erscheinungsbild des Waldes" untersucht (Schacht, Grünweis et.al. 1983).

4. Digitale Verarbeitung von Scannerbilddaten

Unter bestimmten Voraussetzungen können Scannerbilddaten für Zwecke der Waldzustandserhebung eingesetzt werden. Dabei sind Aufgaben der Datenkalibrierung, der Bildvorverarbeitung und der Datenauswahl zu lösen, mathematische Methoden anzuwenden und grafische Darstellungen zu entwickeln.

4.1 Bildvorverarbeitung

Die Aufnahme von Bilddaten stellt hohe Anforderungen an die technischen Einrichtungen wie das Meßflugzeug (z. B. Lageregelung), den Scanner und die Elektronik. Demgemäß zeigen Scannerbilddaten eine Reihe von Unregelmäßigkeiten und Fehlern, denen man durch Kalibrierungen und Bildvorverarbeitungen begegnen kann.

Während des Meßfluges werden zur Kalibrierung der Meßdaten zu jeder Scanzeile Strahldichten von Kalibrierlichtquellen als Referenzwerte aufgezeichnet. Durch eine bilineare Transformation können die tatsächlichen Strahldichten ermittelt werden.

Die nicht vorverarbeiteten Bilder zeigen in einzelnen Kanälen oft eine zeilige Struktur, die sich in den Bildklassifikationen widerspiegelt. Ebenso bewirkt das Meßrauschen Fehlklassifikationen. Mit Glättungsoperationen - 2-dimensionalen Faltungsoperationen - können einzelne Punkte etwas deren Umgebung angeglichen werden. Ausreißer in der Form von weißen oder schwarzen Werten im Grauwertebild werden dabei gedämpft.

Die oben angesprochene zeilige Struktur kann z. B. durch zeilenweise Glättung per Programm verbessert werden. Dabei wird über ein Intervall mit einstellbarer Länge ein gleitender Mittelwert gebildet und jedes Bildelement korrigiert. Wird als Intervallänge die Bildbreite gewählt, dann wird das Pixel um die Differenz des Zeilenmittelwertes zum Bildmittelwert verändert. Wird dieses Verfahren auf die Spalten angewendet, so kann damit der Helligkeitsunterschied von Rand zu Rand ausgeglichen werden. Nachteil dieser Verfahren ist, daß extrem helle oder dunkle Bereiche dunkle oder helle Schlieren ziehen. Diese extremen Bereiche haben meist Werte von 0 oder 255, wohingegen die meisten Punkte in einem anderen Grauwertebereich liegen. Durch Ausscheiden dieser Extremwerte wird die Schlierenbildung vermindert.

4.2 Trennung Wald-Nichtwald

In einem mehrstufigen Verfahren werden Bereiche des Bildes markiert, die mit hoher Wahrscheinlichkeit Laubwald oder Nadelwald beschreiben. Mit dem Vorwissen über den Verlauf der spektralen Signatur eines Baumes werden zunächst alle Pixel eliminiert, die der vorgegebenen Signatur unähnlich sind.

Sinn der Laub- bzw. Nadelwaldselektion ist die Datenreduktion vor Durchführung der Clusteranalyse, um mit möglichst geringem Zeitaufwand "Wald" in geeignet viele Klassen aufzuspalten.

4.3 Nichthierarchische iterative Clusteranalyse

Die Clusteranalyse ist ein statistisches Verfahren, das einen gegebenen Datensatz in eine wählbare Anzahl von Klassen einteilt. Da die Clusteranalyse ein rechenintensiver Algorithmus ist und die Anzahl der Operationen sehr schnell mit der Zahl der Bildpunkte und der Klassenanzahl anwächst, können große Datenmengen nicht auf einmal bearbeitet werden.

Folgende Verfahren kommen zur Anwendung: Das Hill Climbing (HC) und das Minimum Distance (MD) Verfahren (Steinhausen, Langer, 1977). Sie unterscheiden sich in der Wahl der Zuordnungsregel. Es wird durch iteratives Neuzuordnen eines Pixels zu einer Klasse der Wert einer Gütefunktion optimiert. Beim HC Verfahren wird als Gütefunktion ein adaptiertes Varianzkriterium verwendet und somit versucht, die (interne) Homogenität zu verbessern. Beim MD Verfahren wird versucht die (externe) Separation zu optimieren.

Wesentlich für die Klasseneinteilung ist die geeignete Wahl einer Gütefunktion. Als günstig hat sich das Minimum des euklidischen Abstandes (im mehrdimensionalen Raum) zwischen einem Vielfachen des Strahlungsvektors eines Bildpunktes und dem entsprechenden Clustercentroid erwiesen. Die Ergebnisse der Klassenzuordnungen werden in Form von Mittelwertvektoren und Normierungswerten (Quadratsummen der Strahlungswerte in den Spektralkanälen abgespeichert.

Es werden ein oder mehrere Testgebiete händisch oder automatisiert ausgewählt, auf die die Clusteranalyse angewendet wird. Es zeigte sich, daß die Ergebnisse der Clusterung nur wenig sensitiv auf die Wahl der Testgebiete reagieren. Zur Verringerung der Rechenzeit kann eine Anfangsbelegung vorgegeben werden, bei der jeder Punkt vorläufig einer Klasse zugewiesen wird.

4.4 Klassifikation

In einem folgenden Bearbeitungsschritt wird das gesamte Bild mit Hilfe der Klassencentroide klassifiziert. Jeder Bildpunkt wird der Klasse zugeordnet, zu deren Centroid die obige Gütefunktion minimal ist. Gleichzeitig wird der "Abstand" - wie er auch im Minimum

Distance Verfahren verwendet wird - als Maß für die Sicherheit - für Darstellungszwecke aufgezeichnet. Die kanalweisen Klassenmittelwerte und Varianzen der Klassen für das Gesamtbild werden zur Beurteilung der Gesamtklassifikation verwendet.

4.5 Ergebnisdarstellung

Die Darstellung der Ergebnisse aus der Scannerbildverarbeitung erfolgt in Form von Gebietsbeschreibungen und Merkmalsbeschreibungen. In Gebietsbeschreibungen wird die Zuordnung der Punkte zu den Klassen in Form einer Farb- oder Signaturkarte dargestellt. Bei Merkmalsbeschreibungen werden die spektralen Signaturen der Mittelwerte der Klassen grafisch gezeigt.

5. Beispiele von Materialien und Ergebnissen zur Waldschadensbeurteilung

An Ergebnissen liegen abgeschlossene Vitalitätsbeurteilungen des Waldes - genauer Kronenzustandsbeurteilungen der Bäume - aus Luftbildinterpretationen vor (z. B. Zirm et. al. 1985). Parallel dazu wurden Scannerbildklassifikationen durchgeführt, die zu

- Abgrenzungen charakteristischer Forsteinheiten
- Baumartentrennung
- Anfertigung von Zeitreihen der Spektralsignaturen über mehrere Jahre und
- Vitalitätsbeurteilung einzelner Bäume

dienten.

Die Bilder 1 bis 6 zeigen beispielhaft Materialien und ein Klassifikationsergebnis aus dem Naturschutzgebiet Wien/Lobau. Neben der Karte in Bild 1 ist eine grauwertkodierte Ausspielung des Thermalkanals gezeigt, die indirekt Einblick in die Transpirationsaktivität des Waldbereiches ermöglicht. Im Infrarotluftbild (Bild 3) ist der Teilbereich markiert, der in Bild 4 als Scannerdatenausspielung dargestellt ist. Bild 5 zeigt die Klassenzuweisung der Pixel aufgrund der Clusteranalyse. In Tabelle 2 sind die zu den Grauwerten gehörigen Interpretationsinhalte aufgelistet. Zur Beurteilung der Trennschärfe und Homogenität der Cluster sind in Bild 6 die Gütemaße in Abhängigkeit von der Klassenanzahl gezeigt.

Neben der Strukturierung des Gebietes, die gleichzeitig auch eine weitgehende Artentrennung beinhaltet, sind auch Baumzustandsuntersuchungen durchgeführt worden. Bild 7 zeigt die Spektralsignaturen von Eichen unterschiedlicher Vitalität. Die Ziffern bezeichnen die Kronenzustandsstufen, die durch Bodenerhebungen festgestellt wurden. Deutlich ist der Zusammenhang zwischen Vitalität und Rückstrahlungsverhalten im nahen Infrarotkanal (9) ersichtlich. Bewußt wird in diesen Bildern die große Variabilität gezeigt, die durch die Mischsignaturen von Strahlwerten der Bäume mit ihrer Umgebung entsteht. Daraus ist ersichtlich, daß Waldzustandserhebungen aufgrund von Scannerdaten nur Wahrscheinlichkeitsaussagen über den Zustand von Bäumen liefern können.

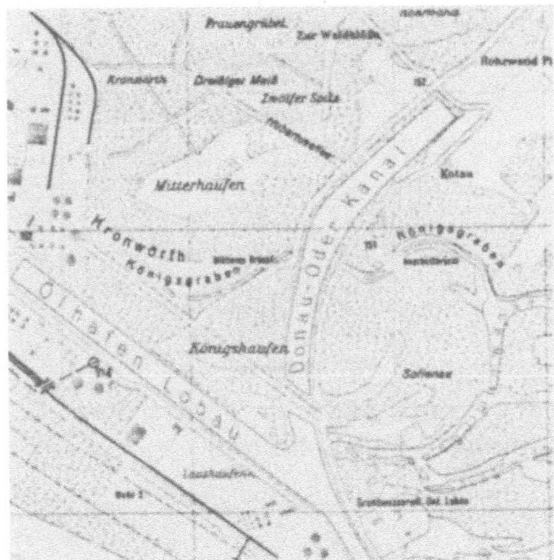

Bild 1: Karte Naturschutzgebiet Lobau

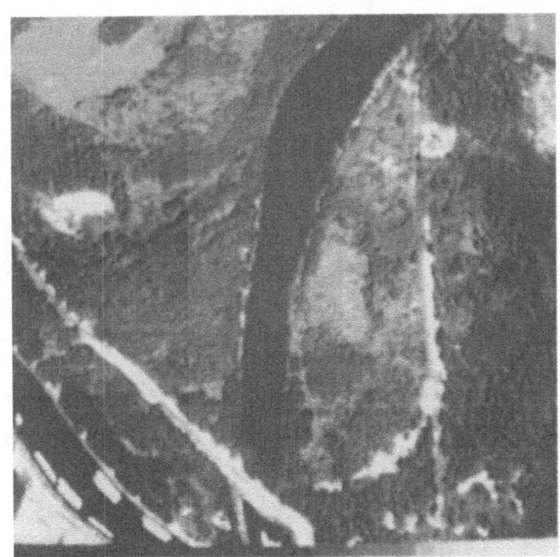

Bild 2: Grauwertkodiertes Thermalbild

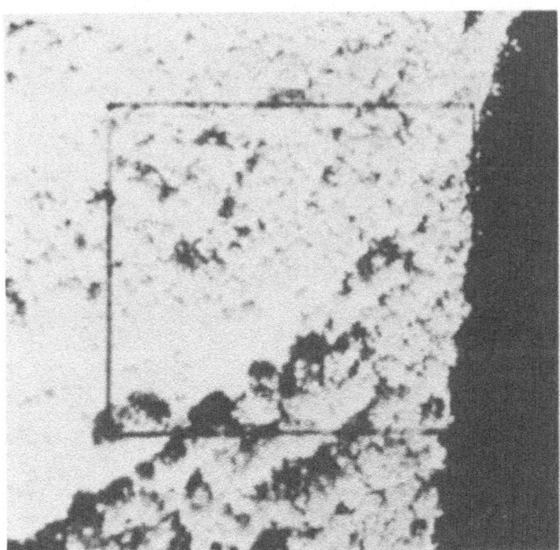

Bild 3: Infrarotluftbild Testgebiet Lobau

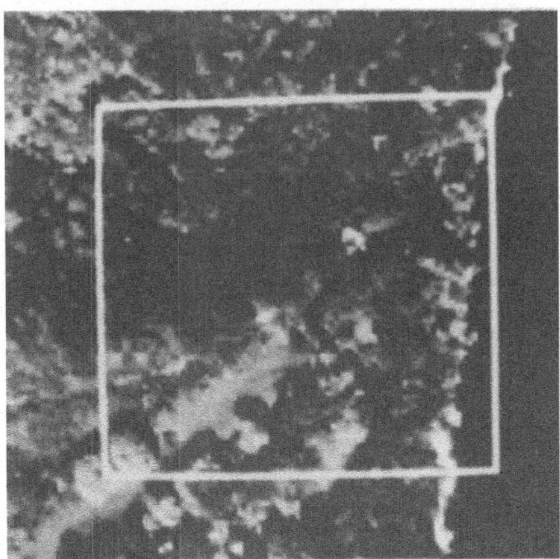

Bild 4: Scanneraufnahme Mitterhaufen

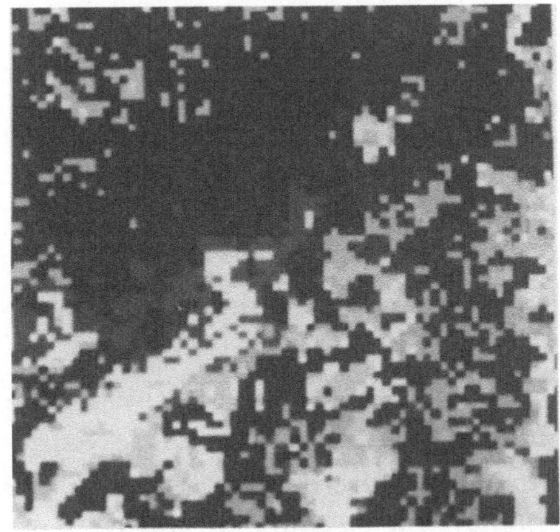

Bild 5: 12-Cluster Lösung Auwald Lobau
(Grauwertkodierung s. Tab. 2)

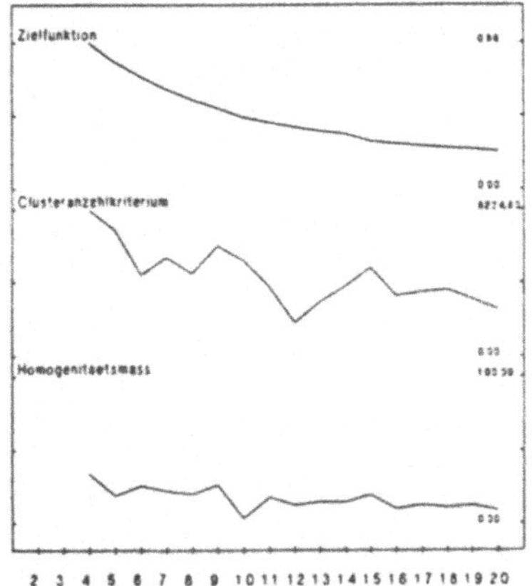

Bild 6: Gütemaße für verschiedene
Clusteranzahlen

Cluster Nr.	Interpretationsinhalt	Grauwerte
2	Schotterbank	weiss
12	Bäume 5 (Weiden Typ Uferbereich)	
3	Bäume 1 (Weiden schattig)	
10	Bäume 4 (Esche, Robinie?)	
4	Wasser	
5	Schilf und Mischsignaturen	
8	Bäume 3 (Weiden sonnenbeschienen)	↓
9	Büsche (mittelhohe Vegetation)	
11	Bäume 5 (hohe Vegetation, Pappel?)	
6	Bäume 2 (Schwarzpappel, Spitzahorn)	
1,7	Schatten	schwarz

Tabelle 2: Farbzuordnung der Interpretationsinhalte einer 12 Cluster Lösung
(Wien, Lobau)

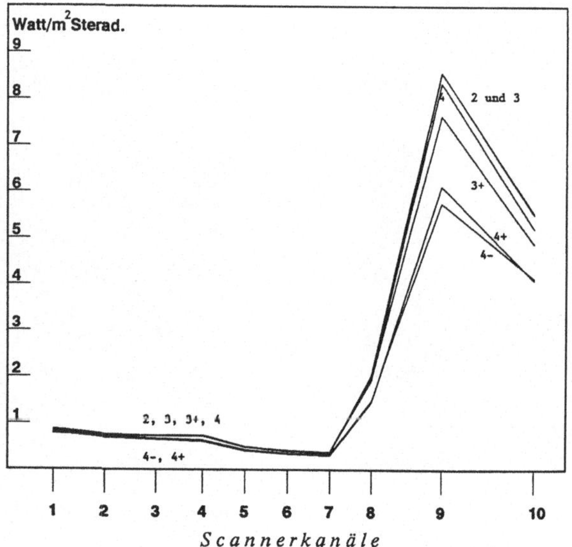

Bild 7: Mittelwerte der Spektralsignaturen der Bildpunkte von Eichen verschiedener Vitalitätsstufen

6. Informationstechnische Einrichtungen zur Umweltdatenverarbeitung

Erhobene oder durch Messungen gewonnene Daten werden vorwiegend mit Methoden der Datenverarbeitung aufbereitet. Automatische Luftgütemeßnetze, Datenbanksysteme zur Bereitstellung der Daten, statistische Bearbeitungen von Daten und grafische Methoden zur Erstellung thematischer Karten, Belastungsübersichten und Zeitreihen sowie geeignete Hard- und Softwareeinrichtungen zur Scannerbildverarbeitung gehören zur Domäne der Umweltinformatik. Alle Werkzeuge werden zur Gewinnung von Informationen aus Primärdaten und zur wirkungsvollen Präsentation der Ergebnisse verwendet.

Weiters dienen Identifikations- und Modellbildungsverfahren zur Nutzbarmachung gewonnener Daten und Informationen für Simulationen und Prognosezwecke.

Eine Übersicht über die Einrichtungen am Österreichischen Bundesinstitut für Gesundheitswesen (ÖBIG) zeigt Bild 8. Bestandteil der EDV-Einrichtungen sind ein Rechnerverbundsystem, ein Grafik-Arbeitsplatz und ein Bildanalyselabor. Ein Bildverarbeitungssystem De Anza IP 5400 ermöglicht die schnelle Darstellung und Manipulation von Farbbildern mit 512 x 512 Bildpunkten in 3 Bildebenen mit je 256 Helligkeitsstufen. Eine Grafik Bildebene mit 16 aus 64 darstellbaren Farben sowie eine Beschriftungsebene erweitern die Darstellungsmöglichkeiten.

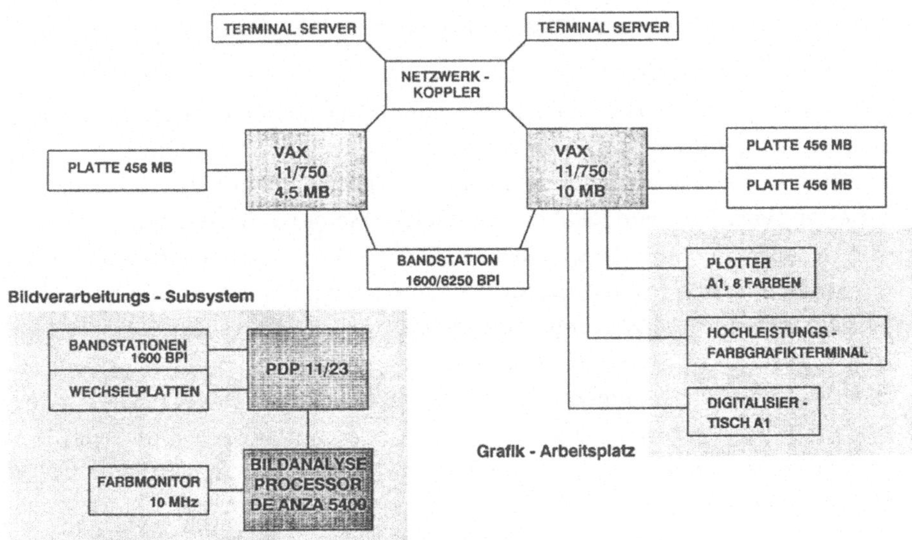

Bild 8: EDV, Grafik und Bildverarbeitungssystem am Österreichischen Bundesinstitut für Gesundheitswesen

Zur Scannerdatendarstellung und -manipulation dient ein modulares Softwaresystem, das am ÖBIG entwickelt wurde. Damit werden interaktiv Funktionen wie Bilddatentransfer zwischen verschiedenen Einheiten und Bilddatenformaten, Vergrößerungen, Farbkodierungen, Helligkeits- und Kontrasteinstellungen ermöglicht. Darüber hinaus wurden spezielle Werkzeuge entwickelt, die die Darstellung von Ergebnissen der Clusteranalyse in einfacher Weise erlauben.

Die Aufnahmetechnik für digitale Bilddaten und die Bilddatenverarbeitung entwickelten sich in den letzten Jahren rasch. Hochauflösende Scanner (Zeilenkameras) mit über 100 Spektralkanälen, kostengünstige Halbleiter- und Laserplattenspeicher mit hohem Speichervolumen und schnelle Parallelprozessoren werden die Entwicklung der Bildverarbeitungsmethoden weiter begünstigen.

7. Wirksamkeit von Informationen aus Waldzustandsbeschreibungen

Waldzustandsbeschreibungen liefern Daten über die räumliche Verteilung und die zeitliche Entwicklung des Waldzustandes. Nach Lösung aller methodischen Fragen der objektivierten Vitalitätsbeschreibung des Waldes im engeren Sinn ist zu untersuchen, in welcher Weise die gewonnenen Informationen nutzbar sind und nutzbar gemacht werden können.

Aufbereitete Daten aus der Waldzustandsbeschreibung sind in erster Linie zur Information des Auftraggebers der Untersuchung - Entscheidungsträgern, Forstdienststellen, wissenschaftschaftlichen Institutionen - bestimmt. Angaben über den Zustand des Waldes entfalten aber auch ihre Wirksamkeit in der Öffentlichkeit. Der Zusammenhang zwischen Erkennung und Beeinflussung der Waldökosysteme ist in Bild 9 in Form eines mehrschleifigen vernetzten Regelkreises dargestellt.

Auf das "System Wald" wirken natürliche und antropogen verursachte Einflüsse. Es sind dies u.a. Schädlingsbefall, Klimafaktoren, die Art des Bodens und die örtliche Lage des Waldes. Unmittelbar wirken Aktivitäten der Forstwirtschaft auf den Wald ein. Darüber hinaus besteht eine Fülle von lokal bis regional wirksamer anderer Ursachen, die in Bild 9 beispielhaft angeführt sind. So sind Wildschäden und der Flächenverbrauch durch Forststraßen, Seilbahnen und Skipisten sowie die touristischen Begleitwirkungen in zunehmendem Maße für nachteilige Wirkungen auf Wälder verantwortlich. Ein wesentlicher Faktor für Waldschäden sind Luftverunreinigungen, die in Form von Photooxidantien, als saurer Regen, als Aerosole oder Sedimente zu den Hauptverursachern des Waldsterbens gehören. Wohl könnten auch positive Wirkungsfaktoren genannt werden. Durch das derzeitige Überwiegen schädigender oder zerstörender Einwirkungen auf den Wald gehen wir nicht weiter darauf ein.

Informationen aus Waldzustandserhebungen beeinflussen wissenschaftlich bis journalistisch aufbereitet die öffentliche Meinung sowie Entscheidungsträger in Wirtschaft und Verwaltung. Positive Einwirkungen auf den Wald können im inneren Rückkopplungszweig in Bild 9 dynamisch rascher erfolgen, als in der äußeren Regelkreisschleife. Diese Problematik zeigt sich besonders deutlich bei Luftverunreinigungen, die durch technische Maßnahmen verringert werden können. Eine weitreichende, wesentliche Reduktion des Schadstoffeintrages in die Atmosphäre setzt allerdings Verhaltensänderungen der Menschen bezüglich des Verbrauches an Energie, Rohstoffen und anderen natürlichen Ressourcen voraus. Wie einzelne Beispiele zeigen, ist die Gesamtstabilität des "Systemes Wald" gefährdet. Vorgänge in diesem komplexen System können zum Teil intuitiv erfaßt werden. Durch Einsatz von Methoden der Informationsverarbeitung werden sie einer genaueren Analyse zugänglich gemacht.

Danksagung:
Die Verfasser danken der Magistratsabteilung 22 - Umweltschutz des Magistrates der Stadt Wien sowie dem Österreichischen Bundesministerium für Wissenschaft und Forschung für die Unterstützung der angeführten Forschungsarbeiten.

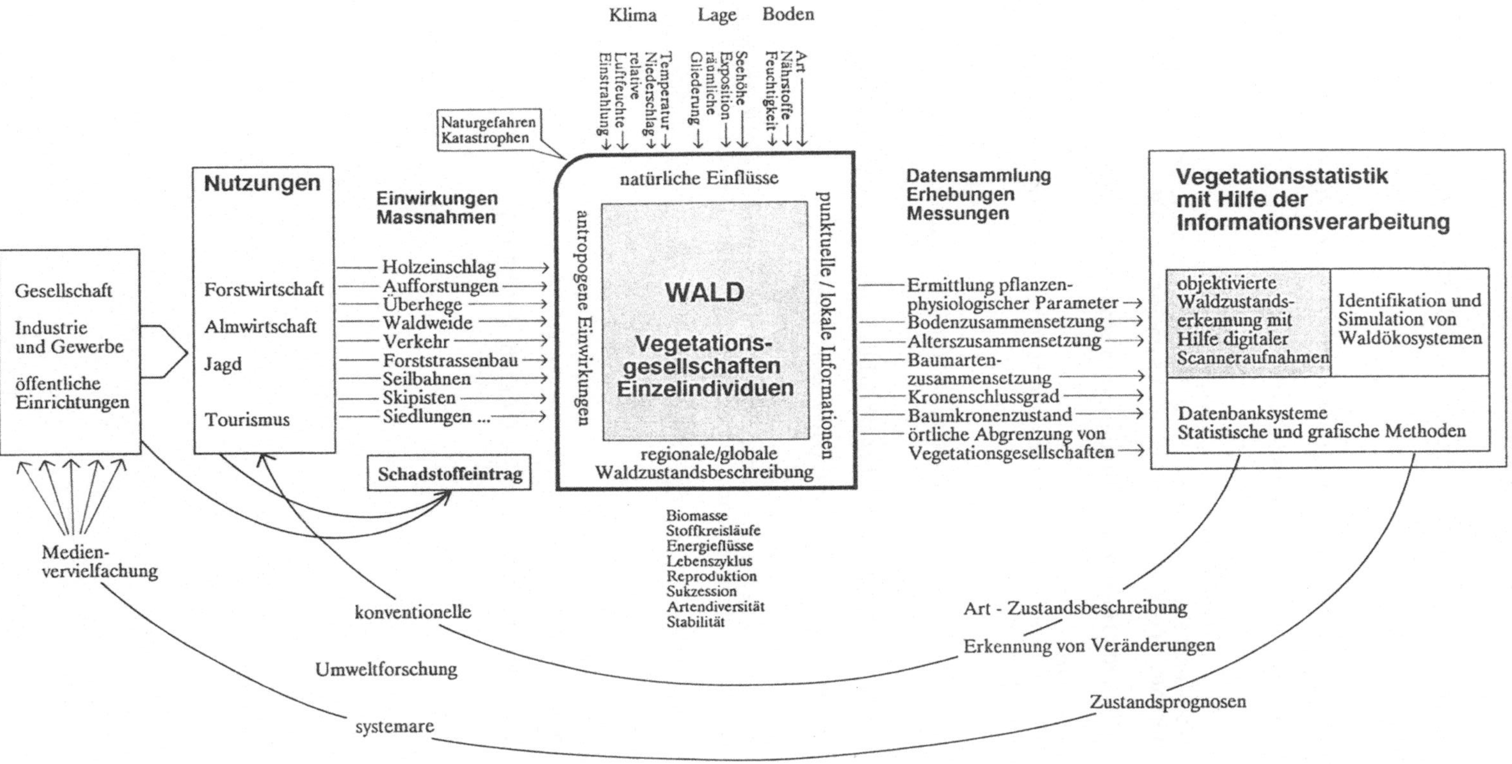

Bild 9:   Systemzusammenhänge zwischen Erkennung und Beeinflussung von Waldökosystemen

Literatur

Erfassung schutzwürdiger und entwicklungsfähiger Landschaftsteile und Elemente in Wien
"Biotopkartierung"
Hrsg.: Magistratsabt. 22 - Umweltschutz, Wien 1985

Fibich F. et al.:
Waldzustandserhebung in ausgewählten Bereichen des Wienerwaldes
Projektstufe 1, Teil Luftbildmessung
Österreichisches Bundesinstitut für Gesundheitswesen, Wien 1986

Kadro A., Kuntz S.:
Experiences in application of multispectral scanner-data for Forest damage inventory
Symposium of Photointerpretation for Ressources Development and Environmental
Management, Endesche 1986, A.A. Balkema Rotterdam Boston 1986

Umwelterhebung Wien mit Hilfe von Luftbildern und Scanneraufnahmen:
Projektstufe 1:
Pillmann W., E. Fotter und K. Zirm:
Herstellung und Verarbeitung von Luftbildern und Scanneraufnahmen zur Umwelt-
kontrolle und -planung in Wien, 1981
Projektstufe 2:
Pillmann W., Täubert M.:
Erarbeitung spektraler Signaturen zur Auswertung von Scannerbilddaten, 1983
Projektstufe 3:
Pillmann W., Iwaniewicz P., Slonek M.:
Statistik, Zeitreihen und Clusteranalyse der Scannerbilddaten von Vegetationsbereichen in
Wien, 1986
Österreichisches Bundesinstitut für Gesundheitswesen, Wien

Schacht H., M. Grünweis, H. Zechmeister et al.:
Erstellung von Bewertungskriterien von Biotopen unter besonderer Berücksichtigung
korrespondierender Merkmale im phänologisch-biologischen und spektralen Erscheinungsbild; Teil I und II;
Österreichisches Institut für Raumplanung, Wien 1983

Steinhausen D., Langer K.:
Clusteranalyse
Walter de Gruyter - New York, 1977
Zirm K., Fibich F., Hackl J., Malin H., Mauser H., Weinwurm M.:
Erhebung der Vitalität des Waldes in Vorarlberg
Österreichisches Bundesinstitut für Gesundheitswesen, Wien 1985

Frühwarnsystem der Bundesrepublik Deutschland für ferntransportierten Smog - Informationstechnisches Konzept -

H. Reichert

Zusammenfassung

Ziel des Frühwarnsytems ist die flächendeckende Darstellung der aktuellen Immissions-situation und die Prognose der Smog-Entwicklung durch ferntransportierte Luftschadstoffe als eine Grundlage für Verhandlungen mit dem Ausland zur Verminderung der Emissionen und zur frühzeitigen Information der Bundes- und Landesregierungen.

Schnellstmögliche Daten- und Ergebnisübermittlung erfordern ein sicheres Kommunikations-netz und Echtzeitdatenverarbeitung. Des längeren tragfähige EDV-Investitionen und hohe Benutzerakzeptanz sind Voraussetzung. Diese muß eine moderne informations-technische Konzeption erfüllen. Dazu wird der zentrale "Luftrechner" des Umwelt-bundesamts durch DFÜ-Leitungen mit dem eigenen und den Luftmeßnetzen der Länder verbunden. Einheitliche Schnittstellenrechner (VAXstation II GPX) lösen rechner- und datenseitige Kompatibilitätsprobleme und berücksichtigen die technisch-administrativen Schnittstellen zwischen Bund und Ländern. Geeignete Netzsoftware (DECnet) dient der Steuerung und Überwachung der technischen Kommunikationsfunktionen. Feinauf-lösende EDV-Grafik, verknüpft mit textlicher Interpretation, sichert die problemgerechte Informationsaufbereitung. Das Arbeiten mit dem System soll den Benutzer durch einen äußerst einfachen Mensch-Maschine-Dialog von jedem vermeidbaren, EDV-bedingten Aufwand befreien. Ein bereits bei Dokumentationsbanken bewährter „Einfach-Dialog" wurde zu diesem Zweck für die grafische Faktenabfrage weiterentwickelt.

Die grafischen Auswertungsergebnisse (z. B. "Smog-Karten") werden in einer auf ADABAS basierenden "Bild-Datenbank" (CGM-Metafiles) im zentralen Luftrechner zum Abruf im grafischen Einfachdialog bereitgestellt.

I. Administrative Aufgabenstellung

Wegen der Bedeutung des Ferntransportes von Luftverunreinigungen für die Smog-Situation in den Ländern hat die Umweltministerkonferenz im November 1986 eine ausreichend frühzeitige Information der zuständigen Behörden über drohende Smog-Situationen dieser Art gefordert. Ziel des dafür von Bund und Ländern aufzubauenden Smog-Frühwarnsystems ist die flächendeckende Darstellung der aktuellen Immissions-situation und die Prognose der Smog-Entwicklung durch ferntransportierte Luftschadstoffe für das Gebiet der Bundesrepublik.

Die zur Erfassung und Verfolgung der aktuellen Schadstoffkonzentrationen sowie zur Validierung von Modellrechnungsergebnissen notwendigen Daten werden aus festen und mobilen Meßstationen der Länder und des Umweltbundesamtes und durch Meßflüge bereitgestellt. Das Umweltbundesamt veranlaßt den Einsatz von Meßflugzeugen. Für die Smog-Voraussage entwickeln das Umweltbundesamt und ggf. der Deutsche Wetterdienst ihre Prognosemodelle weiter. Nach neueren Untersuchungen beträgt der Anteil ferntransportierter Schadstoffe bei Smog-Lagen bis zu 90% und mehr.

II. Informationstechnische Probleme

Der Informatiker wird sogleich erkennen, daß in dem in der Verwaltungssprache formulierten Auftrag informationstechnisch eine komplexe Forderung liegt. Gefordert sind ein integriertes Gesamtsystem und eine exemplarische Gesamtlösung, die vergleichbar bisher nicht existieren.

Wir in der Praxis müssen das Smog-Frühwarnsystem unter hohem Zeitdruck technisch überzeugend aufbauen. Wir möchten die Informationswissenschaft auffordern, uns bei der Lösung unserer Probleme zu helfen und Neuland gangbar zu machen.

Gern würden wir auf integrierte Hardware-/Software-Systeme zurückgreifen, die alle oder wenigstens mehrere der im Smog-Frühwarnsystem geforderten Eigenschaften in einem Rechner vereinigen, als da sind Prozeßsteuerung, gute Netz- und DFÜ-Eignung, leistungsfähige technisch-wissenschaftliche Grafik und flexible Datenverwaltung.

Stattdessen gibt es mehr oder weniger nur Einzelsysteme als Prozeßrechner, Local Area Networks/Cluster-Systeme, grafische Workstations und Datenbank-Rechner.

Auch öffentliche Wide-Area-Netze, die schnell und wirtschaftlich große Datenmengen (z. B. Grafik-Files oder Methoden-Input) übertragen, sind nicht verfügbar. Die Folge sind z. B. Beschränkungen in der zentralen Echtzeit-Datenverarbeitung, längere Antwortzeiten im fernübertragenen On-line-Dialog oder Kompromisse zwischen zentraler und dezentraler Datenverarbeitung, die manchmal fast nicht mehr vertretbar sind.

Ferner sind einfachste Mensch-Maschine-Dialogsysteme, die dieser Bezeichnung gerecht werden, noch kaum im Einsatz. Für sie muß gelten,
-   daß sie die Komplexität des Ausgangsproblems auf mehr Einfachheit und Übersichtlichkeit reduzieren;
-   daß sie sich auf die Eigenheiten einer speziellen Anwendung ohne großen Aufwand flexibel anpassen lassen;
-   daß der Benutzer von EDV-typischen Restriktionen und Kommandos sowie übermäßigen strukturellen Verästelungen freigehalten wird und
-   daß der Benutzer in seiner üblichen Arbeitsweise (logische Arbeitsblöcke, Regelverläufe und Ausnahmeschleifen) voll unterstützt wird, damit er sich (z. B. als Immissionsexperte) in gewohnter Weise allein auf sein Fachproblem konzentrieren kann.

Für den EDV-Praktiker muß man kaum erwähnen, daß selbst die (auch für das Smog-Frühwarnsystem erforderliche) Rechner-Rechner-Kopplung mit vorhandenen Mitteln nicht problemlos ist. Die Hersteller sind oft zurückhaltend, den Anwender bei der Kopplung von "Fremdsystemen" zu unterstützen, und soweit es am Markt Kopplungssoftware gibt, ist sie nicht immer ausreichend "intelligent" oder gut dokumentiert.

Wie schon die Bitte der Umweltminister um Weiterentwicklung der Prognosemodelle für die Smog-Voraussage erkennen läßt, stellt sich hier ein besonderes Problem. Denn im Sinne eines Frühwarnsystems verläßliche Prognosen hängen nicht nur von der realitätsäquivalenten Modellarchitektur und dessen Güte, sondern auch von der Datenversorgung des Modells ab. Das weitgesteckte Ziel ist hier, routinemäßig gewonnene meteorologische Daten mit möglichst im Tagesverlauf genauen Emissionsdaten zu kombinieren, um die Entwicklung der Immissionssituation möglichst flächendeckend und aktuell berechnen zu können.

Der kurze Aufriß deutet an, daß der Erfolg des Smog-Frühwarnsystems davon abhängt, über das herkömmliche hinaus neue informationstechnische Lösungen zu schaffen.

III. Informationstechnisches Konzept

1. *Allgemeine Grundsätze*

Unsere informationstechnische Konzeption fußt vor allem auf dem Einsatz neuester Hardware und Software, die des längeren tragfähige Investitionen und hohe Benutzerakzeptanz gewährleisten.

Es gibt übliche Randbedingungen, nämlich

- die Beachtung der Wirtschaftlichkeit durch strenge Aufwand/Nutzen-Relationen,
- die Einbeziehung vorhandener Hard- und Software, insbesondere in den Meßnetzzentralen,
- die Terminvorgabe, im Winter 1987/88 mit der Ersterprobung des Frühwarnnetzes zu beginnen.

Der Aufbau des Smog-Frühwarnsystems erfolgt in drei Stufen (Grund-, Erweiterungs-, Abschlußphase) jeweils zu den Winterhalbjahren 1987/88, 1988/89 und 1989/90.

Zeitlich später liegende Realisierungsschritte und noch offene Probleme sind durch inhaltliche und terminlich konkret umrissene Zielsetzungen festgelegt. Dadurch gibt es von Anfang an den "roten Faden" und kein vorzeitiges Zurückweichen vor Aufgaben, die noch nicht von vornherein lösbar scheinen. Die Lösungsansätze müssen stimmen, die Verbesserung und Abrundung der Lösungen werden insbesondere durch die Benutzeranforderungen aus der Erprobung bestimmt.

2. Informationstechnische Komponenten und Lösungswege

Der zentrale "Luftrechner" (Siemens 7.570-C) im Umweltbundesamt (UBA) in Berlin wird mit den Immissionsmeßnetzen der Länder und des UBA durch ein sternförmiges Zwei-Wege-Kommunikationsnetz verbunden. Es dient der Meßwertübermittlung (Input) und dem Abruf der zentral berechneten Ergebnisse (Output).

Schwerpunkte des mit hoher technischer Sicherheit und hohem Automationsgrad auszustattenden Netzes (Datex-P) sind die das Netz steuernden "Schnittstellenrechner" im UBA (Microvax II) und in den Meßnetzzentralen (VAXstations II GPX) des Herstellers Digital Equipment (DEC). Abbildung 1 skizziert die Rechnerkonfiguration des Smog-Frühwarnsystems.

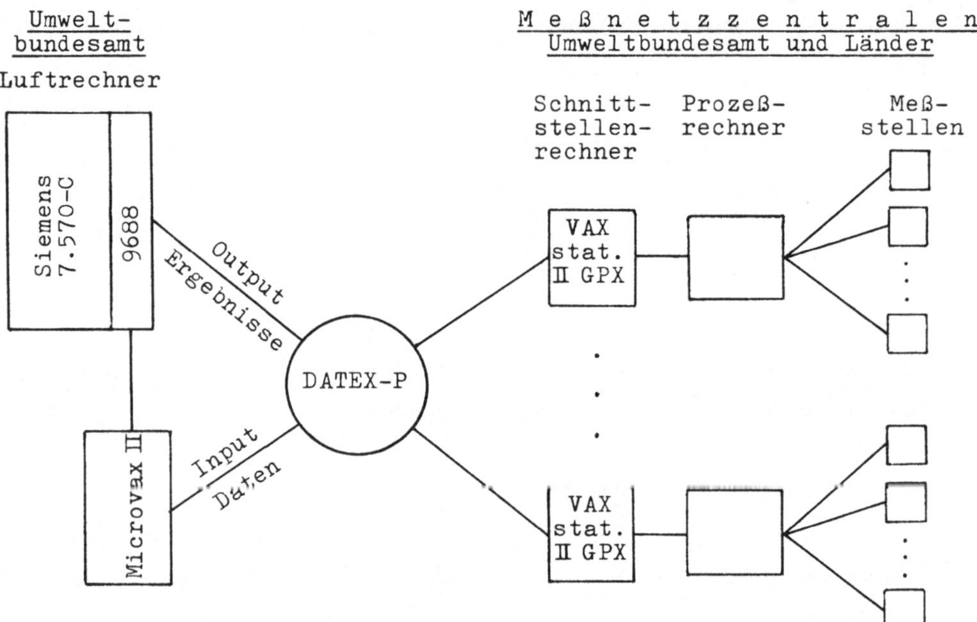

Abb. 1: Rechnernetz Smog-Frühwarnsystem

Bevor auf die Hauptanwendungsbereiche eingegangen wird, soll stichwortartig die sie tragende Netz- und Rechnerumgebung charakterisiert werden.

2.1 Hardware, Systemsoftware, Funktionen

Die Datenfernübertragung erfolgt über das *Postnetz Datex-P*, Anschlüsse P 10 H, temporäre Wählverbindungen mit einer Übertragungsgeschwindigkeit von 9600 bit/s. Eine für die verknüpften Rechner einheitliche Teilnehmerbetriebsklasse bietet Schutz vor dem Eindringen nicht berechtigter Teilnehmer in das Frühwarnnetz.

Der *Siemens-Rechner 7.570-C* (mit TRANSDATA-Datenübertragungsvorrechner 9688, 1,5 MByte, 2 MIPS) hat 16 MByte Hauptspeicher, 2,7 MIPS Verarbeitungsgeschwindigkeit und eine den Datenhaltungsanforderungen entsprechende Plattenkapazität (760-MByte-Festplatten). Er läuft unter dem Betriebssystem BS 2000 (multi-user/multitasking-Betrieb). Als Datenbanksystem wird ADABAS verwendet. Der Rechner wird für die Berechnung und Bereitstellung der länderübergreifenden Smog-Grafiken eingesetzt und soll für deren Abruf im "grafischen Einfachdialog" direkt mit den Schnittstellenrechnern (Terminal-funktion durch noch zu schaffende Emulation eines Siemens-Endgeräts 9751-25) über Datex-P verknüpft werden.

Die "Schnittstellenrechner" in den Meßnetzzentralen *VAXstation II GPX* (5 MByte-Hauptspeicher) sind mit 71-MByte-Festplatte, 19-Zoll-Farbmonitor (256 Farben), Laser-drucker, Datex-P-Interface und Vierfach-Multiplexer für V24-Schnittstellen ausgerüstet. Ein zweiter (alphanumerischer) Bildschirm ist anschließbar.

Das Betriebssystem Micro-VMS (multi-tasking, 2 user) wird durch Workstation-Software, GKS, DECnet, VAX/PSI (Datex-P) und RSM-*Client*-Software (Remote System Manager) ergänzt.

Die Schnittstellenrechner müssen folgende Funktionen unterstützen:

- Datenübernahme von den unterschiedlichen lokalen Meßnetz-Zentralrechnern (asynchron über V24-Schnittstelle), Lösung von Inkompatibilitäten
- Bearbeitung und Steuerung des Input für den zentralen Luftrechner im UBA
- Ergebnisabfrage im "grafischen Einfachdialog"
- gesicherte Netzkommunikation (mit DECnet), Software-Updates (mit RSM)

Die vorgesehene *Microvax II* mit gleichem Betriebssystem Micro-VMS und gleicher Netz-software DECnet wie die VAXstations in den Meßnetzzentralen ist der zentrale Korres-pondenzrechner im UBA zu den dezentralen Schnittstellenrechnern. Die Hardware-Charakteristiken sind 9 MByte Hauptspeicher, rund 1MIPS Verarbeitungsgeschwindigkeit, 159-MByte-Festplatte, Achtfach-Multiplexer, Kommunikations- und Ethernet-Interface für die In-house-Kopplung sowie Hardware-Komponenten für den vergleichbaren Betrieb der VAXstations in den Meßnetzzentralen (71-MByte-Festplatte, 19-Zoll-Farbmonitor, Laser-drucker, Datex-P-Interface).

Die Software entspricht derjenigen der VAXstations mit dem Unterschied der Möglichkeit des 8-user-Betriebs und der Installation der RSM-*Master*-Software.

Die Microvax II wird mit dem Siemens-Rechner 7.570-C verbunden (Rechner-Rechner-Kopp-lung mit Mindestübertragungsgeschwindigkeit von 9600 bit/s, noch zu schaffender HDLC-Emulation, RDAC der Fa. CONWARE für File-Transfer und, sofern erforderlich, MEPSIE-Kommunikationssoftware der Fa. INTEGRATA).

Die Microvax hat folgende Funktionen zu unterstützen:

a) Input- und Netzsteuerung, Ergebnisfreigabe
- Abruf der Meßdaten von den Schnittstellenrechnern in den Meßnetzzentralen

- Überwachung der Netzkommunikation und des Betriebs der dezentralen VAXstations (zentrale Fehlerdiagnose)

- Downloading von Software-Updates

- ggf. DEC-spezifisches Mailbox-Verfahren

- dialoggestützter Abruf zur Prüfung, zusätzlichen textlichen Kommentierung und Freigabe der Smog-Grafiken im UBA (für weitergehendes Redigieren wird der Einsatz eines grafischen Editors geprüft)

b)   Funktionen wie die VAXstations in den Meßnetzzentralen

- manuelle Eingabe von Meßdaten, die dem UBA z. B. wegen Ausfalls eines dezentralen Schnittstellenrechners durch Telefon, Fernschreiber oder TELEFAX übermittelt werden

- Abfrage der fachlich freigegebenen Ergebnisdarstellungen im grafischen Einfachdialog.

Da vor allem während Smog-Episoden alle Meßnetzzentralen zu bestimmten kurzen Zeitspannen "gleichzeitig" sowohl Daten übermitteln als auch Ergebnisse abrufen, wird zur Entflechtung der DFÜ-Prozesse und Entlastung der Microvax II der Abfragedialog der Meßnetzzentralen über Datex-P nicht an die Microvax, sondern direkt an den Siemens-Rechner geknüpft.

2.2 Anwendungsbereiche

Die Skizzierung der Rechnerumgebung enthielt mit den kurzen Funktionsangaben erste Hinweise auf die Anwendungssektoren und ihre Verknüpfung. Es folgt eine etwas ausführlichere und in sich geschlossene Darstellung der Hauptanwendungsbereiche.

2.2.1 Dialog-gestützte dezentrale Datenaufbereitung, Input-Steuerung

Für das Smog-Frühwarnsystem werden grundsätzlich Halbstundenmittelwerte von Schwefeldioxid, Schwebstaub, Windrichtung und -geschwindigkeit von ausgewählten Meßstellen insbesondere aus ländlichen Räumen herangezogen. Für Ballungsräume und Winddaten werden repräsentative Meßstellen, für Schwefeldioxid und Schwebstaub zum Teil auch aus mehreren Meßstellen auf den Schnittstellenrechnern arithmetisch zu mittelnde Werte genommen.

Die Übernahme der Daten von den Prozeßrechnern der Meßnetzzentralen auf die Schnittstellenrechner und die Weiterleitung zum zentralen Luftrechner im UBA erfolgt im Normalbetrieb einmal arbeitstäglich für den vorausgegangenen Arbeitstag bzw. die vorausgegangenen Wochenenden oder Feiertage. Bei drohendem Smog und entsprechender Dienstbereitschaft der Meßnetzzentralen werden die Daten bis zu achtmal täglich im Dreistunden-Rhythmus übermittelt.

Der Datentransfer von den verschiedenen Meßnetzrechnern zum Schnittstellenrechner wird über V-24-Schnittstellen mit dem auf beiden Rechnern zu installiernden Übertragungsprotokoll X-Modem asynchron bewerkstelligt. Die in FORTRAN77 geschriebene Kommunikationssoftware wird in ihrem Anpassungsteil hinsichtlich der Leitungskonfiguration und Dateikonventionen auf die lokalen Verhältnisse eingestellt. X-Modem greift auf eine in Abstimmung mit den Ländern einheitlich strukturierte separate Datei in den.Meßnetzrechnern zu. Diese sequentielle Datei mit Datenblöcken für jeden Wochentag wird vom Meßnetzrechner tageweise nach Ablauf von sieben Tagen wieder überschrieben.

Die übernommenen Daten werden auf dem Schnittstellenrechner

- soweit noch erforderlich, auf das für die zentrale Weiterverarbeitung im UBA einheitliche Format umgesetzt;

- soweit aufgrund der örtlichen Organisation in den Meßnetzzentralen für notwendig gehalten, innerhalb enger Termine fachlich geprüft, korrigiert und freigegeben (im Ausnahmefall ist zu bestimmten Terminen auch noch die Nachkorrektur und wiederholte Übermittlung bereits an das UBA gesendeter Daten möglich);

- als Urdaten und korrigierte Daten für festzulegende Zeitspannen auf der Festplatte zwischengespeichert.

Das Programm zur Datenaufbereitung und für die damit zusammenhängenden Funktionen wird, wie der schon prototypisch entwickelte Dialog zur Ergebnisabfrage, als "Einfachdialog" entwickelt (Auftrag an die Firma IVU), der den Immissionsexperten von vermeidbarem EDV-bedingten Aufwand befreit und ihm in seiner fachlich-logischen Arbeitsweise unterstützt. Das Dialog-Programm in der Programmiersprache C ist wie folgt konzipiert:

- Vollflächige Ausnutzung des 19-Zoll-Bildschirms für die tabellarische Darstellung von Meßwerten und zeitliche Verlaufshistogramme. Zweckmäßiger Gebrauch verschiedener Schriftgrößen (founts) und Farbhintergründe z. B. für Hervorhebungen. Für die Meßwerttabellen werden zwei Layouts angeboten: zum einen eine Meßstelle mit allen Werten eines Tages für alle gemessenen Komponenten auf einem Bildschirm; zum andern mehrere Meßstellen für eine Komponente und mehreren Zeit-Spalten z.B. zum schnellen Vergleich der Schadstoffkonzentration derselben halben Stunde an mehreren Orten, bei vielen Meßstellen Folgebildschirme.

- Trennung und Verzweigung in deutlich unterscheidbare logische Blöcke (einschließlich gestufter Zugriffsberechtigung), z. B. System- und Benutzerverwaltung, Meßstellenbeschreibung, Einstellung automatisch gesteuerter Betriebsweisen, Datenaufbereitung

- Zusammenfassung mehrerer ähnlicher Funktionen in einem logischen Block bzw. Layout (z. B. Daten zeigen, prüfen, korrigieren, freigeben)

- Standardabläufe bei Verzweigung und Sprüngen durch entsprechende programmgesteuerte (aber durch den Benutzer abänderbare) Vorbelegung des Kommando-Feldes

- Beliebiges Vor- und Rückwärts-"Blättern" und Springen innerhalb einer Folge von durchnumerierten Meßstellen-Tabellen

- Einfache Sprungverknüpfung der zusammengehörenden Tabellen und Grafiken (Verlaufshistogramme).

2.2.2 *Zentrale Verarbeitung, Ergebnisbereitstellung*

Auf dem Luftrechner wird bereits im UBA vorhandene Software eingesetzt: ADABAS für die Datenbankverwaltung, SLIM (DV-System für Luftreinhaltung, Immission und Meteorologie) für die Verarbeitung, ADIS (Adaptierbares Dokumentations- und Informationssystem) für den "Grafischen Einfachdialog" zur Ergebnisabfrage.

Die Firma aStec entwickelt die Software SLIM und ADIS im Auftrag des UBA für die Zwecke des Smog-Frühwarnsystems weiter bzw. paßt sie dieser speziellen Anwendung an. Als Programmiersprachen werden PL/1 und C eingesetzt.

Als erster Schwerpunkt des Smog-Frühwarnsystems wird die Berechnung und grafische Darstellung der jeweiligen aktuellen bundesweiten Immissionssituation realisiert. Dazu werden die von der Microvax II des UBA aus den Meßnetzzentralen (Schnittstellenrechnern) abgerufenen Daten per Filetransfer auf die Siemens 7.570-C übertragen. Sie werden von SLIM automatisch erfaßt und in eine temporäre Datenbank gespeichert.

SLIM ist, Wartungszeiten des Rechners ausgenommen, immer aktiv und prüft ca. alle zwei Minuten, ob Smog-Daten vorliegen, identifiziert und protokolliert die Zugänge (Erfassungssysteme). Eine "automatische Auftragsverwaltung" steuert die Aufträge für die Auswertungsteilsysteme (Methoden). Damit wird die kontrollierte Behandlung und Weiterverarbeitung der Meßwerte auch in Fällen fehlender, unvollständiger, verspäteter oder nachkorrigierter Datenlieferungen gesichert. Die automatischen Aufträge können über einen SLIM-Kommunikationsteil vom Benutzer geändert oder gezielt gestartet werden. Die temporäre Smog-Datenbank wird mit ADABAS verwaltet.

SLIM hat eine interne Schnittstelle für die Einbindung von Methoden bzw. Methodenketten, z. B. zur Erzeugung von Rasterkarten, zeitlichen Verlaufshistogrammen usw. Mit dieser Schnittstelle sollen auch Prognose- und Ausbreitungsmethoden verbunden werden, z.B. das Puff-Modell MESOS K, das dann mit den auf dem Luftrechner gespeicherten Emissionsdaten des UBA versorgt werden kann.

Die Methoden erzeugen komprimierte Computer Graphic Metafiles (CGM-Files), die in einer von ADABAS verwalteten Grafik-Datenbank gespeichert werden. Die Files werden deskribiert (etwa: 26. 2.1987, 12.00 Uhr, SO_2, Rasterkarte, Bundesrepublik) und stehen zur gezielten Auffindung in ADIS zur Verfügung.

Der Verfahrensablauf mag ergänzend am Beispiel der SO_2-Rasterkarten verdeutlicht werden. Zu festen, aber im Normal- und im Intensivbetrieb unterschiedlichen Uhrzeiten werden die dann vorliegenden Daten der Meßnetzzentralen *automatisch* einer Interpolationsmethode übergeben, die eine flächendeckende Karte der Bundesrepublik mit den Schadstoff-Konzentrationsklassen entsprechenden farbigen Rasterquadraten erzeugt. Diese Karten umfassen jeweils einen Zeitraum von drei Stunden. Bei drohendem Smog

(Intensivbetrieb) werden zusätzlich Veränderung-Rasterkarten erstellt, die mit reduzierter Farbskala die zwischen zwei Absolut-Karten erfolgten Konzentrationsverschiebungen (Zunahme, Abnahme, unverändert) ausweisen. Die Smog-Karten enthalten auch festen "grafischen" Text (Überschriften, Legenden). Sie sind aber noch nicht zum allgemeinen Abruf freigegeben.

Die Prüfung und Freigabe wird am Bildschirm der MicroVAX II im grafischen Einfachdialog durch Fachpersonal vorgenommen, das dabei Kommentare (gesonderte Ergänzungs-Files) hinzufügen kann. Im Normalbetrieb ist später auch die grundsätzlich automatische Freigabe und stichprobenweise Einzelprüfung denkbar.

Die als freigegeben gekennzeichneten CGM-Files können dann von den dezentralen Schnittstellenrechnern aus abgerufen werden.

Abbildung 2 skizziert das Gesagte in schematischer Form.

2.2.3 *Grafischer Abfrage-Dialog*

Der grafische Einfachdialog für den Abruf der Smog-Ergebnisgrafiken ist bereits prototypisch realisiert. Die Verwendung von GKS (Graphic Kernel System) und CGM (Computer Graphic Metafile) erlaubt den grundsätzlich geräteunabhängigen Einsatz des Dialogs. Für die Verwendung in direkter Datex-P-Verbindung zwischen den Schnittstellenrechnern und der Siemens-Anlage 7.570-C fehlt noch ein Emulationsprogramm auf der VAX-Station II GPX, das die zu übertragenden alphanumerischen Files (9751-25-Emulation) und die grafischen CGM-Files interpretieren und umsetzen kann, so daß neben der Dialogführung durch Menüs auch die Darstellung der Farbgrafiken ermöglicht wird.

Der Einfachdialog ist ein Teilsystem von ADIS, das über Tabellen und "Regeln" flexibel für spezielle Anwendungen anpaßbar ist. Es wurde für das Smog-Frühwarnsystem um die Grafik erweitert. Eine der farbigen Bildschirmgrafik analoge Schwarz-Weiß-Ausgabe auf dem Laserdrucker der VAXstation ist vorgesehen.

Die folgenden Bildschirmdarstellungen dokumentieren den jetzigen Entwicklungsstand der Dialogführung. Der Dialog einschließlich der Farbgrafik wurde auf dem Symposium "Informationsanwendungen im Umweltbereich" am 9. und 10. November 1987 in Karlsruhe vorgeführt.

Abbildung 3 (oben) dient mit kurzem Einführungstext der Eingabe des für das Smog-Frühwarnssystem berechtigenden Benutzerkennworts. Die Zusammenführung mit dem in Abschnitt 2.2.1 beschriebenen Dialog für den Daten-Input ist geplant. Der unmittelbar folgende Bildschirm (unten) bietet zwei "Benutzer-Schalen" an. Schale 1 hätte "auf Knopfdruck" die neueste farbige Rasterkarte für die SO_2-Immission des Bundesgebietes gezeigt. Weiteres "Knopfdrücken" (DUE 1 oder ENTER) hätte auf die Veränderungskarte, dann auf die drei Stunden zurückliegende Absolutkarte usw. geführt (Rückverfolgung der aktuellen Entwicklung).

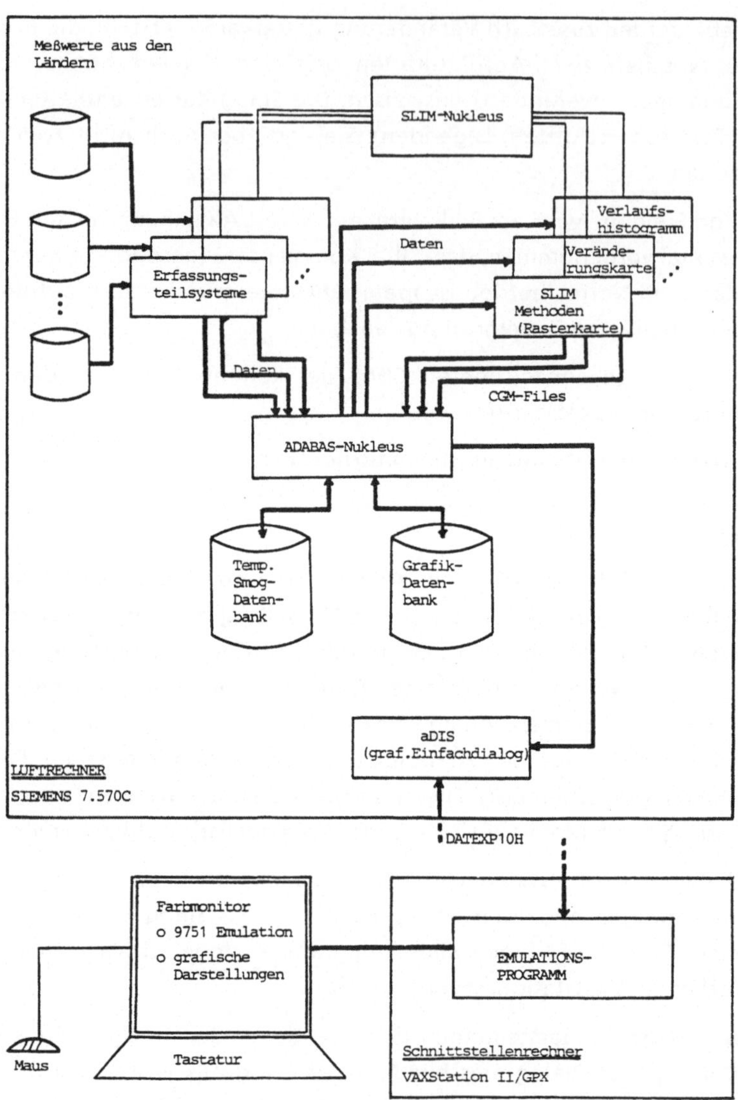

Abb. 2: Zentrale Verarbeitung (Luftrechner), Grafischer Abfrage-Dialog (GPX)

```
SMOG-FWS                 Smog - Fruehwarnsystem
-------------------------------------------------------------------

Fuer das Smog-Fruehwarnsystem werden die aktuellen Messwerte der Messnetze
des Umweltbundesamtes und der Laender ausgewertet und grafisch aufbereitet,
die dem Umweltbundesamt in Berlin uebermittelt werden.

Die grafischen Ergebnisse koennen Sie im nachfolgenden "grafischen
Einfachdialog" abrufen und am Bildschirm ansehen.

Sie benoetigen nun ein Benutzerkennwort. Wenn Ihnen dieses nicht bekannt ist,
wenden Sie sich bitte an das Umweltbundesamt, Telefon (030) 8903-570 oder
8903-380.


(                        ) <-- Bitte hier Ihr Benutzerkennwort eintippen.

-------------------------------------------------------------------
(_) <-- Bitte hier E eintippen, wenn Sie den Dialog beenden wollen.
        Weiter mit der Taste DUe1 oder ENTER.

                                          05/08/1987   17:35:05
```

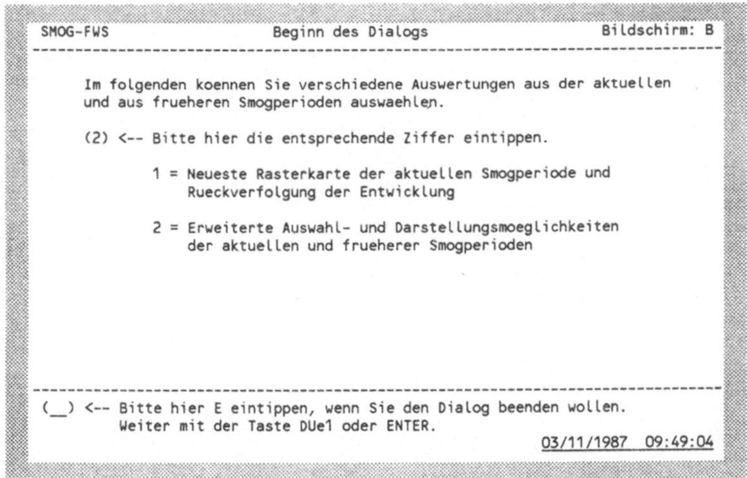

```
SMOG-FWS                Beginn des Dialogs              Bildschirm: B
-------------------------------------------------------------------

    Im folgenden koennen Sie verschiedene Auswertungen aus der aktuellen
    und aus frueheren Smogperioden auswaehlen.

    (2) <-- Bitte hier die entsprechende Ziffer eintippen.

         1 = Neueste Rasterkarte der aktuellen Smogperiode und
             Rueckverfolgung der Entwicklung

         2 = Erweiterte Auswahl- und Darstellungsmoeglichkeiten
             der aktuellen und frueherer Smogperioden




-------------------------------------------------------------------
(__) <-- Bitte hier E eintippen, wenn Sie den Dialog beenden wollen.
         Weiter mit der Taste DUe1 oder ENTER.
                                          03/11/1987   09:49:04
```

Abb. 3: Grafischer Einfachdialog (Kennwortangabe, Benutzer-Schalen)

Da aber in unserem Beispiel die Benutzer-Schale 2 gewählt wurde, erscheint als nächster Bildschirm (Abbildung 4 oben) eine Auswahlmöglichkeit aus dem gesamten Bestand der Grafikdatenbank des Luftrechners (CGM-Files). Die im Beispiel vorgenommenen Eintragungen lassen eine Kurzübersicht folgen (unten), aufgrund derer die mit "j" (ja) gewünschten Grafiken (hier nicht abgebildet) als nächstes gezeigt werden.

```
SMOG-FWS                    Auswahl der Smog-Grafiken          Bildschirm: A
----------------------------------------------------------------------------

1. Form der Grafik ----->  (1)  Hier bitte eine der folgenden Ziffern eintippen:
                                1 = Rasterkarte, 2 = Veraenderungskarte,
                                3 = Zeitreihen der UBA-Messtellen,
                                4 = Karte der Messtellen (Folgeangaben entfallen,
                                    weiter mit ENTER bzw. DUe1 !)

2. Zeitliche Angaben zur Smogperiode (z.B. 1.2.87   09:00):

      Beginn:  Datum   --> ( 25.2.87  )  Uhrzeit --> (____)
      Ende:    Datum   --> ( 26.2.87  )  Uhrzeit --> (____)

      (Wenn Einzelzeitpunkt, nur "Beginn" ausfuellen!)

3. Nur fuer Zeitreihen:
   Messkomponente ------> (____) (Moeglich sind: SO2 oder Staub)


----------------------------------------------------------------------------
  ( ) <-- Naechster Bildschirm:   ENTER bzw. DUe1 = Kurzuebersicht/Grafikausgabe
         RG= Register der Grafiken  B= Beginn des Dialogs E= Ende /ENTER bzw. DUe1
                                                          03/11/1987  09:49:46
```

```
SMOG-FWS                         Kurzuebersicht                 Bildschirm: K
----------------------------------------------------------------------------
     Die Grafiken koennen mit  j  fuer die Ausgabe ausgewaehlt werden.
     Datum       Zeit   Grafik
  (_) 25.02.1987  03:00  SO2 BUNDESREPUBLIK RASTERKARTE
  (_) 25.02.1987  06:00  SO2 BUNDESREPUBLIK RASTERKARTE
  (_) 25.02.1987  09:00  SO2 BUNDESREPUBLIK RASTERKARTE
  (_) 25.02.1987  12:00  SO2 BUNDESREPUBLIK RASTERKARTE
  (_) 25.02.1987  15:00  SO2 BUNDESREPUBLIK RASTERKARTE
  (_) 25.02.1987  18:00  SO2 BUNDESREPUBLIK RASTERKARTE
  (_) 25.02.1987  21:00  SO2 BUNDESREPUBLIK RASTERKARTE
  (_) 25.02.1987  24:00  SO2 BUNDESREPUBLIK RASTERKARTE
  (_) 26.02.1987  03:00  SO2 BUNDESREPUBLIK RASTERKARTE
  (_) 26.02.1987  06:00  SO2 BUNDESREPUBLIK RASTERKARTE
  (_) 26.02.1987  09:00  SO2 BUNDESREPUBLIK RASTERKARTE
  (j) 26.02.1987  12:00  SO2 BUNDESREPUBLIK RASTERKARTE
  (_) 26.02.1987  15:00  SO2 BUNDESREPUBLIK RASTERKARTE
  (_) 26.02.1987  18:00  SO2 BUNDESREPUBLIK RASTERKARTE
  (_) 26.02.1987  21:00  SO2 BUNDESREPUBLIK RASTERKARTE
  (_) 26.02.1987  24:00  SO2 BUNDESREPUBLIK RASTERKARTE
----------------------------------------------------------------------------
 (G___) <-- Naechster Bildschirm:  Blaettern: leer oder  += weiter  -= zurueck
   A= Auswahl der Smogdaten  G= Grafikausgabe  B= Beginn  E= Ende /ENTER bzw. DUe1
   Anzahl der gefundenen Informationen:  16            05/08/1987  17:53:45
```

Abb. 4: Grafischer Einfachdialog (Auswahl und Auflistung der Grafiken)

Ein anderer, hier nicht abgebildeter Weg der Auswahl besteht darin, durch Anforderung mit Kommandoeingabe "rg" auf dem Bildschirm in Abbildung 4 (oben) das Register der Grafiken mit Folgebildschirmen zu erhalten, in dem vor- und zurückgeblättert werden kann, um die Anzeige der gewünschten Grafiken durch Kennzeichnung mit "j" zu veranlassen.

IV. Ausblick

Die bereits realisierten oder schon recht greifbaren Lösungsansätze im ersten Jahr des auf drei Jahre geplanten informationstechnischen Aufbaus des Smog-Frühwarnsystems waren hier naturgemäß ausführlicher zu schildern als die noch vor uns liegenden Schritte.

Sehr bald sollen die Meßdaten der auf Veranlassung des Umweltbundesamts aufsteigenden Flugzeuge einbezogen werden. Mit den Befliegungen werden die Ausdehnung und Schadstoffkonzentration von Smog-Wolken gemessen, die in die Bundesrepublik vor allem bei den häufig vorherrschenden Ostwinden herein- und über sie hinwegziehen. In Verbindung mit der meteorologischen Voraussage läßt sich der kurzfristige weitere, durch diese Smog-Fahnen verursachte, Immissionsverlauf einschätzen. Wir arbeiten an der schnellstmöglichen Übermittlung der Befliegungsdaten zum UBA-Luftrechner und zweckmäßigen Auswertungs- und Darstellungsmethoden.

Neben den grenznahen inländischen Immissionsmessungen am Boden sind die Meßwerte grenznaher ausländischer Stationen von besonderer Bedeutung. Mit den Niederlanden, Belgien, der Schweiz und Österreich gibt es Verhandlungen, die Daten bestimmter Meßstellen in das Smog-Frühwarnsystem einzubeziehen.

Über die bisherige Erstellung von Rasterkarten hinaus soll der Methodenbestand auf dem Luftrechner um weitere Standardverfahren, etwa solche zur Korrelation von Wind- und Schadstoffdaten, erweitert werden.

Schließlich muß die Entwicklung der Prognose-Modelle (Gitter- und Trajektorien-Modelle nach Euler und Lagrange) und deren Datenversorgung vorangetrieben werden, um die notwendige Eignung für verläßliche Voraussagen im Smog-Frühwarnsystem zu erzielen. Auch die Prognose-Darstellungen werden dann über das Netz und die Schnittstellenrechner abgerufen.

Rechenmodell und erforderliche Eingangsdaten zur Unterstützung der Vorhersage von ferntransportiertem Smog [*]

K.-R. Bräutigam, Ch. Kupsch, G. Sardemann

Zusammenfassung

Das Vorhaben "Prognose der Immissionskonzentration zur Nutzung für ein Frühwarnsystem bei ferntransportiertem Smog" wird im Auftrag des Umweltbundesamtes durchgeführt. Dabei soll untersucht werden, inwieweit eine Prognose von ferntransportiertem Smog derzeit möglich ist. Dazu werden aktuelle Wetterdaten des Deutschen Wetterdienstes, Meßdaten des Bundes und der Länder, das bereits erprobte und einsatzbereite Trajektorien-Puff-Modell MESOS-K und die europaweite Emissionsdatenbasis für Schwefeldioxid herangezogen.

Der Vortrag beschreibt den akutellen Stand des Vorhabens und gibt einen Überblick über das erforderliche Zusammenwirken der Systemkomponenten Rechenmodell, Emissionsdaten, meteorologische Daten und Immissionsmessungen.

1. Einleitung

Der Einsatz von Kohle, Öl und Gas in Kraftwerken, Industrie, Haushalt und Verkehr ist mit der Freisetzung unterschiedlicher Schadstoffe in die Atmosphäre verbunden. Abhängig von zahlreichen Einflußgrößen, wie der Art des freigesetzten Stoffes, der Freisetzungshöhe und den meteorologischen Bedingungen, werden die Stoffe in der Atmosphäre verteilt und zum Teil bis in Entfernungen von über 1000 km transportiert. Während des Transports finden chemische Reaktionen statt, bei denen Folgeprodukte entstehen. Gleichzeitig ändern sich die Konzentrationen und Zusammensetzungen anderer Luftbeimengungen. Durch Verteilung in der Atmosphäre und durch trockene und nasse Depositionsprozesse nimmt die Konzentration des emittierten Schadstoffs mit zunehmender Entfernung von der Quelle ab.

Ungünstige meteorologische Verhältnisse, wie z. B. verminderter vertikaler Austausch durch bodennahe Inversionen, können zu zeitlich begrenzten stark erhöhten Konzentrationswerten von Schadstoffen in der Atmosphäre (Smoglagen) führen. Dies kann sowohl bei windschwachen Wetterlagen auftreten, wenn in den Ballungszentren eine Anreiche-

---

[*] Dieses Vorhaben wird im Auftrag und mit finanzieller Unterstützung des Umweltbundesamtes im Rahmen des Umweltforschungsplanes des BMU durchgeführt. (Förderkennzeichen 104 02 591)

rung der dortigen Emissionen stattfindet (lokaler Smog), aber auch bei größeren Windgeschwindigkeiten, wenn Schadstoffe von großen Emissionszentren herantransportiert werden (ferntransportierter Smog). Smog tritt i.a. bei winterlichen Hochdruckwetterlagen (Ostlagen) auf, so daß neben den Emissionen der Bundesrepublik insbesondere die Emissionen der DDR, der CSSR und Polens von Bedeutung sind.

Auf Beschluß der Umweltministerkonferenz baut das Umweltbundesamt derzeit ein Frühwarnsystem für ferntransportierten Smog auf, das sowohl die aktuelle Immissionssituation in der Bundesrepublik erfassen, als auch eine Prognose der Immissionsentwicklung ermöglichen soll. Dabei sollte im Idealfall das Eintreten und der Verlauf einer Smoglage für bestimmte Regionen frühzeitig prognostiziert werden. Ferner sollen durch die aktuelle Erfassung und die Prognose der Immissionssituation zusätzliche Messungen mit mobilen Meßgeräten (Fahrzeuge, Flugzeuge) gezielt veranlaßt werden.

Die folgenden Ausführungen beschreiben die für eine Smogprognose erforderlichen Systemkomponenten und ihr Zusammenwirken. Dazu gehören meteorologische Daten, Emissionsdaten, Immissionsdaten und das Rechenmodell. Dabei wird derzeit nur der Schadstoff Schwefel (SO_2 und SO_4) als Indikator für ferntransportierten Smog berücksichtigt.

2. Beschreibung des Systems zur Smogprognose

Abbildung 1 zeigt im Blockschema, wie das System nach dem derzeitigen Konzept aufgebaut werden soll. Eingangsdaten der Modellrechnungen sind die Wetterdaten des Deutschen Wetterdienstes (DWD) und europaweite Emissionsdaten. Verwendet werden nach entsprechender Aufbereitung aktuelle Wetterdaten und Wetterprognosen (IGEL-Datensätze). Als Emissionsdatenbasis wird das aus anderen Vorhaben vorliegende Kataster verwendet, in dem besonderes Gewicht auf die Erhebung der für Vorhersagen ferntransportierten Smogs wichtigen Emissionsdaten der DDR, der CSSR und Polens gelegt wurde (s. /1/).

Das Modell (MESOS-K) bestimmt aus den Eingangsdaten die Trajektorieneinzugsgebiete für vorgegebene Gebiete. Nachdem die Einzugsgebiete der Trajektorien bestimmt sind, analysiert MESOS-K die relevanten Emissionsquellen im Einzugsbereich der Luftmassen, die die Zielgebiete erreichen. Mit diesen Emissionsquellen wird die zu erwartende Belastung des Zielgebietes aus den Transportparametern berechnet. Ebenso werden Massenflüsse über die Grenzen vorgegebener Gebiete bestimmt.

Geplant ist als weiterer Schritt in dem System ein unmittelbarer Vergleich der errechneten Konzentrationen bzw. Massenflüsse mit den von den Meßstationen des Bundes und der Länder sowie den mobilen Meßstationen (Meßflugzeugen und Meßwagen) übermittelten Werten. Es wird versucht, diese Daten und die folgenden Modelläufe in Analogie zum Verfahren des synoptischen Beobachtungs- und Prognosesystems des Wetterdienstes zu assimilieren, um damit die Prognosen iterativ zu verbessern.

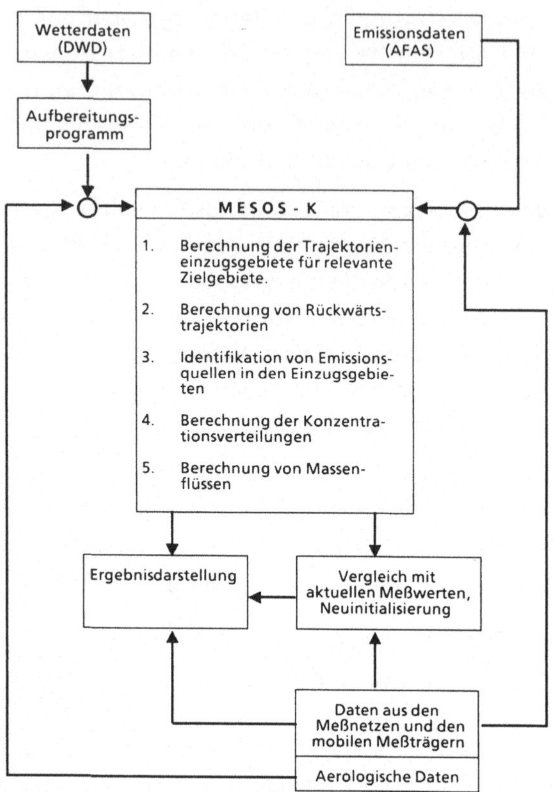

Abb. 1: Darstellung der Systemkomponenten für den Einsatz von Rechenmodellen im Smogfrühwarnsystem

2.1 Emissionsdaten

Für ganz Europa liegt ein Emissionskataster für SO_2 für das Bezugsjahr 1982 vor. Dabei nimmt der Detaillierungsgrad der Erfasssung entsprechend der Bedeutung dieser Länder für die Immissionssituation in der Bundesrepublik ab. Für Episoden ferntransportierten Smogs sind insbesondere die Daten der Bundesrepublik, der DDR, der CSSR und Polens von Bedeutung.

Das "Emissions-Ursachen-Kataster" für SO_2 enthält neben jährlichen Emissionsdaten für 1982 für zahlreiche Großemittenten auch andere anlagenspezifische Informationen. Dazu gehören z.B. der Anlagentyp, die Feuerungswärmeleistung der Anlage, die Auslastung der Anlage für 1982, exakte Standortkoordination, die Anzahl und Höhen der vorhandenen Kamine sowie Angaben über die Art und Menge der eingesetzten Brennstoffe und deren Emissionsfaktoren.

Für die DDR, die CSSR und Polen werden die Emissionsdaten verschiedener Kamin-höhenklassen Rastern von etwa 50 km x 70 km (1 Längengrad x $\frac{1}{2}$ Breitengrad) zugeordnet, für die Bundesrepublik Rastern von $\frac{1}{2}$ Längengrad x $\frac{1}{4}$ Breitengrad. Eine feinere Auflösung kann von dem derzeit zur Verfügung stehenden Ausbreitungsmodell MESOS-K nicht sinnvoll genutzt werden.

Es ist geplant, durch Verwertung zusätzlicher aktueller Informationen, z.B. über die Auslastung einzelner Anlagen, über den Wechsel eingesetzter Brennstoffe, über Änderungen von Emissionsfaktoren, aber auch durch Verwertung meteorologischer Informationen (z.B. Temperaturen), das Emissionskataster, das derzeit nur Jahresmittelwerte enthält, für die jeweilige Smogepisode zu aktualisieren. Dies kann dadurch geschehen, daß für die Anlagen, für die zusätzliche Informationen vorliegen, die Emissionswerte temporär geändert werden (Auswahl der Anlagen interaktiv über Rechenprogramm) oder aber dadurch, daß aufgrund meteorologischer Informationen die Höhe der Emissionen bestimmter Anlagengruppen - z.B. der Heizungssektor bei extrem niedrigen Temperaturen - angepaßt werden.

Die flächenmäßige Erfassung der Immissionssituation in der Bundesrepublik und Messungen entlang der Grenze zur DDR und CSSR können zusätzliche Hinweise über das Emissionsverhalten von Anlagen geben, die dann iterativ in den Prognoseprozeß einfließen. Abbildung 2 zeigt die jährlichen Emissionen ausgewählter Länder für das Jahr 1982.

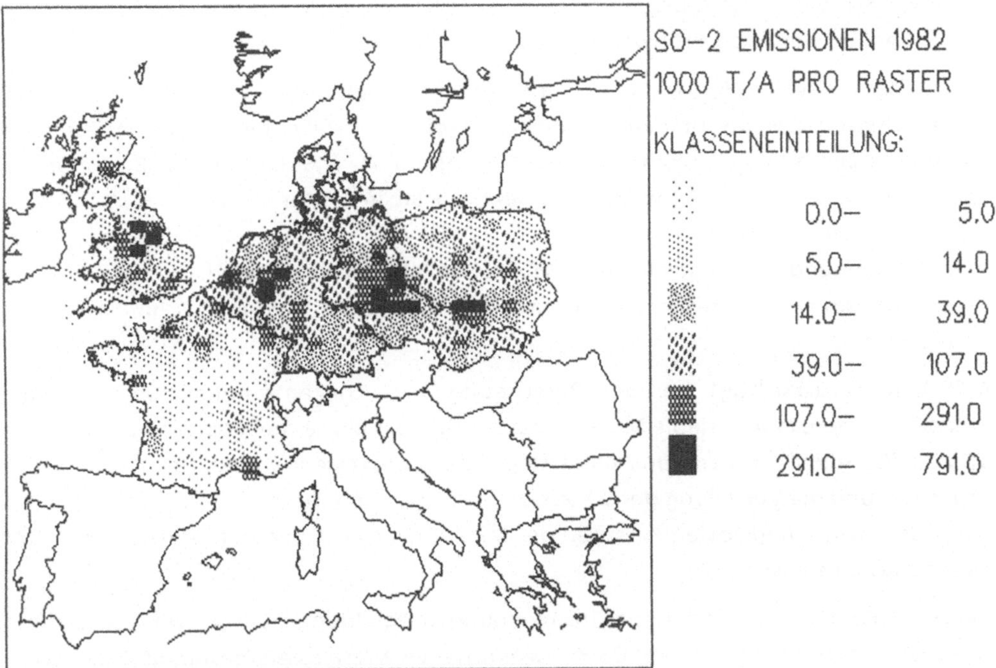

Abb. 2:   SO$_2$-Emissionen für das Jahr 1982 (Rastergröße 1 Längengrad × 1/2 Breitengrad)

2.2 Meteorologische Daten

Vom Deutschen Wetterdienst werden routinemäßig alle 12 Stunden die sogenannten "IGEL-Datensätze" erstellt. Diese enthalten neben aktuellen Wetterdaten Prognosewerte in 3-Stunden-Abständen für die ersten beiden Tage und in 6-Stunden-Abständen für weitere 2 Tage. Die Werte liegen auf dem IGEL-Raster (ca. 180 km x 180 km) vor. In einem Programm, das voraussichtlich auf dem Rechner des Deutschen Wetterdienstes läuft, werden die für das Ausbreitungsmodell erforderlichen Daten (nur ein Teil der IGEL-Daten) ausgewählt und aufbereitet, so daß sie vom Ausbreitungsmodell MESOS-K genutzt werden können. Es wird angestrebt, die aufbereiteten Daten dem Modell über Datenfernübertragung zur Verfügung zu stellen.

Zum Aufbau des Systems - Austesten des Modells, Aufbereitung von Wetterdaten - wird derzeit auf archivierte Daten des Deutschen Wetterdienstes von Smogepisoden der Jahre 1982, 1983 und 1987 zugegriffen.

2.3 Das Ausbreitungsmodell MESOS-K

Das Trajektorien-Puff-Modell MESOS-K - die Version, die auf dem Rechner des Kernforschungszentrums Karlsruhe vorliegt - dient der Berechnung des weiträumigen Transports von Schwefelverbindungen in Europa. MESOS-K wurde aus folgenden Gründen für den Einsatz bei der Smog-Frühwarnung ausgewählt:

- Mit dem Modell wurden schon umfangreiche Erfahrungen gesammelt, so bei der Berechnung des weiträumigen Transports von Schwefelverbindungen in Europa für längere Zeiträume (Halbjahresmittel, Jahresmittel) /1, 2, 3/ und bei der Berechung von Transport und Ablagerung von radioaktiven Stoffen (Windscale-Unfall /4/, Reaktor-Störfall Tschernobyl /5/).
- Die vorliegende Emissionsdatenbasis ist auf das Modell abgestimmt.
- Die erforderlichen Rechenzeiten sind relativ kurz, so daß eine schnelle Prognose möglich ist.

MESOS-K berücksichtigt bei der Berechnung von Konzentrationen unterschiedliche Emissionshöhen, eine variable Mischungsschichthöhe, lineare chemische Umwandlung von SO_2 zu SO_4 sowie trockene und nasse Depositionsprozesse während des Transports. Der Transport und die Verteilung der Schadstoffe erfolgen innerhalb der Mischungsschicht, der Austausch von Schadstoffen zwischen der Mischungsschicht und der Schicht oberhalb der Mischungsschicht ist möglich.

Wie im Ablaufschema für die Smogfrühwarnung in Abbildung 1 dargestellt wurde, werden in einem ersten Schritt mit MESOS-K Trajektorieneinzugsgebiete bestimmt. Dazu werden für eine vorgegebene Empfängerregion in dreistündigem Abstand Rückwärtstrajektorien berechnet. Die Anzahl der Trajektorien und die Zeit, in der sich diese Trajektorien in Rasterflächen der Größe $\frac{1}{2}$ Breitengrad x 1 Längengrad aufhalten, ist ein Maß für den Einfluß von Quellen in dieser Rasterfläche auf die Empfängerregion.

Für die Episode vom 21.2.82 - 28.2.82, in der im süddeutschen Raum stark erhöhte Konzentrationen gemessen wurden, sind in Abbildung 3 die Trajektorieneinzugsgebiete für Hof dargestellt. Hierzu wurden bisher Wetterdaten verwendet, die vom Imperial College London bzw. dem englischen Wetterdienst aufbereitet zur Verfügung gestellt wurden.

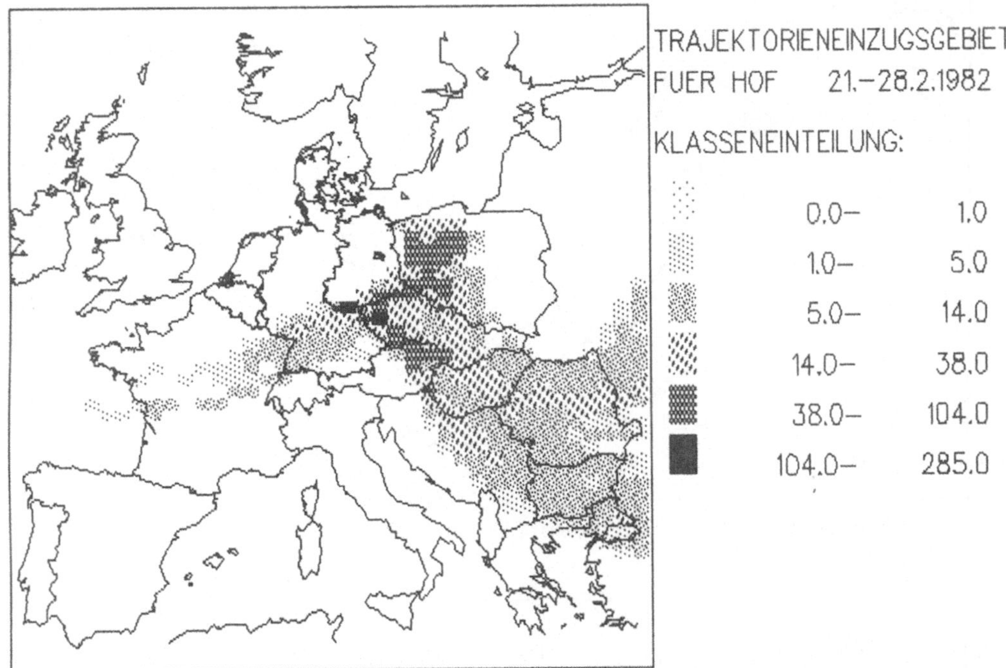

Abb. 3: Aufenthaltsdauer (in Stunden) von Trajektorien, die in der Zeit vom 21. - 28.2.1982 Hof erreichen (Rastergröße 1 Längengrad × $^1/_2$ Breitengrad)

Die dunklen Flächen zeigen, daß während dieser Episode insbesondere Emittenten in der CSSR und in Polen zur Konzentrationserhöhung in Hof beitragen.

Das Wetter während der betrachteten Episode war durch einen kräftigen Kaltlufttropfen über den Alpen und ein blockierendes Höhenhoch über der Ostsee gekennzeichnet. Das blockierende Hoch verschwand zwar am 24.2. aus den Wetterkarten, regenerierte sich jedoch schon am 25. 2. erneut. Den Bodenwetterkarten zufolge befand sich der nordostbayrische Raum am 25. und 26. 2. 1982 an der Südseite eines Hochs über der Ostsee mit nur schwacher Windbewegung aus Nordosten. Innerhalb des Hochdruckgebiets wurde eine flache Bodeninversion beobachtet. Im Laufe des 27.2. zieht das Hochdruckgebiet nach Osten hin ab und die Strömung über dem nördlichen Mitteleuropa zonalisiert sich, wobei auch Fronten von Westen her über das Bundesgebiet hinwegziehen.

Eine genauere Analyse der Smogepisode ist für Hof in Abbildung 4 wiedergegeben. Die Abbildung zeigt Trajektorien, die Hof in der Zeit vom 21.2. - 28.2.82, jeweils um 9 UTC erreichen (Rückwärtstrajektorien). Die Symbole auf den Trajektorien kennzeichnen den in jeweils 12 Stunden zurückgelegten Weg.

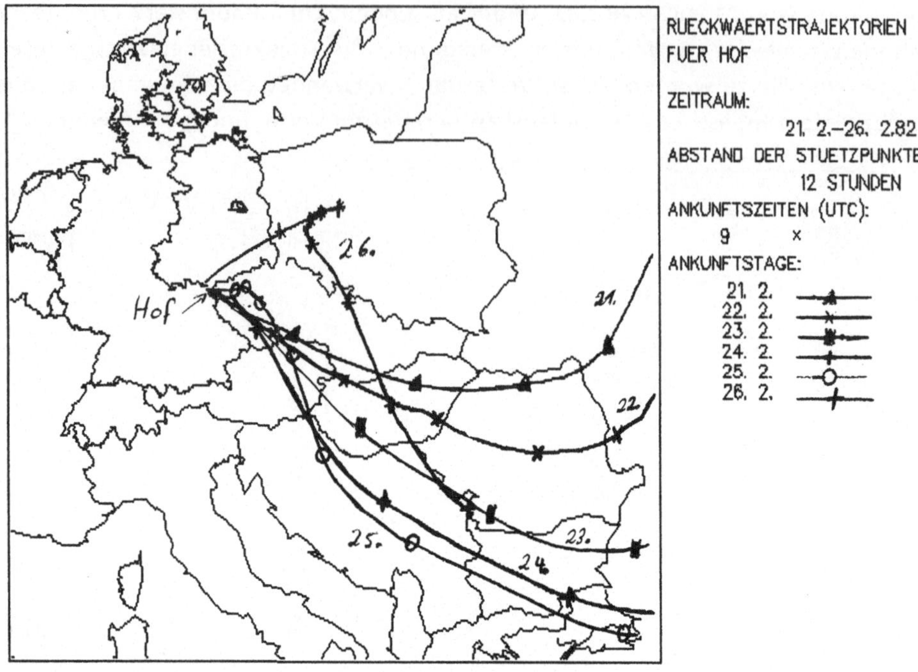

Abb. 4a: Rückwärtstrajektorien für Hof (21. - 26.2.1982)

Abb. 4b: Rückwärtstrajektorien für Hof (27. - 28.2.1982)

Die in der Zeit vom 21. - 25.2.82 ankommenden Trajektorien streifen die Hauptemissionsgebiete der CSSR in unmittelbare Nähe der Grenze zur Bundesrepublik. Am 21. und 22. 2. werden zusätzliche Emissionen aus den südlichen Bereichen der CSSR, am 23.2. aus Jugoslawien, am 24.2. und 25.2. aus Österreich herantransportiert. Am 25.2. erfassen die Trajektorien zusätzlich einen größeren Bereich der grenznahen tschechischen Emissionen.

Am 26. und 27.2. überqueren die Trajektorien Hauptemissionsgebiete Polens und sammeln dort bei geringen Windgeschwindigkeiten Emissionen ein. Wegen der großen Entfernung dieser Gebiete vom betrachteten Rezeptor Hof bleibt genügend Zeit für die Umwandlung von SO_2 zu SO_4, was bei den grenznahen Emissionen nicht der Fall ist. Am 27.2. ändert sich dann die Wetterlage und im Laufe des 28.2.82, dem Ende der Smogepisode, kommen die Trajektorien dann aus Südwesten (s. auch Trajektorieneinzugsgebiet in Abb. 3).

Abbildung 5 zeigt die Tagesmittelwerte der gemessenen SO_2- und SO_4-Konzentrationen für Hof für die Zeit vom 21.2. - 28.2.1982. Die entsprechenden Werte wurden vom Umweltbundesamt zur Verfügung gestellt.

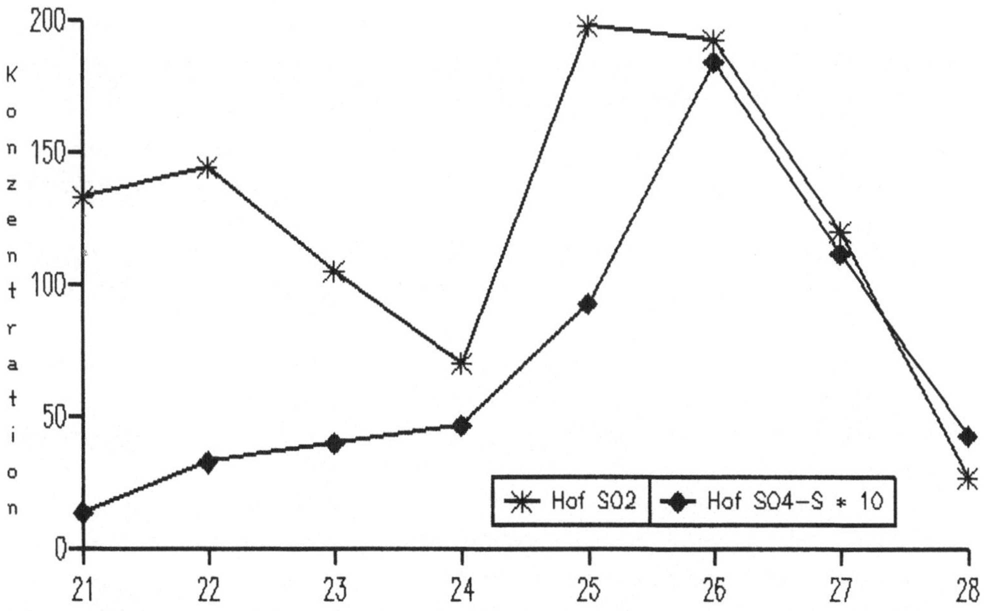

Abb. 5: Gemessene Tagesmittelwerte der SO_2- und SO_4-Konzentration ($\mu g/m^3$) für Hof für die Zeit vom 21.2. - 28.2.1982

Ein Vergleich der Emissionen aus Abbildung 2 mit den Trajektorieneinzugsgebieten (Abb. 3) bzw. den einzelnen Trajektorien (Abb. 4) ermöglicht eine erste "grobe" qualitative Beschreibung des Verlaufs von Konzentrationswerten. Für die aktuelle Smogprognose können derartige Analysen für vorgegebene Rezeptorregionen mit aktuellen und prognostizierten Wetterdaten schnell durchgeführt werden.

Für die im Trajektorieneinzugsgebiet liegenden Emittenten werden in einem zweiten Schritt mit konkreten Emissionswerten Ausbreitungsrechnungen durchgeführt. Dabei werden weitere meteorologische Daten, wie z.B. Angaben über die Mischungsschichthöhe, die Temperatur, aber auch Umwandlungs- und Depositionsprozesse mit berücksichtigt. Als Ergebnis dieser Ausbreitungsrechnungen erhält man für die aktuelle Situation und den Prognosezeitraum Konzentrationswerte in ausgewählten Regionen der Bundesrepublik. Ebenso sind Prognosen über Massenflüsse beispielsweise über die Grenze der DDR zur Bundesrepublik möglich.

4. Güte der Smogprognose

Das hier dargestellte Vorhaben soll ein Rechenmodell zum weiträumigen Schadstofftransport in das Smogfrühwarnsystem des Umweltbundesamtes integrieren. Dabei sollen Erfahrungen über das Zusammenwirken der unterschiedlichen Systemkomponenten gesammelt und dieses Zusammenwirken optimiert werden. Über die Güte einer Smogprognose kann selbstverständlich zu Beginn dieses Vorhabens noch keine Aussage gemacht werden. Das Ergebnis der quantitativen Smogprognose ist natürlich auch von den Unzulänglichkeiten des Systems beeinflußt:

- Das Rechenmodell ermöglicht nur eine ungefähre Beschreibung des Transports; Ursache dafür ist die geringe Auflösung, die Berücksichtigung nur einer Transportschicht, die Vernachlässigung orografischer Effekte, die vereinfachte Beschreibung luftchemischer Prozesse. Das Vorhaben soll jedoch Hinweise auf notwendige Modellverbesserungen liefern - und sie z. T. durchführen - und den Einsatz anderer Modelle (z. B. Gittermodell) vorbereiten.
- Die aktuellen Emissionswerte werden aus Jahresmittelwerten abgeleitet, die räumliche Auflösung ist auf das Modell abgestimmt. Eine Verbesserung ist hier jedoch, insbesondere bei den Emissionen der DDR, der CSSR und Polens, auch in Zukunft nicht zu erwarten.
- Die meteorologischen Daten (IGEL-Datensätze) liegen nur in einer Auflösung von ca. 180 km x 180 km vor und müssen interpoliert werden. Eine feinere Auflösung könnte von dem Modell sinnvoll genutzt werden. Die Prognosewerte sind mit Unsicherheiten behaftet. Sie können jedoch nachträglich durch Berücksichtigung der dann aktuellen Wetterdaten verbessert und von anderen Fehlerquellen getrennt werden.

Zahlreiche, hier nicht dargestellte Analysen vergangener Smogepisoden mit vom Englischen Wetterdienst aufbereiteten Wetterdaten, aber auch mit den vom Deutschen Wetterdienst zur Verfügung gestellten Daten (IGEL-Daten), sind jedoch erfolgsversprechend. Dazu gehört auch eine nachträgliche Analyse der Smogepisode vom Januar 1987, bei der erste qualitative Untersuchungen (Trajektorieneinzugsgebiete, Rückwärtstrajektorien) für verschiedene Rezeptorregionen selbst den Tagesverlauf der gemessenen SO_2-Konzentrationswerte gut wiederzugeben scheinen.

Literatur

/1/   Halbritter, G.; Bräutigam, K.-R.; Sardemann, G.; Schuler, A.; Wiesmann, F. J.:
       Immissionsbelastung der Bundesrepublik Deutschland durchSchwefelemissionen
       3. Statuskolloquium des PEF, KfK-PEF 12, April 1987 Band 2 (S. 419-434)

/2/   Halbritter, G.; Bräutigam, K.-R.; Kupsch, C.; Sardemann, G.:
       Weiträumige Verteilung von Schwefelemissionen
       Staub-Reinhaltung der Luft 3/85 (Teil 1), Staub-Reinhaltung der Luft 5/85 (Teil 2)

/3/   Coenen, R.:
       Steinkohle - Technikfolgenabschätzung ihres verstärkten Einsatzes in der
       Bundesrepublik Deutschland
       Springer-Verlag, Berlin, Heidelberg, New York, Tokyo (1985)

/4/   ApSimon, H.M.; Goddard, A.J.H. and Wrigley, J.:
       Long-Range Atmospheric Dispersion of Radioisotopes, The MESOS Model
       Atmospheric Environment, 19, 1, 99-111 (1985)

/5/   Frank, A.A.M de Leeuw; Roel M. van Aalst; Han van Dop:
       Modelling of Transport and Deposition over Europe of Radionuclides from the
       Chernobyl Accident
       16th International Technical Meeting on Air Pollution Modeling and its Applications
       Lindau, April 6-10, 1987

Anforderungen an interaktive Simulationssysteme für die Umweltsystemanalyse

A. Häuslein, B. Page

Zusammenfassung

Der frühe Einsatz des Computers im Bereich der Modellbildung und Simulation war auf die Programmierung und die Durchführung der notwendigen Berechnungen bei den Simulationsexperimenten begrenzt. Erst mit der Entwicklung der interaktiven Simulationssysteme wurde diese Beschränkung überwunden. Diese Systeme wollen dem Benutzer bei vielen Aktivitäten des Modellbildungs und Simulationsprozesses Unterstützung bieten.

Da mittlerweile eine ganze Reihe von interaktiven Simulationssystemen entwickelt wurden, bietet es sich an, diese Systeme genauer zu analysieren und eine vergleichende Aufstellung ihrer Merkmale zu erarbeiten.

Hier wird ein Ausschnitt von besonders wichtigen informatikrelevanten Anforderungen dargestellt, die an interaktive Simulationssysteme zu stellen sind. Dabei werden Realisierungen dieser Anforderungen in den untersuchten Systemen exemplarisch vorgestellt. Abschließend gehen die aufgeführten Anforderungen in ein Bewertungsraster ein, das einen Überblick über den Realisierungsstand in den einzelnen Systemen bietet.

1. Die Bedeutung interaktiver Simulationssysteme

Der frühe Einsatz des Computers im Bereich der Modellbildung und Simulation war auf die Programmierung und Durchführung der notwendigen Berechnungen bei den Simulationsexperimenten beschränkt. Das Simulationsmodell wurde ohne Rechnerunterstützung entwickelt, in ein Programm übertragen und auf dem Rechner implementiert. Die Ergebnisse der Programmläufe wurden ausgegeben und außerhalb des Rechners interpretiert.

Stellt man diesen Einsatz des Computers den vielfältigen Aktivitäten gegenüber, die bei einer Systemanalyse mit Hilfe der Modellbildung und Simulation notwendig sind, so wird deutlich, daß nur ein sehr schmaler Ausschnitt des Gesamtprozesses durch den Computer unterstützt wird. Viele der Aktivitäten galten lange Zeit als ungeeignet für einen Computereinsatz, da sich ihr Ablauf und ihre Reihenfolge nicht direkt durch einen Algorithmus beschreiben und in ein Programm umsetzen lassen.

In anderen Anwendungsbereichen wurde jedoch im Laufe der Zeit erkennbar, daß sich der Computer durchaus sinnvoll zur Unterstützung von nicht-algorithmisierbaren Tätigkeiten einsetzen läßt. Der Schlüssel zu dieser Art von Computereinsatz ist die Interaktivität. Sie ermöglicht einen "Dialog" zwischen Benutzer und Rechner, der es dem Benutzer erlaubt von der aktuellen Situation und den speziellen Anforderungen ausgehend, bestimmte Rechnerfunktionen flexibel auszuwählen. Er ist dabei nicht an eine starre Reihenfolge von Einzelschritten gebunden.

Die neuen Möglichkeiten führten dazu, daß man auch im Bereich der Modellbildung und Simulation über einen umfassenderen Einsatz des Computers nachdachte. Dies war der Ausgangspunkt für die Entwicklung der interaktiven Simulationssysteme, die den Benutzer bei möglichst vielen Aktivitäten in allen Phasen des Modellbildungs- und Simulationsprozesses Unterstützung bieten sollen. Mit diesem Anspruch heben sie sich eindeutig von den ursprünglichen Entwicklungen der Simulations-Software ab.

Als generelle Merkmale interaktiver Simulationssysteme lassen sich die folgenden Eigenschaften festhalten:

1.) Unterstützung des Benutzers bei möglichst vielen Aktivitäten des Modellbildungs- und Simulationsprozesses:
Mit interaktiven Simulationssystemen sollen sowohl die Modellerstellung als auch die Simulationsexperimente sowie die Auswertung der Simulationsergebnisse für den Benutzer vereinfacht werden. Die Entwicklung des Modells von der ersten Problemformulierung bis zum fertigen Simulationsprogramm kann direkt am Rechner erfolgen, so daß eine explizite Implementation des Modells nicht mehr erforderlich ist. Durch Verlagerung der Steuerungsbefehle aus dem Modell in das Simulationssystem können flexiblere Simulationsexperimente durchgeführt werden. Auch die Speicherung und Auswertung der Simulationsergebnisse sollen direkt mit dem System möglich sein.

2.) Hoher Grad an Interaktivität in allen Systembereichen:
Ein interaktives Simulationssystem erlaubt insbesondere eine interaktive Spezifikation der Modelle und die interaktive Durchführung von Simulationsexperimenten. In Verbindung mit der hohen Interaktivität wird oft besonderer Wert auf eine große Benutzerfreundlichkeit gelegt, da sie eine Voraussetzung für einen sinnvollen Einsatz interaktiver Techniken ist.

3.) Keine eigenständig ausführbaren Modelle, sondern Einbettung der Modelle in ein Rahmensystem: (siehe Abb. 1)

Die Modellbildung und Simulation gehören auch im Umweltbereich zum Instrumentarium der Systemanalyse. Ihre Bedeutung nimmt ständig zu, da die untersuchten Systeme immer komplexer und umfangreicher werden und sich daher einer analytischen Untersuchung entziehen. Damit sind die interaktiven Simulationssysteme auch für einen Einsatz im Umweltbereich interessant, sofern sie einigen wichtigen Anforderungen genügen, die ihre Anwendung erst sinnvoll erscheinen lassen.

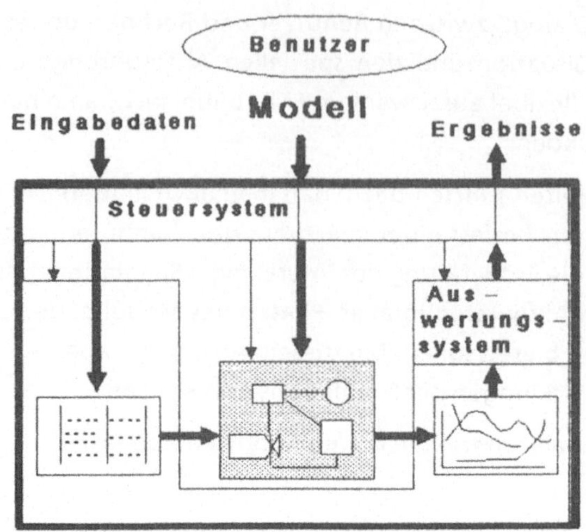

Abb. 1: Interaktives Simulationssystem

2. Einführung der untersuchten Simulationssysteme

Mittlerweile gibt es eine ganze Reihe interaktiver Simulationssysteme, die unter den oben genannten Aspekten entwickelt wurden. Zur Zeit wird in unserer Projektgruppe Umwelt-Informatik eine vergleichende Untersuchung solcher Systeme durchgeführt, wobei das Hauptinteresse auf der Eignung der Systeme zum Einsatz im Umweltbereich liegt. Die folgenden Simulationssyteme (i.d.R. auf System-Dynamics-Basis) sind bisher in die Untersuchung einbezogen worden:

DySS:
* Hersteller: WELI GmbH
* Verfügbar sein: Anfang 1987
* Rechner: IBM PC und kompatible
* Literatur: /Metzler 1987/

MBS:
* Hersteller: GMD
* Verfügbar sein: ca. 1978
* Rechner: Großrechner (IBM, Siemens)
* Literatur   /Klösgen et al. 1983/

STELLA:
* Hersteller: High Performance Systems
* Verfügbar seit: Ende 1986
* Rechner: Apple Macintosh
* Literatur   /Richmond et al. 1987/

XANALOG:
* Hersteller: Xanalog Corporation
* Verfügbar seit: 1986
* Rechner: IBM PC/AT (evtl. aufgerüstet)
* Literatur: /Xanalog 1987/

DYNAMIS:
* Hersteller: Uni Hamburg, Fachbereich Informatik
* Verfügbar seit: Anfang 1986
* Rechner: Apple LISA (Macintosh)
* Literatur: /Häuslein, Page 1986/

3. Allgemeine Anforderungen an interaktive Simulationssysteme und ihre Realisierung

Um einen einheitlichen Maßstab für die Bewertung der unterschiedlichen Systeme zu erhalten, wurde ein Anforderungsprofil entwickelt, das als Bewertungsrahmen für einen Vergleich der Systeme dienen kann. Dabei ist explizit auch der Umweltbereich als Anwendungsgebiet mit seinen speziellen Anforderungen aus der Sicht der Informatik einbezogen worden. Da es im Rahmen dieser Darstellung jedoch nicht möglich ist, auf alle Anforderungen ausführlich einzugehen, werden in den folgenden Abschnitten einige besonders wichtige Anforderungen exemplarisch aufgeführt und ihre Realisierung in einzelnen konkreten Systemen vorgestellt.

3.1 *Anforderungen bei der Modellerstellung*

Bei der Entwicklung eines Modells werden verschiedene Phasen durchlaufen. Ausgehend von einer allgemeinen Problemformulierung wird schrittweise über mehrere Zwischenstadien die endgültige Struktur des Modells festgelegt, die dann in ein ablauffähiges Programm übertragen werden kann. Für jedes Stadium wird eine andere Beschreibungsform des Modells benötigt, um das Modell seinem Entwicklungsstand entsprechend darzustellen. Insbesondere für Zwischenstadien sind graphische Darstellungen von Vorteil, da sie einerseits das Modell besonders anschaulich und übersichtlich wiedergeben und andererseits bereits eine Formalisierung erlauben.

Damit die Modellerstellung in allen Phasen mit dem Simulationssystem durchführbar ist, muß ein Simulationssystem die folgende Anforderung erfüllen:

Ein Simulationssystem soll mehrere Modellbeschreibungen mit unterschiedlichen Formalisierungsgraden unterstützen. Insbesondere sind graphische Darstellungen des Modells vorzusehen.

Da die unterschiedlichen Modellbeschreibungen inhaltlich verknüpft sind, sollte diese Verbindung auch im Simulationssystem herstellbar sein. Dies läßt sich am besten erreichen, wenn die Modellbeschreibungen als Teilobjekte eines übergeordneten Objektes "Modell" aufgefaßt werden und mit diesem untrennbar verbunden sind:

Im Simulationssystem sollen Objekte vom Typ "Modell" zur Verfügung stehen und bearbeitet werden können. Alle Beschreibungen eines Modells sollen in einem konkreten Objekt "Modell" Im Simulationssystem zusammengefaßt und zugreifbar sein.

Die Erfüllung dieser Anforderung ermöglicht es auch, das Problem der Inkonsistenz zwischen den unterschiedlichen Modellbeschreibungen zu beseitigen, da die zusammengehörigen Modellbeschreibungen über ein Objekt verknüpft sind und ihr Inhalt somit vom Simulationssystem verglichen werden kann.

Im System DYNAMIS sind die beiden obigen Anforderungen erfüllt. Die folgende Abbildung zeigt eine Bildschirmdarstellung des Systems DYNAMIS in der unterschiedliche Modellbeschreibungen als Bildschirmfenster erkennbar sind. Im vorderen Fenster ist ein Diagramm eines ökologischen See-Modells sichtbar, dahinter der Text der Modellgleichungen, dann eine Liste der Modellgrößen mit ihren wichtigsten Attributen (z. B. Dimension).

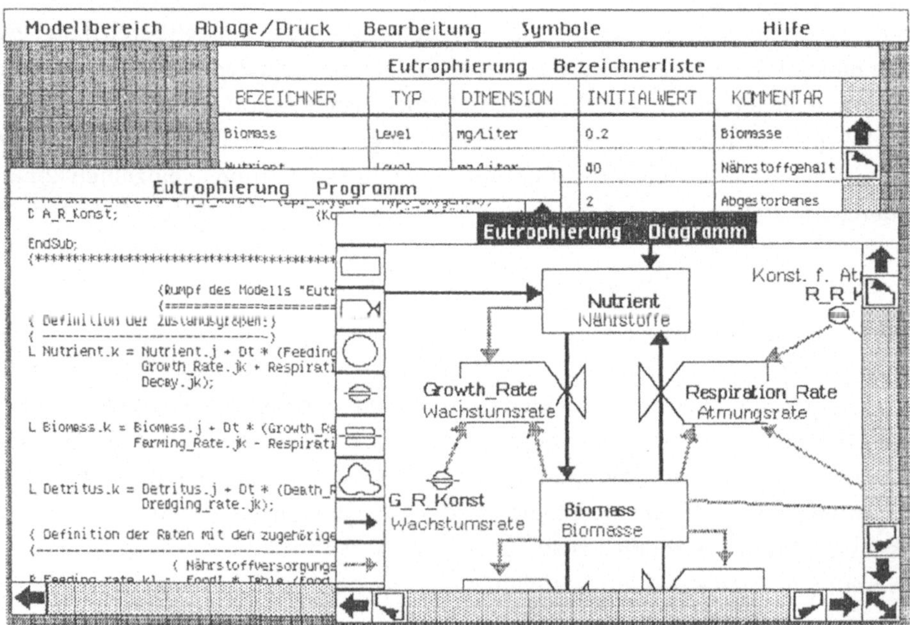

Abb. 2: Modellbeschreibungen im System DYNAMIS

Als weitere Modellbeschreibungen sind in DYNAMIS das Kausaldiagramm und eine vorstrukturierte Modelldokumentation vorgesehen.

Wegen der großen Anschaulichkeit ist für die Spezifikation von Modellen eine graphische Modellierung aus der Sicht des Benutzers besonders vorteilhaft:
Ein Simulationssystem soll die graphische Modellierung unterstützen. So soll die Modellstruktur mit Hilfe einer graphischen Modellbeschreibung eingegeben werden können,

deren Erstellung besonderes komfortabel möglich ist (z.B. vordefinierte Symbole zur Auswahl). Außerdem soll das System ermöglichen, den Inhalt der erstellten graphischen Modellbeschreibung durch das Simulationssystem in andere Modellbeschreibungen (z. B. Modellprogrammm) transformieren zu lassen.

Im System STELLA ist diese Anforderung ansatzweise realisiert. Die folgende Abbildung zeigt einen Ausschnitt aus einer graphischen Modell'.. ;schreibung des ökologischen See-Modells, wie sie im System STELLA erstellt werden kann. Auf der Basis dieses Modelldiagramms wird eine Modellgleichungsstruktur generiert und die fehlenden Angaben (z. B. genaue mathematische Verknüpfungen der Modellgrößen) durch das System vom Benutzer angefordert. Dabei leitet das System beispielsweise aus dem Diagramm auch alle beeinflussenden Modellgrößen ab (in der Abbildung unter der Überschrift "Required Inputs" für die Größe "Oxygen_In_Lake").

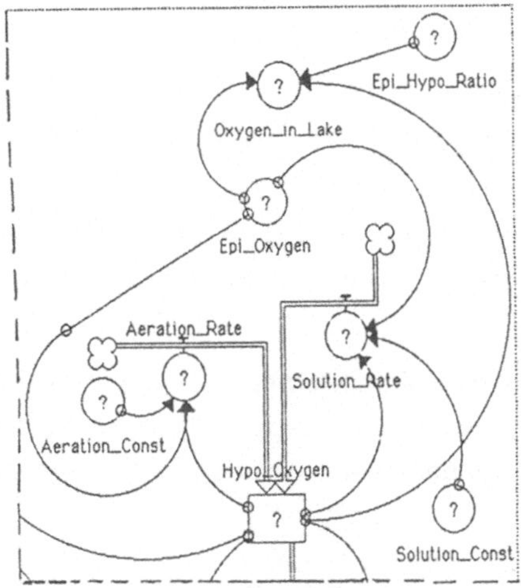

Abb. 3: Graphische Modellierung im System STELLA

Eine wichtige Leistung von interaktiven Simulationssystemen stellt die Vereinfachung der Erstellung von komplexen Modellen dar. Das Simulationssystem soll den Benutzer bei der Handhabung der Komplexität unterstützen. Ein wichtiges Konzept aus der Informatik dafür, das auch in anderen Bereichen (z.B. bei der Erstellung umfangreicher Programmpakete) eingesetzt wird, stellt die Modularisierung dar:

Ein Simulationssystem soll die Zerlegung von komplexen Modellen in Teilmodelle ermöglichen, so daß die Teilmodelle unabhängig voneinander bearbeitet werden können. Weiter muß es möglich sein, die Teilmodelle ohne systemtechnische Schwierigkeiten wieder zum Gesamtmodell zu verknüpfen.

Durch eine derartige modularen Modellbildung wird der Benutzer in die Lage versetzt, bereits vorhandene Modelle bei der Modellerstellung zu nutzen:

Im Modellbestand eines Simulationssystems vorhandene Modelle sollen als Teilmodelle in neu zu erstellende Modelle integrierbar sein.

Damit die modulare Modellbildung nur von inhaltlichen Gesichtspunkten und nicht von systemtechnischen Grenzen bestimmt wird, muß sie so flexibel wie möglich durchführbar sein:

Bei der Durchführung der modularen Modellbildung sollen keine Beschränkungen hinsichtlich der Anzahl der verwendeten Teilmodelle sowie der entstehenden Hierarchie-Ebenen bestehen.

Im System XANALOG ist eine modulare Modellbildung im Sinne der obigen Anforderungen durchführbar. Die folgende Abbildung zeigt die graphische Darstellung eines physikalischen Modells (Oszillatoren) in das zwei Teilmodelle integriert sind.

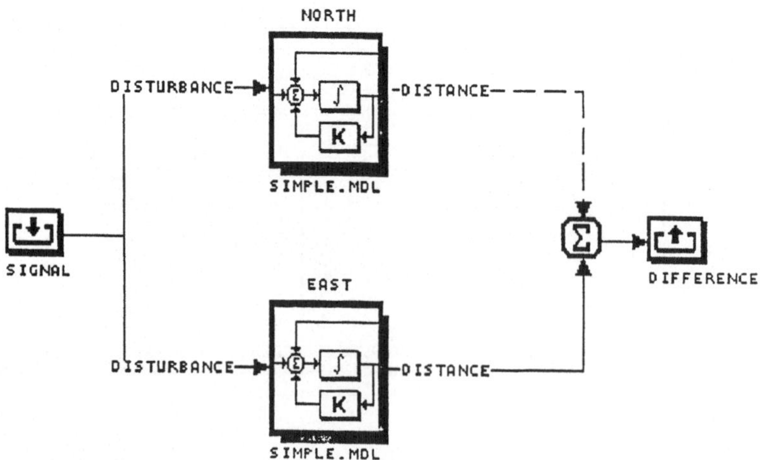

Abb. 4: Modulare Modellbildung im System XANALOG

3.2 *Anforderungen bei den Simulationsexperimenten*

Die Durchführung von Simulationsexperimenten stellt eine der zentralen Aktivitäten im Verlauf einer Systemanalyse mit Hilfe der Modellbildung und Simulation dar. Daher ist es eine der wichtigsten Funktionen von interaktiven Simulationssystemen die Durchführung dieser Experimente komfortabel zu unterstützen.

Eine Voraussetzung für diese Unterstützung ist zunächst die Erkenntnis, daß ein Modell und ein Experiment mit einem Modell grundsätzlich verschiedene Konzepte darstellen, die auch in einem Simulationssystem nicht miteinander vermengt werden dürfen (vgl. Konzept der "experimental frames" /Zeigler 1976/):

Das Simulationssystem muß eine klare Trennung von Modellen und Experimenten gewährleisten.

Dies bedeutet auch, daß in den Modellen, insbesondere in den Modellprogrammen, keine Elemente zur Steuerung der Experimente enthalten sein sollen.

Simulationsexperimente werden im Verlauf des Modellbildungs- und Simulationsprozesses mit den unterschiedlichsten Zielsetzungen durchgeführt. Je nach Zielsetzung ist ein anderer Ablauf der Experimente charakteristisch. Grundsätzlich lassen sich vordefinierte Experimente und interaktive Experimente unterscheiden:

Ein interaktives Simulationssystem soll sowohl interaktive als auch vordefinierte Experimente unterstützen.

Die interaktiven Experimente sind nur sinnvoll durchführbar, wenn die folgenden Anforderungen zusätzlich erfüllt sind. Bei interaktiven Experimenten müssen dem Benutzer ausreichende Möglichkeiten angeboten werden, damit er das Experiment seinen Vorstellungen entsprechend gestalten kann:

Ein Simulationssystem soll bei den interaktiven Experimenten flexible Eingriffsmöglichkeiten bieten. Dazu gehören insbesondere:
*   Unterbrechung des Experimentes zu jedem Zeitpunkt
*   Veränderung der Wertebelegung der Modellgrößen
*   Veränderungen an der Experimentsteuerung
*   Fortsetzen des Experimentes nach einer Unterbrechung

Aus Gründen der Überprüfbarkeit von Simulationsexperimenten müssen auch interaktive Simulationsexperimente reproduzierbar sein:

Ein Simulationssystem soll die Reproduzierbarkeit von interaktiven Simulationsexperimenten bei beliebigen Eingriffen des Benutzers gewährleisten.
Dazu ist es unter anderem notwendig, daß alle Eingriffe des Benutzers protokolliert und nachträglich zugreifbar sind.

Damit der Benutzer überhaupt entscheiden kann, wann und wie er in den Ablauf eines Experimentes eingreifen will muß er über den Ablauf und die ermittelten Ergebnisse laufend informiert werden:

Ein Simulationssystem soll eine simulationsbegleitende Ausgabe der Ergebnisse gestatten. Die Ausgabe muß leicht interpretierbar sein, damit der Benutzer schnelle Entscheidungen über seine Eingriffe treffen kann.

In der folgenden Abbildung ist die Bildschirmdarstellung der Experimentierumgebung im System DYNAMIS erkennbar. Neben einer Liste aller Modellgrößen mit der aktuellen Wertebelegung zum Unterbrechungszeitpunkt und einem Menüfeld, das weitere mögliche Aktionen enthält, ist auch die simulationsbegleitende Ausgabe des Werteverlaufs der Zustandsgrößen aus dem ökologischen See-Modell im unteren Bereich der Abbildung erkennbar.

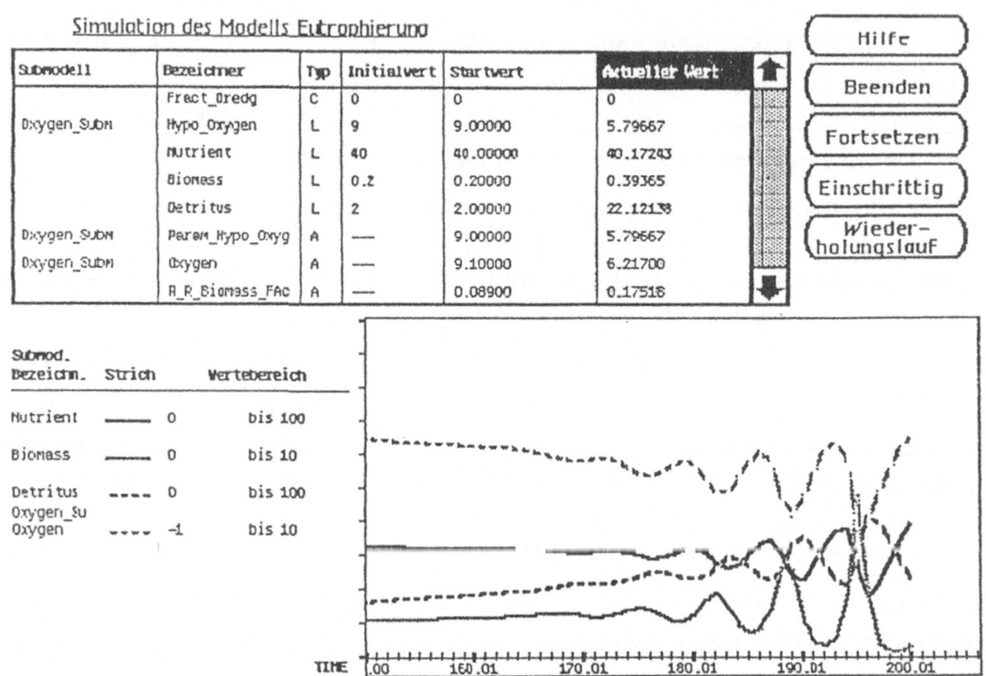

Abb. 5: Experimentunterbrechung im System DYNAMIS

Die folgende Abbildung zeigt wie eine graphische Darstellung eines Protokolls der Benutzereingriffe bei einem interaktiven Experiment im System DYNAMIS konzeptionell vorgesehen ist. Die Einträge unterhalb der Zeitachse betreffen Eingriffe in den Modellzustand oberhalb der Zeitachse sind die Eingriffe in die Experimentsteuerung protokolliert.

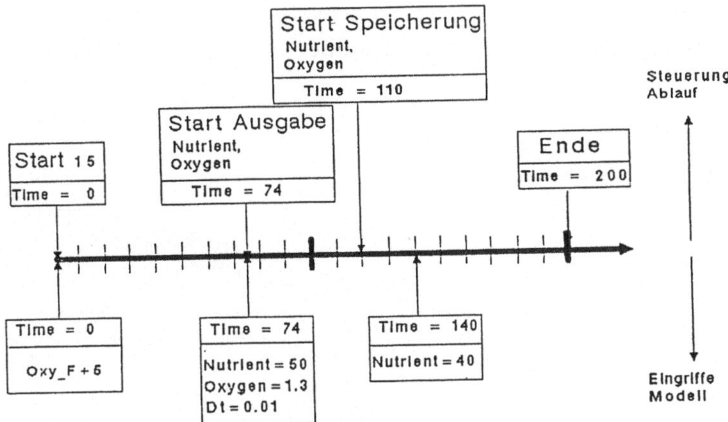

Abb. 6: Experiment-Protokoll in DYNAMIS

3.3 *Anforderungen bei der Datenanalyse*

Bei der Durchführung der Modellbildung und Simulation fallen große Datenmengen an, die einerseits gespeichert und verwaltet und andererseits ausgewertet werden müssen. Ein flexibler Zugriff auf derartige Datenbestände ist mit einer konventionellen Dateiorganisation nicht zu leisten:

Ein Simulationssystem sollte eine Simulationsdatenbank bzw. eine Schnittstelle zu einer solchen enthalten. Diese Datenbank übernimmt die Funktionen der Speicherung und Verwaltung der anfallenden Daten.

Die folgende Abbildung zeigt zwei Beispiele von Anfragen an die Simulationsdatenbank im System DYNAMIS, die mit der graphischen Anfragesprache GRAPHDAS (vgl. /Haaks et al. 1987/) formuliert wurden. Die wesentlichen Eigenschaften dieser Anfragesprache sind:

- Anfragesprache für komplexwertige d.h. nicht atomare Attribute (z.B. Zeitreihen von Simulationsergebnissen)
- Graphische Darstellung der Relationen mit komplexwertigen Attributen sowie Symbole für die Ausgabegeräte.
- Aktivieren und Anzeigen der komplexwertigen Attribute mit Hilfe der Maus.

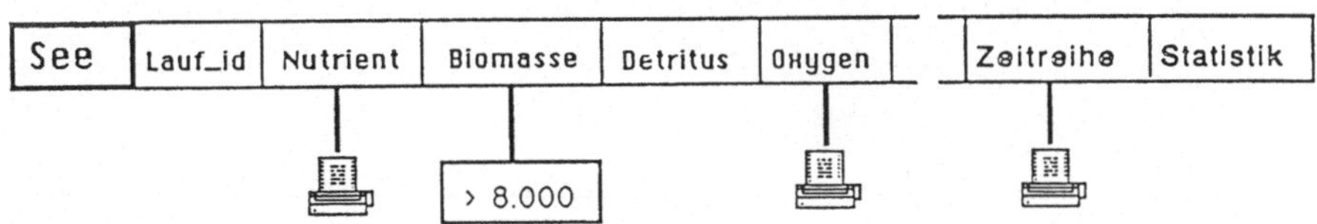

Abb. 7: Anfrage mit GRAPHDAS

Bedeutet: "Drucke die Zeitreihe und die Startwerte der Größen 'Nutrient' und 'Oxygen' der Simulationsläufe, deren Startwert für die Größe 'Biomasse' den Wert 8.000 überschreitet".

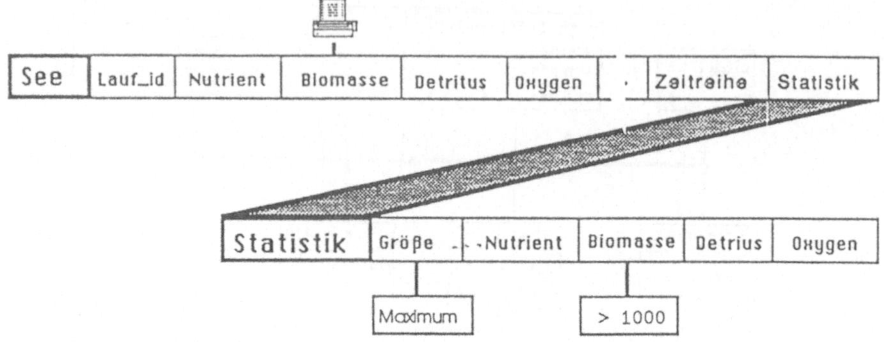

Abb. 8: Anfrage mit GRAPHDAS

Bedeutet: "Drucke die Startwerte der Größe 'Biomasse' aller Simulationsläufe, in denen das Maximum der Größe 'Biomasse' über 1000 liegt". Das komplexwertige Attribut "Statistik" ist aktiviert.

Für die Durchführung einer Datenanalyse ist die Darstellungsform der Daten wichtig, die dem Benutzer eine Interpretation der Daten erleichtern muß:

Ein Simulationssystem soll leistungsfähige Darstellungsmethoden für Ergebnisdaten aus Simulationsexperimenten bereitstellen. Besonders wichtig sind graphische Ausgaben, die große Datenmengen auf übersichtliche Weise darstellen können.

Die folgende Abbildung zeigt die Ausgabe von Simulationsergebnissen im System DYNAMIS. Der Benutzer hat flexible Möglichkeiten, die Darstellung seinen Anforderungen entsprechend zu modifizieren (z. B. Veränderung der Skalierung, Verschieben des sichtbaren Ausschnittes).

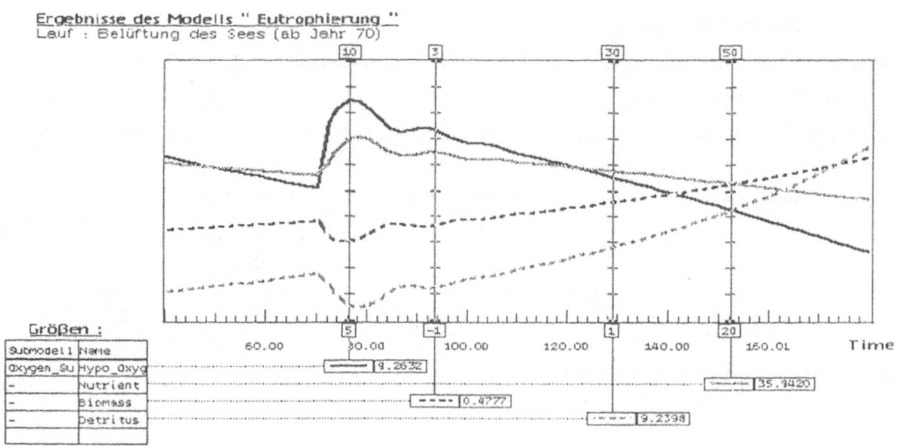

Abb. 9: Ergebnisdarstellung im System DYNAMIS

In vielen Fällen reicht jedoch die reine Darstellung der Ergebnisdaten nicht aus. Es ist vielmehr notwendig, die Daten mit Hilfe von Auswertungsfunktionen weiter zu bearbeiten, bevor sie für eine Interpretation durch den Benutzer zugänglich sind:

Ein Simulationssystem soll integrierte Auswertungsmethoden zur Verfügung stellen. Dabei sollen neben vordefinierten Methoden auch benutzerdefinierte eingesetzt werden können.

3.4 Spezielle Anforderungen aus dem Umweltbereich

Wenn ein interaktives Simulationssystem im Umweltbereich eingesetzt werden soll, sind eine Reihe von zusätzlichen Anforderungen zu berücksichtigen, die sich aus diesem speziellen Anwendungsgebiet ergeben.

So ist es bei einem Einsatz im Umweltbereich unverzichtbar, daß das Simulationssystem den Modelltyp der *kontinuierlichen Simulationsmodelle* unterstützt. Trotz der i. d. R. kontinuierlichen Modelle soll es jedoch möglich sein, in bestimmten Fällen *Diskontinuitäten* in die Modelle aufzunehmen (gemischt diskret-kontinuierliche Modelle). Im Umweltbereich ist es zudem besonders interessant, daß in bestimmten Modellen auch ein *Flächen- bzw. Raumbezug* hergestellt werden kann.

Da es im Umweltbereich bereits eine Vielzahl von Modellen gibt, die beispielsweise als Referenz oder als Teilmodell bei der Erstellung von neuen Modellen eingesetzt werden können, ist es im Umweltbereich besonders wichtig, daß die *Speicherung und Verwaltung der vorhandenen Modelle einem klaren Konzept unterworfen* wird. Ein Beispiel hierfür ist das Modellbankkonzept des Systems MBS.

Eng damit verbunden ist die Forderung nach einer *komfortablen Verknüpfungsmöglichkeit auch unterschiedlicher Modelle.* Auch hier bietet das System MBS mit einer Verknüpfungssprache einen Lösungsansatz.

Wenn in Modellen ein Flächen- oder Raumbezug enthalten ist, so muß auch die *Darstellung und Auswertung der Ergebnisdaten den Raumbezug wiedergeben* können.

Der Umweltbereich ist besonders durch Notwendigkeit der Kommunikation über die Ergebnisse von Simulationsstudien gekennzeichnet. Die Ergebnisse sind oft von öffentlichem bzw. politischem Interesse. So ist es erforderlich, daß das Simulationssystem eine besonders *gute Dokumentation der Modelle* (z.B. die zugrundeliegenden Annahmen, Einschränkungen der Gültigkeit) und der Ergebnisse systemtechnisch unterstützt und damit zur Förderung der Kommunikation beiträgt.

4. Zusammenfassendes Bewertungsraster

Die Anforderungen aus den Abschnitten 2.1 bis 2.4 wurden den Leistungen der untersuchten Simulationssysteme gegenübergestellt. Daraus ergibt sich das unten dargestellte Bewertungsraster. Es muß jedoch darauf hingewiesen werden, daß sich diese Wertung nur auf den hier dargestellten Ausschnitt von (vorrangig informatikbezogenen) Anforderungen bezieht und keine Gewichtung der Kriterien vorgenommen wurde. Die Wertung ist daher keineswegs als Gesamtbeurteilung der einzelnen Systeme ausreichend. Eine abschließende Bewertung der Systeme ist erst nach dem Ende der laufenden Untersuchung zu erwarten.

	DYSS	MBS	STELLA	XANALOG	DYNAMIS
Mehrere Modellbeschreibungen	−	−	+ +	−	+ +
Graph. Modellierung	−	−	+ +	+ +	+
Modulare Modellbildung	+	+	−	+ +	+ +
Trennung Modell − Experiment	+ +	+	+ +	+ +	+ +
Vordefinierte Experimente	−	−	−	−	+
Interaktive Experimente	+	−	+	+	+ +
Simulationsdatenbank	−	+ +	−	−	+ +
Datendarstellung	+ +	+	+ +	+ +	+ +
Datenauswertung	−	+ +	−	−	−
Kontinuierliche Modelle	+ +	+ +	+ +	+ +	+ +
Raumbezug	−	−	−	+	−
Speicherung & Verwaltung von Modellen	+	+ +	+	I	+
Verknupfung unterschiedlicher Modelle	−	+ +	−	+	−
Modelldokumentation	−	−	−	+	+

Abb. 10: Bewertungsraster

Aus dieser Aufstellung wird bereits deutlich, daß viele Anforderungen in den existierenden Simulationssystemen noch nicht ausreichend erfüllt sind. Es ist noch eine Menge konzeptioneller und implementatorischer Arbeit zu leisten, damit die interaktiven Simulationssysteme zu einem wirkungsvolleren Werkzeug der Systemanalyse reifen können.

Literatur

/Cellier 1983/
Cellier F. Simulation Software: Today and Tomorrow. Simulation in Engineering Sciences IMACS Symposium International, Nantes 1983

/Haaks et al. 1987/
Haaks D., Meyer, C. Page, B., GRAPHDAS: A user friendly Simulation Data Base System. International 87 Karlsruhe Conference "Modelling and Simulation". Summaries, Karlsruhe 1987 S. 121 - 122 (full paper in print)

/Häuslein, Page 1986/
Häuslein A., Page B., DyNAMIS: Ein Modellbildungs- u. Simulationssystem mit objektorientierter Benutzeroberfläche. In: Hommel G., Schindler S. (Hrsg.) GI - 16. Jahrestagung, Proceedings Springer. Berlin 1986, S. 329 - 343

/Häuslein et al. 1986/
Häuslein A., Nowak C., Slottke I., Modellbildung mit System Dynamics am Beispiel der Eutrophierung eines Sees - Das interaktive Simulationssystem DYNAMIS und seine Anwendung. In: Page B. (Hrsg.), Informatik im Umweltschutz Anwendungen und Perspektiven Oldenbourg, München 1986, S. 251 - 283

/Hilty 1987/
Hilty L., Konzepte zur Unterstützung der Modellbildung und Simulation am Beispiel der Modellbildung auf dem Umweltsektor. In: Jaeschke A., Page B. (Hrsg.), Informatikanwendungen im Umweltbereich, Kolloguium des Instituts für Datenverarbeitung in der Technik des Kernforschungszentrums Karlsruhe. KfK-Bericht Nr. 4223, Karlsruhe 1987. S. 213 - 234

/Klösgen et al. 1983/
Klösgen W., Schwarz W., Hornemeier A., Modellbanksystem (MBS), Benutzerhandbuch. Arbeitspapiere der GMD Nr. 32, Bonn 1983

/Metzler 1987/
Metzler W., Mathematische Modelle und dynamische Systeme in der Ökologie (Manuskript). 1987

/Page 1987/
Page B., Informatikkonzepte zur Unterstützung der Modellbildung und Simulation im Umweltbereich. GME Workshop "Beitrag der Mikroelektronik zum Umweltschutz" Hamburg 1987 (erscheint als Tagungsband)

/Richmond et al. 1987/
Richmond B., Vescuso P., Petersen S., Stella for Business. High Performance Systems Inc., New Hampshire 1987

/Schmidt 1985/
Schmidt B., Systemanalyse und Modellaufbau, Grundlagen der Simulationstechnik. In: Möller D., Schmidt B. (Hrsg.), Fachberichte Simulation Band 1, Springer, Berlin 1985

/Xanalog 1987/
Beschreibung des Simulationssystems XANALOG. Xanalog Corp., Massachusetts 1987

/Zeigler 1976/
Zeigler, B. P., Theory of modelling and simulation. Wiley, New York 1976

Entwurf eines Expertensystems zur Beurteilung von Abfallstoffen

R. Weidemann, W. Geiger, W. Eitel

Zusammenfassung

Entscheidungen über geeignete Entsorgungsverfahren für Abfallstoffe bzw. über die notwendigen Maßnahmen zur Sicherung und Sanierung von schadstoffbelasteten Standorten beruhen in hohem Maße darauf, wie die von den Abfallstoffen bzw. den verunreinigten Böden auf die Schutzgüter Grundwasser, Oberflächenwasser, Boden und Luft ausgehenden Gefahren eingeschätzt werden. In dem gemeinsamen Forschungsvorhaben XUMA (Expertensystem Umweltgefährlichkeit von Abfallstoffen) untersuchen die für solche Beurteilungen in Baden-Württemberg zuständige technische Fachbehörde, die Landesanstalt für Umweltschutz (LfU), und das Kernforschungszentrum Karlsruhe (KfK), das den Informatik-Teil zu dem Vorhaben beiträgt, inwieweit die Entscheidungsfindung bei der Beurteilung von Abfallstoffen und schadstoffbelasteten Standorten mit den Mitteln der wissensbasierten Systeme unterstützt werden kann. Dieser Beitrag beschreibt das Vorgehen der LfU bei der Gefahrenbeurteilung, die Anforderungen an ein unterstützendes DV-System, den Entwurf des wissensbasierten Systems XUMA und die geplante Vorgehensweise bei dessen Realisierung durch KfK.

1. Einleitung

Im Rahmen der Abfallentsorgung und Sanierung von Altlasten muß die von Abfällen und verunreinigten Böden auf die Schutzgüter Grundwasser, Oberflächenwasser, Boden und Luft ausgehendende Gefahr beurteilt und über das durchzuführende Entsorgungsverfahren bzw. die Maßnahmen zur Sicherung und Sanierung entschieden werden. In Baden-Württemberg ist die Landesanstalt für Umweltschutz (LfU) als zuständige Fachbehörde an diesem Entscheidungsprozeß beteiligt. In dem gemeinsamen Forschungsvorhaben XUMA (Expertensystem Umweltgefährlichkeit von Abfallstoffen) untersuchen die LfU und das Kernforschungszentrum Karlsruhe (KfK), das den Informatik-Teil zu dem Vorhaben beiträgt, inwieweit die Entscheidungsfindung bei der Beurteilung von Abfallstoffen und schadstoffbelasteten Standorten mit den Mitteln der wissensbasierten Systeme unterstützt werden kann. Man verspricht sich von einem solchen System, daß es dazu beiträgt,

- die Fachexperten von Routinearbeiten zu entlasten,
- die Entscheidungsfindung weitgehend zu vereinheitlichen,
- die Erfahrung aus bisherigen Fällen mit einzubeziehen,
- das Expertenwissen anderer Stellen (Behörden) leichter zugänglich zu machen,

- die im Einzelfall ökologisch geeigneten Maßnahmen zur Entsorgung, Gefahrenabwehr, Gefahrenminderung bzw. Sanierung zu finden und
- die Kosten für die Erkundung, Sanierung und Entsorgung durch Einbeziehung wirtschaftlicher Gesichtspunkte zu verringern.

Dieser Beitrag beschreibt das Vorgehen bei der Gefahrenbeurteilung, die Anforderungen an ein unterstützendes DV-System, den Entwurf des wissensbasierten Systems XUMA und die geplante Vorgehensweise bei dessen Realisierung.

2. Beschreibung des Anwendungsgebietes

Das Projekt XUMA beschäftigt sich im wesentlichen mit den beiden Problemkreisen:

- Bewertung von Abfällen und
- Bewertung schadstoffbelasteter Standorte.

Abfälle, besonders Sonderabfälle aus industrieller Produktion, müssen vor der Deponierung auf die von ihnen ausgehenden Gefahren für die Umwelt beurteilt werden, um geeignete Behandlungsmethoden zur Gefahrenminderung bzw. geeignete Deponien zur gefahrlosen Ablagerung der Stoffe zu finden. Als Entscheidungsgrundlage stehen eine (selten mehrere) für den Abfall repräsentative Abfallproben zur Verfügung. Analysiert wird die Originalprobe und deren wässriges Eluat. Ein wichtiges Beschreibungsmerkmal des Abfalls ist die Abfallart (Liste der Abfallarten: Abfallkatalog aus UMPLIS-Datenbank /1/). Die Abfallarten des Abfallkatalogs tragen praxisübliche Bezeichnungen (wie z. B. "Polyamidabfälle"), die ergänzt werden durch Herkunftsangaben (z. B. "aus der Textil- und Bekleidungindustrie"). Die Zusammensetzung und damit auch die chemisch/physikalischen Eigenschaften sowie die Stoffgefährlichkeit von Abfällen kann selbst bei gleicher Abfallart in einem breiten Bereich schwanken. Das tatsächliche Gefährdungspotential eines Abfalls muß deshalb über die Betrachtung der im Abfall enthaltenen Stoffe ermittelt werden.

Bei schadstoffbelasteten Standorten, das sind Abfallablagerungen, Betriebsgelände und aufgrund von Unfällen verunreinigte Böden, ist zu entscheiden, ob und gegebenenfalls wie ein Standort gesichert und/oder saniert werden soll. Meist handelt es sich bei den betrachteten schadstoffbelasteten Standorten um Altstandorte bzw. Altdeponien, d. h. nicht mehr in Betrieb befindliche Industrieanlagen und Deponien. Das in diesem Beitrag beschriebene System befaßt sich nur mit den chemisch/physikalischen Untersuchungen. Nicht betrachtet werden Untersuchungen nach anderen Methoden /2,3/ wie z.B. historische Erkundung, Fernerkundung, hydrogeologische Untersuchungen, mechanische Sondierung, geophysikalische und biologische Untersuchungen.

Bei der Erkundung schadstoffbelasteter Standorte gibt es in der Regel keine repräsentativen Abfallproben. Statt dessen werden in dem betreffenden Gelände in einem bestimmten, nach Bedarf schrittweise verfeinerten Raster Proben meist aus verschiedenen Tiefen entnommen. Neben den Analysen der Orginalproben und deren wässrigem Eluat können

Grundwasser-, Sickerwasser-, Oberflächenwasser- und Gasproben genommen und analysiert werden. Zu beurteilen ist jeweils ein bestimmter Bereich einer Altdeponie oder eines belasteten Standorts, der charakteristische Verunreinigungen aufweist. Auf Gaswerksgeländen finden sich beispielsweise in der Regel relativ eng begrenzte Bereiche mit hohen Teer- (z. B. ehemalige Teergrube) oder Cyanid-Konzentrationen (z. B. vergrabene Eisencyanidabfälle). In anderen Fällen trifft man auf eher gleichmäßige großflächige Verunreinigungen, wie z.B. das durch Bleistaub verunreinigte Gelände einer Akkumulatoren-Fabrik.

3. Vorgehen bei der Bewertung

Bei der Bewertung der Stoffgefährlichkeit wird grob in vier, durch das Expertensystem zu unterstützende Stufen vorgegangen:

- Erstellen eines Analysenplans
- Durchführen und Erfassen von Analysen
- Bewertung der Stoffgefährlichkeit in Vergleichslage
- Berücksichtigung der örtlichen Verhältnisse

Diese Stufen werden jedoch bei der Behandlung eines konkreten Falles nicht streng sequenziell durchschritten. Vielmehr gibt es immer wieder einen Rückfluß von Informationen in vorhergehende Stufen, die eine Wiederholung bestimmter Schritte unter geänderten Randbedingungen zur Folge haben.

3.1 Erstellung eines Analysenplans

Die betrachteten Abfälle und schadstoffbelasteten Böden können mit einer großen Zahl, im einzelnen meist gar nicht oder nicht mit vertretbarem Aufwand zu analysierenden Substanzen verunreinigt sein. Das Bestreben bei der Erstellung eines Analysenplans ist es, genau die Analysenparameter zu bestimmen, welche die konkrete Belastung am besten beschreiben. Die zu analysierenden Parameter können über verschiedene Zugänge bestimmt werden:

- über die Herkunft bzw. Branche,
- über eine Stoffbezeichnung/Abfallart,
- über einen Standardplan.

Ist ein Altstandort zu erkunden, von dem zumindest grob bekannt ist, welche Art von Industriebetrieb das Gelände genutzt hat, kann ein Analysenplan über die typischerweise in dieser Branche gehandhabten umweltgefährdenden Stoffe aufgestellt werden. Je genauer die einzelnen Produktionsstätten und Anlagenteile im Gelände lokalisiert werden können, umso genauer kann der Analysenplan an die möglicherweise vorhandenen Belastungen angepaßt werden. Um branchen- bzw. produktionsspezifische Analysenpläne aufstellen zu können, muß eine Wissensbasis aufgebaut werden, welche die relevanten

Branchen, Produktionsverfahren, Anlagenteile etc. oder allgemeiner die relevanten Konzepte und deren Beziehungen untereinander definiert. Zu jedem Konzept sind die typischerweise gehandhabten Stoffe einschließlich Menge (qualitativ und/oder quantitativ) und Verteilung (z.B. fest eingeschlossen, großflächig verteilt, etc.) anzugeben.

Die zweite Möglichkeit, einen problemspezifischen Analysenplan zu erstellen, führt direkt über die Stoffe. Unter 'Stoffen' verstehen wir hier allgemein alle Substanzen, die das System kennt. Daher können sich hinter einer Stoffbezeichnung sehr unterschiedliche Dinge verbergen, angefangen von einem Schwermetall bis zu einer Abfallart oder einem Produkt, das wie Rohteer aus weit über 100 verschiedenen chemischen Verbindungen zusammengesetzt sein kann. Zu den Stoffen müssen ebenfalls deren Eigenschaften und die Beziehungen untereinander angegeben werden. Eigenschaften von Stoffen sind z. B. deren Art (z. B. Abfallart, Produkt, chemische Verbindung), die möglichen Gefährdungspfade (Boden, Wasser, Luft, Mensch), Konsistenz, Löslichkeit, u.ä. Das Netz der Beziehungen zwischen den Stoffen gibt wieder, wie sich Stoffe aus Einzelkomponenten zusammensetzen bzw. welche Stoffe man unter einer bestimmten Bezeichnung zusammenfaßt. Um zu einem Analysenplan zu kommen, müssen die Stoffe auf Analysenparameter, d. h. Parameter, zu denen es ein Meßverfahren gibt, zurückgeführt werden. Dies erfolgt z. T. nicht direkt, sondern über einen oder mehrere Zwischenschritte, meist über die Komponenten des jeweiligen Stoffs. Weiterhin kann es von den aktuellen Gegebenheiten (z. B. den erwarteten Mengen oder bereits gemessenen anderen Werten) abhängen, welche Analysenparameter für einen bestimmten Stoff zu verwenden sind.

Bei unbekannter Belastung, wenn also weder Informationen über die Herkunft noch über die Art der Belastung bekannt sind, wird von einem 2-stufigen Standardanalysenplan ausgegangen. Mittels der Ergebnisse der Stufen 1 und 2 müssen Hinweise gefunden werden, die einen Zugang über die Branche bzw. über die Stoffbezeichnung erlauben.

3.2 Analysen

Zur Charakterisierung eines Abfalls bzw. eines Bereichs einer Altdeponie oder eines anderen schadstoffbelasteten Standorts werden, wie bereits erwähnt, eine oder mehrere Analysen herangezogen. Anfallen können:

- Brutto-Analysen von Abfall- oder Bodenproben,
- Analysen des wässrigen Eluats einer Abfall- oder Bodenprobe,
- Wasser-Analysen von Grund-, Sicker- und Oberflächenwasserproben und/oder
- Gas-Analysen von Deponiegas, Bodenluft/-gas und atmosphärischer Luft.

Insgesamt können Werte zu einigen hundert verschiedenen Parametern anfallen; in einer einzelnen Analyse sind es typischerweise etwa 10 bis 50. Bei bestimmten Parametern, wie Farbe oder Geruch, sind qualitative Ergebnisse, bei der Mehrzahl der Parameter jedoch quantitative Ergebnisse zu bestimmen. Einige Parameter sind Summenparameter (z. B. Kohlenwasserstoffe), d. h. der gemessene Wert ist die Summe der Einzelkonzentrationen einer ganzen Stoffklasse. Nach erfolgter Analyse sind die in der LfU eintreffenden Analysenprotokolle zu erfassen und die Ergebnisse einzeln und untereinander auf Plausibilität zu prüfen.

3.3 *Stoffgefährlichkeit in Vergleichslage*

Ausgehend von den zu einem bestimmten Fall ermittelten Analysenwerten wird die Stoffgefährlichkeit in Vergleichslage, d. h. bezogen auf definierte Standardbedingungen, qualitativ und quantitativ beurteilt. Als quantitatives Ergebnis soll zur Bildung von Prioritäten bei der Sanierung von Altanlagen eine dimensionslose Zahl (das Risiko in Vergleichslage oder r_0-Wert) als relatives Maß für die Gefährlichkeit bestimmt werden /2,3/. Die Gefährlichkeit ist für jedes der Schutzgüter Grundwasser, Oberflächenwasser, Boden und Luft separat zu betrachten.

Die Bewertung erfolgt stufenweise. Im ersten Schritt werden die untersuchten Parameter einzeln betrachtet. Das jeweilige Untersuchungsergebnis, das ist meist ein Volumen- (bei Wasserproben und Eluat) bzw. Massen-Konzentrationswert (bei Bodenproben), wird dazu qualitativ bewertet, indem man z. B. den Meßwert mit tabellierten Werten wie den Grenzwerten der Trinkwasserverordnung oder den ABC-Werten des niederländischen Leitfadens zur Bodensanierung vergleicht. Die gewonnenen Aussagen, die sich durch Anwendung von als Regeln (wenn - > dann) formulierbarem Wissen ableiten lassen, werden in den weiteren Stufen verdichtet, d. h. die Ergebnisse werden auf Analysen-, auf Proben- und auf Probenahmestellen-Ebene zusammengefaßt. Schließlich ist die Gesamtbeurteilung für einen Abfall bzw. einen Bereich eines schadstoffbelasteten Standorts anzugeben. Zur Bereichsbildung werden die Analysen benachbarter Probenahmestellen verglichen. Stellen mit ähnlichen Verunreinigungen (Mengenverhältnisse der gefundenen Stoffe) werden zu Bereichen zusammengefaßt. Wenn möglich, sind die Bereiche zu identifizieren (z. B. Teerbecken eines Gaswerks). Die Lage der Probenahmestellen soll graphisch in einem Lageplan am Bildschirm dargestellt und die Werte charakteristischer Parameter in geeigneter Form, etwa als Balkendiagramme, eingeblendet werden können. Die Bereichsbildung erfolgt dann interaktiv durch den Benutzer, der soweit als möglich von XUMA unterstützt wird (etwa durch einen Lösungsvorschlag).

Eine wichtige Rolle in dem stufenweisen Bewertungsprozeß, besonders bei der quantitativen Einstufung (r_0-Wert), spielen die bereits bewerteten Fälle. Ohne Vergleichsfälle ist nur eine grobe quantitative Einstufung möglich. Die Einstufung wird verbessert und vereinheitlicht, indem vergleichbare Fälle nach ihrem Gefährdungspotential sortiert werden. Da bei der Untersuchung eines schadstoffbelasteten Standorts stufenweise vorgegangen wird, ist das Wissen über einen Fall für eine detaillierte Bewertung in den ersten Stufen oft nicht immer vollständig. Trotzdem muß auf jeder Stufe eine Stoffgefährlichkeit bestimmt werden.

3.4 *Berücksichtigung der örtlichen Verhältnisse*

Die Beurteilung der Stoffgefährlichkeit in Vergleichslage, wie sie oben beschrieben ist, berücksichtigt weder die Menge des Stoffes noch die örtlichen Verhältnisse. Es ist aber unmittelbar einsichtig, daß die von einem bestimmten Stoff ausgehende Gefahr völlig anders einzuschätzen ist, je nachdem ob es sich um eine kleine Menge in einem dicht verschlossenen Gefäß handelt oder um große Mengen, die in einem Wasserschutzgebiet frei abgelagert wurden. Die Anpassung der Bewertung an die aktuell gegebenen Verhältnisse erfolgt in Stufen. Es werden nacheinander die Risikofaktoren

- Schadstoffaustrag aus dem abgelagerten Abfall bzw. verunreinigten Boden,
- Schadstoffeintrag in das Schutzgut,
- Transport und Wirkung im Schutzgut
- Bedeutung des Schutzguts

betrachtet /2,3/. Für jeden der Risikofaktoren wird, indem die konkreten örtlichen Verhältnisse mit beispielhaften Bedingungen verglichen werden, eine Risiko-Erhöhung bzw. Risiko-Minderung ermittelt.

4. Weitere Systemfunktionen

Neben der Unterstützung des im letzten Kapitel beschriebenen eigentlichen Bewertungsverfahrens gibt es einige weitere Systemfunktionen, wovon die wichtigsten im folgenden genannt sein sollen.

Um bei der Bewertung eines Abfalls die Bewertungen in vergleichbaren früheren Fällen heranziehen zu können, sollen die Fälle in einer Fallbibliothek gespeichert und verwaltet werden. Durch die Speicherung der alten Fälle kann das System auch als Informationssystem für Altfälle benutzt werden, etwa um die Fälle zu finden, die bestimmte Kriterien erfüllen (z. B.: In welchen Fällen ist eine Cyanid-Konzentration von mehr als 1 g/kg aufgetreten?) oder um die Bewertung von Altfällen bei rechtlichen Auseinandersetzungen rekonstruieren zu können. Zu jedem Fall müssen die Werteingaben des Benutzers (Falldaten) und die Bewertungen gespeichert werden. Bei Änderungen des Bewertungsverfahrens sind die zum Zeitpunkt der Bewertung gültigen Bewertungsregeln festzuhalten. Um die genannten Anforderungen zu erfüllen, müssen die Falldaten mit einem Datenbanksystem verwaltet werden.

Da das Bewertungsverfahren Wissen beinhaltet, das die Experten auch unabhängig von einem aktuellen Fall in ihrer täglichen Arbeit benötigen, muß das System in der Lage sein, das enthaltene Wissen in einer geeigneten Form darzustellen. Speziell soll sich der Benutzer informieren können über

- Branchen (Bereiche, typische Stoffe etc.),
- Stoffe (physikalische/chemische Eigenschaften, Analysenparameter, Daten aus dem Abfallkatalog etc.),

- Analysenparameter,
- Tabellen mit Vergleichswerten (z. B. die Grenzwerte des niederländischen Leitfadens zur Bodensanierung),
- Falldaten, d. h. Daten bereits begonnener oder abgeschlossener Fälle,
- Beurteilungsregeln (hierzu gehört auch das Auffinden und Anzeigen von Beurteilungs- regeln nach inhaltlichen Selektionskriterien, wie z. B.: In welchen Beurteilungsregeln wird der pH-Wert verwendet?).

Das Expertenwissen ist relativ häufigen Ergänzungen und Änderungen unterworfen. Langfristiges Ziel ist es, daß die Fachexperten in der Lage sind, neu erworbenes Wissen selbst in die Wissensbasis einzubringen. Dazu ist es erforderlich, eine komfortable und benutzeradäquate Schnittstelle zu schaffen, welche eine jederzeit konsistente Wissenbasis gewährleistet. Um neues Wissen einzubringen, müssen in der Regel eine ganze Reihe von Informationen dem System zur Verfügung gestellt werden. Wenn zum Beispiel ein neuer Stoff relevant werden sollte, muß die Stoffbeschreibung erfaßt, der Stoff im Branchen- verzeichnis eingetragen (wo wird der Stoff typischerweise gehandhabt?) und der Stoff auf einen oder mehrere u.U. von gewissen Voraussetzungen abhängige Analysenparameter abgebildet werden.

Weiterhin müssen Regeln zur Bewertung des Stoffes definiert werden. Eine intelligente Benutzerführung durch das System ist dafür unabdingbar. Da das Systemverhalten durch die hochgradig vernetzte Wissensstruktur nicht ohne weiteres voraussehbar ist, sollte es möglich sein, mit dem System zu experimentieren, d. h. neues Wissen einzubringen, Fälle durchzuspielen und Änderungen wieder zurückzunehmen.

Es gibt eine Reihe von Gründen, weshalb das Expertensystem XUMA auf externe Daten- banken zugreifen können sollte:

- zur Verwaltung der Altfälle,
- zum Zugriff auf Stoffdatenbanken,
- zum Zugriff auf den Abfallkatalog,
- zum Zugriff auf die Arbeitsdatei für wasser- und abfallwirtschaftliche Objekte.

Über die Gefährlichkeit von chemischen Substanzen gibt es eine ganze Reihe von Zusam- menstellungen, die auch z. T. bereits in Form von Datenbanken rechnergestützt verwaltet werden (z. B. INFUCHS /1,5/). Zur Realisierung des hier beschriebenen Expertensystems bie- tet es sich an, Daten, welche bereits in Online-Datenbanken zur Verfügung stehen, direkt zu nutzen. Bei der Nutzung von Stoffdatenbanken ist zu beachten, daß diese Angaben zu einzelnen chemischen Substanzen enthalten, während es sich bei den von XUMA zu bear- beitenden Stoffen wie bereits erwähnt um Abfälle oder verunreinigtes Erdreich handelt. Das bedeutet, daß die Angaben, welche die Datenbanken zur Verfügung stellen können, für die Beurteilung, ebenso wie die Analysenergebnisse, die Rolle von Basisdaten besitzen. Das Expertensystem setzt auf diesen Daten auf und erstellt mit Hilfe der in der Wissensbasis enthaltenen Problemlösungsstrategien eine Bewertung der zu untersuchenden Fälle.

Zur Zeit wird in Baden-Württemberg im Zuge der Einführung der Datenverarbeitung in der Wasserwirtschaftsverwaltung ein datenbankgestütztes Informationssystem (die "Arbeitsdatei für wasser- und abfallwirtschaftliche Objekte mit Überwachungssystem") realisiert, das die Beschreibung aller wasserwirtschaftlich relevanten Objekte umfaßt /4/. Ein Teil dieser Datenbank enthält die Beschreibung von schadstoffbelasteten Standorten einschließlich der dort durchgeführten Untersuchungen (Probenahmen, Analysen). Das heißt, daß die Wasserwirtschaftsämter, die einen großen Teil der Anfragen an die LfU zwecks Bewertung von schadstoffbelasteten Standorten stellen, die Analysenergebnisse bereits maschinell erfassen (werden). Es ist vorgesehen, daß die LfU diese Daten, die ansonsten dezentral in den verschiedenen Wasserwirtschaftsämtern gehalten werden, in einer eigenen Datenbank auf einem VAX-Rechner zusammenfassen wird. Damit die für die Bewertung von schadstoffbelasteten Standorten benötigten Analysenergebnisse nicht doppelt erfaßt werden müssen, soll XUMA auf die Datenbank der LfU zugreifen können.

5. Realisierung

Zur Realisierung des in den vorangegangenen Kapiteln beschriebenen Funktionsumfangs wurde die Grobstruktur eines Expertensystems (s. Abb.1) mit dem Ziel entworfen, das System in (relativ) unabhängige Teilsysteme zu zerlegen, um eine schrittweise Realisierung und Inbetriebnahme zu erleichtern.

Der Zugang zum System erfolgt über eine gemeinsame, einheitliche Zugriffskomponente (XUMA-Dialog), die dem Benutzer abhängig von einem definierbaren Benutzerprofil bestimmte Systemfunktionen zur Verfügung stellt. Die wichtigsten Benutzergruppen sind die "Anwender" und die "Experten". Anwender können Fälle durchspielen und sich über den Inhalt der Wissensbasis informieren. Experten können zusätzlich die Wissensbasis ändern. Hinter dieser einheitlichen Benutzerschnittstelle verbergen sich für die Benutzer nicht sichtbare Teilsysteme (Bereichsexperten), die für jeweils eine genau definierte Teilaufgabe verantwortlich sind.

Die Bereichsexperten greifen auf eine gemeinsame Wissensbasis (XUMA-Basis) zurück, die das für das gesamte System relevante Grundlagenwissen verwaltet und bei Bedarf zur Verfügung stellt. Im Verantwortungsbereich der Basiskomponente liegen z. B.:

- Vergleichstabellen (Grenzwerte der Trinkwasserverordnung, niederländische ABC-Werte etc.),
- das Wissen über Branchen, Produktionsverfahren, Anlagenteile,
- das Wissen über Stoffe, deren Eigenschaften und die Beziehungen zwischen den Stoffen,
- das Wissen über Analysenparameter (Art, Wertebereiche etc.),
- die Verwaltung der Altdaten (Analysenpläne, Analysen und Bewertungen von Fällen, die bereits angegangen oder auch schon abgeschlossen sind),

- Methoden zum Umrechnen zwischen physikalischen Einheiten,
- Methoden zum qualitativen und quantitativen Vergleichen von Werten.

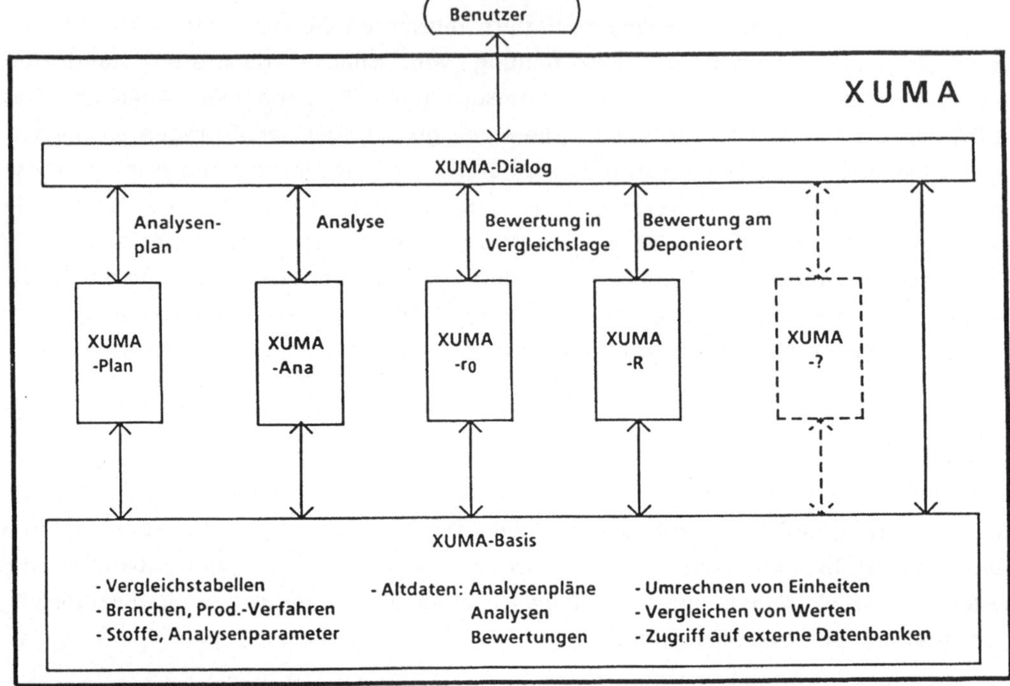

Abb. 1: Grobstruktur des Expertensystems XUMA

Wie bereits erwähnt, ist die Hauptaufgabe von XUMA die Unterstützung des Beurteilungsprozesses, d. h. XUMA soll (und kann) nicht die menschlichen Experten ersetzen. Statt dessen sehen wir XUMA in der Rolle eines intelligenten Assistenten. Genau wie ein menschlicher Assistent anfangs einem Experten nur relativ einfache Routinearbeiten abnimmt und erst im Laufe der Zeit nach und nach anspruchsvollere Aufgaben übertragen bekommt, sollen auch die Fähigkeiten von XUMA während seiner Entwicklung wachsen. Wie Abbildung 1 zeigt, können zwischen XUMA-Dialog und XUMA-Basis voneinander unabhängige Bereichsexperten "eingehängt" werden. Im Laufe der Systementwicklung werden neue Bereichsexperten die Leistungsfähigkeit des Systems erweitern. Ebenso sollte es möglich sein, bestimmte Funktionen zuerst durch einfache Mittel zu realisieren und zu einem späteren Zeitpunkt dann die 'dummen' Bereichsexperten durch intelligentere Nachkommen zu ersetzen. Diese Grundkonzeption erlaubt es auch, die Art und Weise wie das Basiswissen dargestellt und abgespeichert wird, vor den Bereichsexperten zu verbergen. So ist es möglich, wenn eine Anfrage eines Bereichsexperten z.B. nach der Löslichkeit eines bestimmten Stoffes an die XUMA-Basiskomponente erfolgt, daß XUMA-Basis die benötigten Informationen abhängig vom aktuellen Systemzu- und -entwicklungsstand ermittelt, etwa durch Befragen des Benutzers, aus den eigenen Datenbeständen oder per Anfrage an eine externe Datenbank.

Expertensystementwicklung ist ein iterativer Prozeß, bei dem in enger Zusammenarbeit zwischen den Fachexperten und den Systementwicklern ein System ausgehend von einem kleinen Prototypen schrittweise dem geplanten Endzustand angenähert wird (siehe z. B. /6/, Kapitel 12). In unserem Fall wurde zwischen der LfU und KfK vereinbart, zur Entwicklung eines ersten Prototypen das Aufgabengebiet wie folgt einzuschränken:

- Betrachtet wird die Erkundung und Bewertung von Kohleveredelungsbetrieben (Gaswerke, Kokereien). Die LfU hat bereits Erfahrung mit der Bewertung und Sanierung solcher Betriebe, d.h. es ist Expertenwissen über die konkrete Aufgabe vorhanden.
- Es werden folgende Funktionen geschaffen: Analysenplan erstellen, Analysen erfassen, Bewertung der Stoffgefährlichkeit in Vergleichslage.

Der Prototyp soll hauptsächlich dazu dienen, der LfU die Machbarkeit, die Funktionsweise und den Nutzen eines Expertensystems zu demonstrieren. Nach Auswertung der Erfahrungen der Systembenutzer mit dem Prototypen wird von IDT und LfU entschieden werden, in welche Richtung (in die Breite oder die Tiefe) und in welcher Reihenfolge ein weiterer Ausbau des Systems erfolgen soll.

Zum momentanen Zeitpunkt (September 87) ist die Wissensakquisition für die Analysenplan-Erstellung und das Erfassen der Analysen weitgehend abgeschlossen, die Bewertung in Vergleichslage ist in Arbeit. Die Prototyp-Entwicklung wurde nach Abschluß der Beschaffung von Hard- und Software Anfang September aufgenommen. Eingesetzt wird eine LISP-Maschine vom Typ Explorer (Texas Instruments) und die Expertensystem-Entwicklungsumgebung ART (Inference).

6. Literatur

/1/ Seggelke, J.:
Das Umweltplanungs- und Informationssystem des Bundes UMPLIS;
Aufgaben, Hoffnungen und Grenzen.
In Jaeschke, A.; Page, B. (Hrsg.): Informatikanwendungen im Umweltbereich,
KfK-4223, p. 47 (1987).

/2/ Altlasten-Handbuch
Teil 1 - Altlasten-Bewertung.
Ministerium für Ernährung, Landwirtschaft, Umwelt und Forsten, Baden-Württemberg
(Hrsg.), Reihe 'Wasserwirtschaftsverwaltung', 18 (1987).

/3/ Altlasten-Handbuch
Teil 2 - Untersuchungsgrundlagen.
Ministerium für Ernährung, Landwirtschaft, Umwelt und Forsten, Baden-Württemberg
(Hrsg.), Reihe 'Wasserwirtschaftsverwaltung', 19 (1987).

/4/ Wizgall, R.: Informationstechnik in der Wasserwirtschaftsverwaltung
Baden-Württemberg. (In diesem Band)

/5/ Stopp, M.:
Verzeichnisgesteuerte Faktendatenbank am Beispiel des Informationssystems für
Umweltchemikalien, Chemieanlagen und Störfälle (INFUCHS).
In Jaeschke, A.; Page, B. (Hrsg.): Informatikanwendungen im Umweltbereich,
KfK-4223, p. 87 (1987).

/6/ Waterman, D.A.:
A Guide to Expert Systems.
Addison-Wesley Publishing Company, Reading/Massachusetts (1986).

Ein Expertensystem für die Durchführung einer Umweltverträglichkeitsprüfung (UVP)

A. Schwabl, J. Pietsch

Zusammenfassung

Die Entwicklung von methodischen Elementen für das Instrument der Umweltverträglich-keitsprüfung (Beispiele nach der EG-Richtlinie und aus der Bauleitplanung) erfolgt bisher nicht mit gleicher Geschwindigkeit wie die Veränderung (Verschlechterung) der Umwelt oder die Einführung und Anwendung neuer Technologien und Produkte. Unter dem Begriff Computer-Aided Environmental Planning (CAEP) werden in Hamburg gemeinsam von Umweltplanern und Informatikern Module entwickelt, mit denen einzelne Schritte wie auch UVP-Abläufe als Ganzes unterstützt werden.
Die Umwelterklärung (nach Anhang III der EG-Richtlinie), das scoping-Verfahren, die Erstellung von Wissensbasen, die Entwicklung einer geeigneten Inferenzmaschine, Bewertungs-schritte und die Verfahrensdokumentation (Protokoll) bilden neben der Frage einer geeigneten Benutzeroberfläche aktuelle Arbeitsschwerpunkte. Dazu wird die Struktur der objektorientierten Verknüpfung sowie der flexiblen Weiterentwicklung der Komponenten vorgestellt.

1. Die Umwelt-Verträglichkeits-Prüfung (UVP)

Wesentliche Motivation für eine vorsorgende Umweltpolitik ist die Erkenntnis, daß es nicht damit getan sein kann, auf Umweltschäden lediglich zu reagieren. Zur Realisierung einer vorausschauenden Umweltplanung bedarf es der Kenntnis über angemessene Methoden, Verfahren und Instrumente.

Auswirkungen von Projekten durch Flächeninanspruchnahmen, stetige Belastungen, inter-mittierende Einflüsse und mögliche Umweltrisiken bedürfen zu ihrer Einschätzung hand-habbarer Methoden, um sie bei gegebenen Vorbelastungen und künftig gesellschaftlich angestrebten Umweltzuständen in einem auch formal gültigen Verfahren in angemessener Zeit abwickeln zu können.

So zeigt sich nicht nur im Phänomen der zunehmenden Verräumlichung von Umweltfach-planungen (z. B. Luftreinhalteplanung, Lärmminderungspläne, Bewirtschaftungspläne für Gewässer) - auf Grund zum Teil konkurrierender Umweltschutzziele - ein deutlicher Koordi-nationsbedarf: Nach Medien getrennte Umweltschutzbemühungen führen nicht selten zu einer Verlagerung der Umweltprobleme, besonders in Verbindung mit End of the Pipe-Techniken (Beispiel: Luftreinhaltung zu Entsorgungsproblemen von Filterrückständen).

1.1 *Entwicklung eines Instruments*

Seit Beginn der 70er Jahre wurde die Notwendigkeit gesehen, die bisher medienbezoge-
nen Einzelverfahren zur Erteilung von Genehmigungen einer ökosystemaren Betrachtung
zu unterziehen und fachübergreifend zusammenzufassen. Trotz früher gesetzlicher Regelungen im Ausland, z. B. in den USA, kam die Entwicklung in der Bundesrepublik über
Grundsatzerklärungen /Umweltbundesamt 1974/ kaum hinaus.

Die am 27.6.1985 verabschiedete Richtlinie der EG über die "Umweltverträglichkeitsprüfung bei bestimmten öffentlichen und privaten Projekten" /EG 1985/ hat ihren
Ursprung in den Grundsätzen der Umweltpolitik, auf die sich die Umweltminister der EG
bereits 1972 in Bonn einigten. Diese Grundsätze bestimmten das 1. Aktionsprogramm der
EG für den Umweltschutz vom 22.11.1973.

Von 1978 bis zur endgültigen Verabschiedung der EG-Richtlinie im Sommer 1985 wurde der
Entwurf soweit verändert, daß schließlich ein Kompromiß zustande kam (näheres zur
Entwicklung des Instrumentariums bei /Cupei 1986/). Regelungen zur UVP wurden bisher
weitgehend unter umweltrechtlichen Aspekten diskutiert. Die Methodenentwicklung
erfolgte eher sporadisch-zufällig (z.B. Planung von Verkehrswegen, ökologische Risiko-
analyse).

Die Richtlinie definiert die UVP als ein Verfahren zur Konkretisierung des Vorsorgeprinzips.
Sie verlangt (nach dem Verursacher-Prinzip) die Identifizierung, Beschreibung und Bewer-
tung der möglichen erheblichen Auswirkungen des Projekts auf die Umwelt durch den
Projektträger (Umwelterklärung), die Information der Öffentlichkeit und der Behörden,
sowie eine Überprüfung der Angaben des Projektträgers und eine eigene abschließende
Beurteilung seitens der zuständigen Behörde.Der Mindest-Anwendungsbereich der Richtlinie ist in 2 Anhängen definiert, wobei in Anhang I definierte Projekte einer vollständigen
UVP unterzogen werden müssen (z.B. Abfallbeseitigungsanlagen, Autobahnen), während
in Anhang II definierte Projekte nur dann geprüft werden müssen, wenn ihre Merkmale
nach Auffassung der Mitgliedstaaten dies erfordern (z.B. Metallbearbeitung, wasserwirtschaftliche Projekte, Betriebe mit Stallplätzen). Der Katalog kann von den einzelnen Mitgliedstaaten beliebig erweitert werden.

Die EG-Mitgliedsländer sind verpflichtet, die UVP bis zum Juli 1988 in innerstaatliche
Rechtsvorschriften einzuarbeiten, bzw. geeignete neue zu erlassen.

Die im Anhang der Richtlinie aufgeführten prüfbedürftigen Projekte umfassen weit überwiegend Vorhaben, die außerhalb der kommunalen Planungshoheit liegen. Über die
direkte Rechtswirksamkeit hinaus hat die EG-Richtlinie jedoch konstruktive, beschleuni-
gende Wirkungen auf die Einschätzung der Relevanz von Umweltbelangen in der kommunalen Planung gehabt. Die in vielen Städten zu beobachtende Neuorientierung der kommunalen Planung beruht weiter auf planungs- und umweltrechtlichen Verpflichtungen
(z.B. BauGB, BNatG), die mit einem UVP-Verfahren am sinnvollsten erfüllt werden können.

1.2 Anstöße zur Entwicklung entscheidungsunterstützender UVP Systeme
Die Hamburger Situation

Der bereichsübergreifende Charakter der UVP macht es erforderlich, alle Aspekte sektoraler Umweltauswirkungen querschnittsorientiert in die Prüfung einzubeziehen. Komplexe ökologische Wirkungszusammenhänge sind in jedem speziellen Einzelfall festzustellen und zu bewerten. Dieser Anspruch läßt sich jedoch mit den vorhandenen Mitteln nicht realisieren: es besteht ein Defizit sowohl im Bereich der Methoden als auch im Bereich der Werkzeuge.

In dieser Situation ermöglichte eine interdisziplinäre Arbeitsgruppe von Umweltplanern und Informatikern die Erarbeitung von Lösungsansätzen, entwickelt aus einer engen Kooperation zwischen der TU Hamburg-Harburg, Arbeitsgebiet Stadtökologie - Methoden der Umweltplanung, und der Universität Hamburg, Fachbereich Informatik, die insbesondere von den beiden Autoren getragen wird.

2. Computer-Aided Environmental Planning CAEP

2.1 Methoden zur Wahrnehmung von Umwelt

Neue Produkte und Produktionstechniken werden gegenwärtig schneller entwickelt als Instrumente und Methoden zur Umweltplanung. Umweltrisiken erfahren Bedeutungsgewinne gegenüber stetigen Wirkungen, ohne daß geeignete Ansätze oder gar ein Konsens zu einer integrierten Darstellung vorliegen. Die Ausprägungen von Umwelt sind vielfach der direkten Wahrnehmung durch den Menschen entzogen; Hypothesen, Meßverfahren, Modelle und Beurteilungsmethoden erhalten existentielle Bedeutung. Das Verhältnis von teurem nachsorgenden zu wirtschaftlichem vorsorgenden Umweltschutz kann nur verbessert werden, wenn auch hier geeignete C-Techniken zum Einsatz kommen. Unter dem Begriff Computer-Aided Environmental Planning (CAEP) werden Umweltplanungsmethoden interdisziplinär entwickelt.

2.2 Beispiel: Kommunale Umweltdatensysteme

Die Kommunen sind gehalten, Umweltschutz- und -vorsorgemaßnahmen optimal in ihre Planung zu integrieren. Insbesondere Großstädte haben in den letzten Jahren kommunalpolitische Programme zur besseren Berücksichtigung von Umwelt und Ökologie verabschiedet.

Die gegenwärtig vorliegenden Umweltinformationen reichen als Handlungsgrundlage selten aus, da sie problembezogene Auswertungen in der Regel nicht zulassen. Dramatische Informationslücken sind im Bereich der Bauleitplanung festzustellen, wo das Abwägungsgebot deshalb oft nicht sachgemäß gewährleistet werden kann.

Versuche vorsorgenden, querschnittorientierten Handelns, wie sie die UVP erfordert, können z. Zt. auch durch mangelnde Beurteilungsgrundlagen oft nicht zu den gewünschten Erfolgen führen.

Systematische und übertragbare Konzepte für die Erhebung, Aufbereitung, planungsbezogene Auswertung und Fortschreibung der relevanten Umweltdaten fehlen weitgehend. Zum Teil vorhanden sind inkompatible Elemente wie Luftmeßnetze, Lärmkarten, Biotopkartierungen, Stadtklimaanalysen oder (oft verschiedene) isolierte Erhebungen im Bodenbereich. Mit dem F + E Vorhaben "System- und Methodenentwicklung kommunaler Umweltdatensysteme (komUdats)" /Pietsch 1986/ wird gegenwärtig ein Beitrag zur Überwindung der Defizite geleistet.

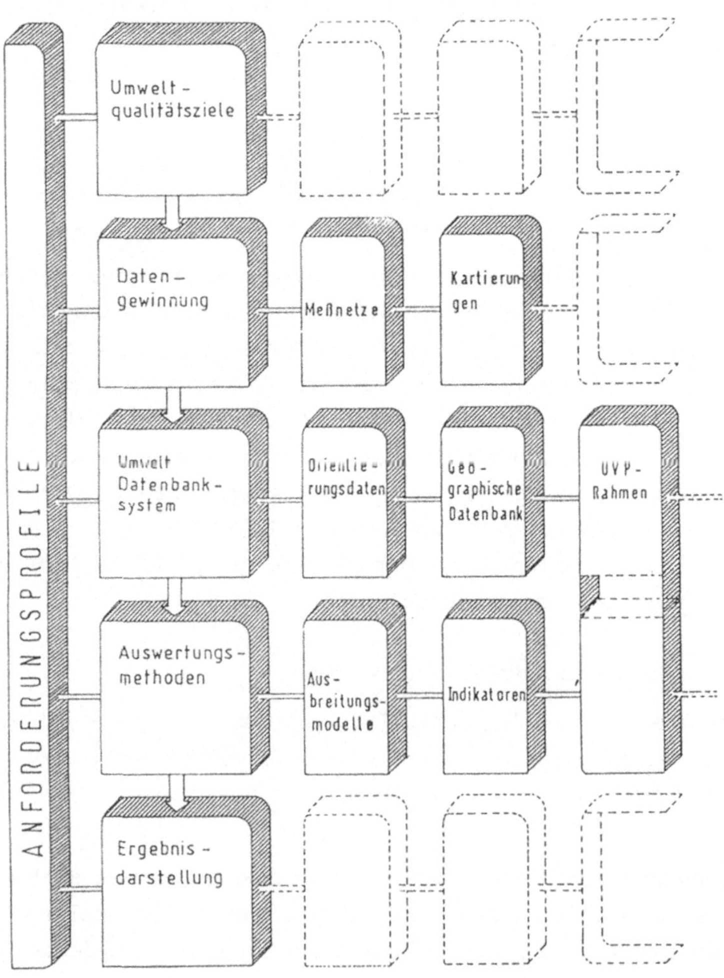

Abb. 1: komUdats - Strukturschema

3. Entscheidungsunterstützende Systeme für die UVP: Das Gesamtkonzept

3.1 Informatik-Methoden für die Umweltplanung

Zu entwickeln sind Entscheidungsunterstützende Systeme für die UVP (EUS UVP). Wir verstehen darunter interaktive, rechnergestützte Systeme, die Datenbanken, Simulationsmodelle, mathematische Methoden und deduktive Methoden einsetzen, um bei der Entscheidungsvorbereitung, der Auswahl zwischen Alternativen und bei der Begründung von Entscheidungen zu helfen. Die Benutzerschnittstelle steht hierbei im Vordergrund des Interesses. Ziel der Kombination der oben aufgeführten Methoden ist es, nicht nur Einzelwerkzeuge interaktiv bereitzustellen, sondern durch Verknüpfung Synergieeffekte zu erzielen,die eine neue Qualität der Unterstützung bieten. Um eine flexible Einsetzbarkeit in den unterschiedlichen Planungsbereichen (kommunale Planung, UVP nach EG-Richtlinie) unterstützen zu können, werden austauschbare Komponenten entwickelt, die zu problemspezifischen EUS UVP zusammengesetzt werden können. Wir hoffen, insbesondere mit Hilfe der KI-Methoden, also durch den Einsatz von wissensbasierten Systemen, den Transfer vorhandenen und für die UVP notwendigen Spezialistenwissens zu erleichtern /Schwabl 1986/.

Planvorhaben, wie solche, in die sich eine UVP einfügt, sind bestimmt durch das Projekt und durch die Zielvorgaben, denen das Projekt genügen muß. Planvorhaben sind in der Realität meist von hoher Komplexität. Es handelt sich nicht nur um einzelne Aufgaben mit vielen Umwelt-Aspekten, sondern es werden Problematiken betrachtet, in denen eine große Vielfalt von Wertmaßstäben und Wirkmechanismen zu berücksichtigen ist. Es kommt darauf an, die Interaktion der Komponenten zu überschauen, um dem Gesamtziel möglichst gerecht zu werden. Dabei ist es durchaus möglich, daß durch das kombinatorische Zusammenspiel der Einfluß einzelner Komponenten völlig dominiert wird.

Vom praktischen Standpunkt aus kann die Frage nach der Existenz eines optimalen Prüfergebnisses als wenig interessant angesehen werden. Dies insbesondere unter dem Aspekt, daß Planer häufig recht suboptimal entscheiden. Sie täuschen sich nicht nur in schwierigen Bereichen ihres Vorgehens, sondern oft auch in solchen, in denen sowohl Daten als auch Erfahrungen ausreichend vorliegen. Der Einsatz der EUS UVP, wie sie von uns geplant sind, setzt hier an und bemüht sich um eine Sammlung planerischen Erfahrungswissens und des Wissens über alle verfügbaren Daten- und Auswertungsquellen.

Um bei der Analyse des Ablaufs einer UVP nicht den Überblick zu verlieren, sollen die innewohnenden Problematiken zunächst getrennt betrachtet werden: Rahmenabläufe einer UVP in der Kommune, angelehnt an das Baugesetzbuch oder für Projekte nach der EG-Richtlinie, ergeben die zu unterstützenden Funktionseinheiten. Die Schnittstellen zwischen diesen werden - unter dem Aspekt eines integrierten Systems - jedoch von vornherein berücksichtigt.

Der Versuch, den Leistungsumfangs der EUS UVP umfassend zu definieren, legt den Blick auf ein sehr komplexes Geflecht von Einzelfunktionen frei, so daß ein streng phasenorientiertes Vorgehen nach den Regeln des klassischen Software-Engineering nicht in Frage kommt. Vielmehr erscheint es hier sinnvoll, die Spezifikation des Gesamtprodukts durch den Entwurf und die frühzeitige Erprobung von Prototypen von Komponenten des geplanten Systems experimentell zu testen. Die interdisziplinäre Zusammensetzung der Forschungsgruppe bietet für dieses Vorgehen die Voraussetzung.

Parallel zur experimentellen Erprobung der Prototypen wird die Spezifikation des Systems weiterentwickelt. Der Prototyp dient zur Überprüfung der Anforderungen und Spezifikationen, zur Gewinnung von Erfahrungen bei einem Probebetrieb, zur Schulung des Benutzers und auch zur Abschätzung der Machbarkeit.

In einer ersten Anforderungsanalyse wurde gemeinsam ein Basis-Modell des geplanten Systems entwickelt.Es wurden insbesondere die Anforderungen an die Benutzerschnittstelle, die besonderen Schwierigkeiten der Datenbeschaffung und -benutzung sowie das im Bereich der Umweltplanung vielfach als Heuristiken und nur teilweise als mathematische Modelle vorhandene Wissen diskutiert. Problematisch und fehlerträchtig ist insbesondere der Ablauf des Verfahrens einer UVP, sowohl nach EG-Richtlinie als auch in der kommunalen Planung.

Das sich ergebende Basis-Modell hat deshalb als zentrale Komponente des zu entwickelnden Systems eine Ablaufunterstützung. Wesentlich für die Akzeptanz des Systems erscheint eine sehr gut ausgeprägte Selbsterklärungsfähigkeit. Viele funktionale Einheiten im Ablauf einer UVP sind regelorientiert, es werden an vielen Orten vorhandene, aber nirgends zentral gesammelte Heuristiken verwendet. Notwendig ist die Integration von Daten unterschiedlichster Herkunft ebenso wie von tradierten, teilweise durch Verordnungen vorgeschriebenen Analysemethoden und von zu überarbeitenden Bewertungsmethoden.

Es ergibt sich notwendigerweise ein einheitliches System für die Verwaltung der Daten, ein Datenbanksystem; die Auswertung der Daten wird konventionell mit Hilfe von Simulationsmodellen (z.B. Ausbreitungsrechnungen) und analytischen Methoden durchgeführt; für die qualitative Auswertung ebenso wie für die Realisierung der Selbsterklärungsfähigkeit bietet sich die Expertensystemtechnik an.

3.2 Gesamtkonzept

Der Aufbau des Gesamtsystems, so wie er sich uns im Moment darstellt, entspricht der Abb.2: Struktur der Entscheidungsunterstützenden Systeme UVP.

Die für die Integration aller Systemkomponenten zuständige statische Struktur bildet das sogenannte Knowledge Board, eine Datenstruktur, die den aktuellen Wissensstand des Systems repräsentiert. Die Inferenzmaschine entnimmt hier die die Voraussetzung für den Ablauf jeder Wissensbasis bildenden Fakten und legt die die Zwischenergebnisse und Ergebnisse bildenden neu abgeleiteten Fakten ab.

Das operationale Kernstück des Systems bildet der EUS Ressourcen Manager.Der Aufruf der Inferenzmaschine, des Simulationssystems oder ein Zugriff auf das zugehörige Datenbanksystem oder nicht in direktem Zugriff befindliche Datenbanksysteme, wird von dieser

Systemkomponente ausgeführt. Diese Ressourcen werden typischerweise nicht wie Unterprogramme zu festgelegten Zeitpunkten aufgerufen, sondern die zuständige Systemkomponente, der EUS Ressourcen Manager, wählt auf Grund der Vorgaben der Ablaufunterstützung aus der Anzahl möglicher Wissensbasen und sonstiger Systemkomponenten eine adäquate Ressource aus. Auch der EUS Ressourcen Manager bedient sich des Knowledge Boards, um die für die Aufrufe nötigen Fakten zu beschaffen.

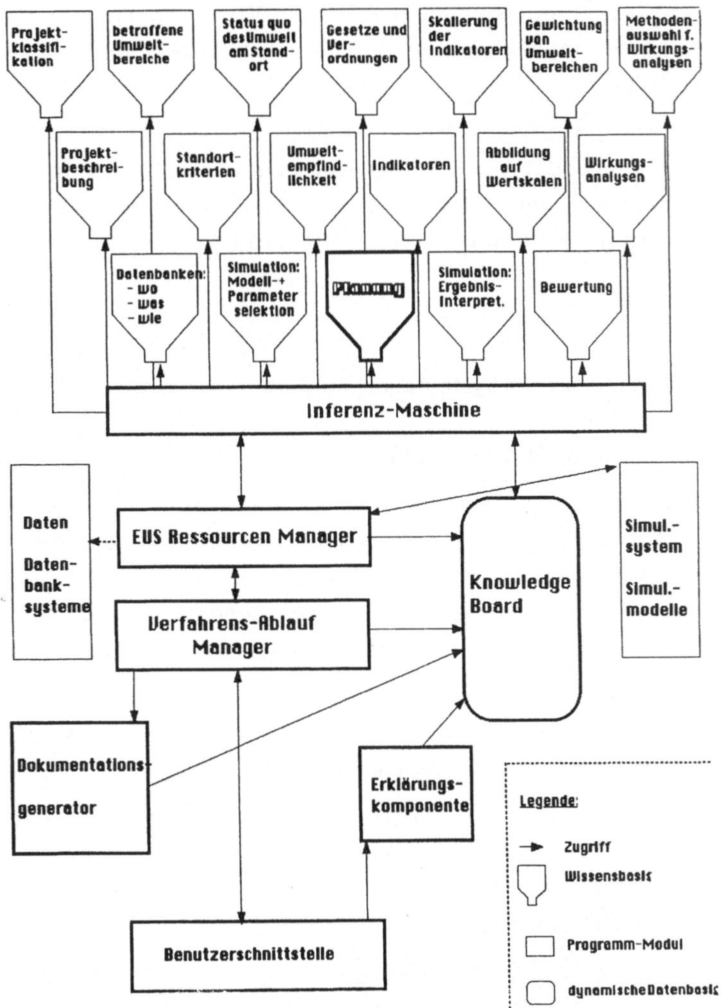

Abb.2:   Struktur der Entscheidungsunterstützenden Systeme UVP

Die Abarbeitungsreihenfolge wird durch die sogenannte Ablaufunterstützung festgelegt, deren Planungswissen in einer gesonderten Wissensbasis gespeichert wird. Der Ablauf einer UVP erfordert die Koordination und Planung vieler Teilprozesse. Die UVP ist ein schrittweiser Prozeß, bei dem Komponenten abhängig vom geplanten Projekt und seinem voraussichtlichen Standort zu einem Gesamtablauf zusammengesetzt werden. Der Planer wird bei der Durchführung des Verfahrens mittels globalen Wissens um den Standard-ablauf, spezialisiert durch das spezielle Projektwissen und die dynamisch während des Ablaufs erarbeiteten Fakten, unterstützt. Dieser Ablauf ist insbesondere bei einem UVP-Verfahren zur Bauleitplanung sehr komplex und langwierig, die Rechtssicherheit erfordert korrekte Einhaltung, so daß eine Unterstützung sehr hilfreich ist.

Die Benutzerschnittstelle ist austauschbar, um Portabilität und Rechnerunabhängigkeit zu erreichen. Von ihrer Ausprägung hängt die Art und Weise der Erklärungsfähigkeit des Systems ab, da nur eine graphische Benutzerschnittstelle eine graphische Unterstützung der Erläuterungen zuläßt.

Überlegungen zur Konzeption einer Wissensakquisitionskomponente zur Unterstützung des Knowledge Engineers oder des Experten lassen ein über einen reinen Struktureditor hinausgehendes Werkzeug vernünftig erscheinen. Weitergehende wesentliche Anfor-derungen sind Konsistenzprüfungen (Zyklen, isoliertes Wissen) und Vollständigkeits-prüfungen.

4. Entscheidungsunterstützende Systeme: die Module

4.1 Der Kern des EUS UVP: Das Expertensystem

In Anwendungsbereichen, in denen eine abgeschlossene Theorie nicht existiert, muß schon die verwendete Wissensdarstellung die ständige Erweiterung des Begriffssystems und der damit verbundenen Funktionen und Regeln unterstützen. Die Entscheidung, den Kern des EUS UVP mit Hilfe der Expertensystemtechnik zu implementieren und das Wissen regel-und objektoriert zu repräsentieren bekommt hiermit ihre Begründung.

Die regelorientierte Darstellungform wird verwendet, um das heuristische Wissen um Vorgehensweisen bei der Durchführung einer UVP zu repräsentieren. Die objektorientierte Darstellungsform dient der Repräsentation der Fakten.

Die Auswahl der angemessenen Kontrollstrategie ist abhängig von den Aufgaben des Expertensystems. Eine UVP enthält sowohl Klassifikationselemente, für die eine rückwärts-verkettende Strategie die geeignete Technik ist, als auch Konfigurations- und Voraussage-aufgaben, die eine vorwärtsverkettende Strategie erfordern:

- So läßt sich ein geplantes Projekt aus einer vorgegebenen Menge möglicher Projekte auswählen und damit klassifizieren. Dies ist ebenso bzgl. der Einordnung des augen-blicklichen Zustands der Umwelt am Projektstandort in vorgegebene länderspezifische Benennungsraster möglich. Der Lösungsraum (Projektklassen, Nutzungsklassen) ist auf-zählbar und die Lösungen lassen sich hierarchisch ordnen.

- Ein Expertensystem zur Unterstützung der Projektbeschreibung muß eine komplexe Lösung konfigurieren, die bestimmten Bedingungen und Einschränkungen genügt. Eine mögliche Einschränkung: bestimmte Informationen können bei einzelnen Projektarten niemals anfallen: beispielsweise die "Beschreibung der Produktionsprozesse" bei Fernstraßen. Die Projektbeschreibung muß konstruiert werden; es gibt keine Menge vorgegebener Lösungen.

- Um qualitative Wirkungsanalysen vorzunehmen, wird dem Expertensystem der Zustand der Umwelt, wie er sich heute darstellt, sowie eine Änderung dieses Zustands vorgelegt. Daraus muß abgeleitet werden, welche Änderungen sich ergeben werden oder ergeben könnten. Auch hier ist es nicht empfehlenswert oder sogar unmöglich, den Lösungsraum im voraus aufzuzählen. Notwendig ist hierfür eine Vorwärtsverkettung oder bottom-up-Strategie: Änderungen im Zustand werden interpretiert als Änderungen im Verhalten von Teilsystemen; diese Informationen werden verwendet, um weitere Änderungen im Verhalten des Gesamtsystems Umwelt vorauszusagen.

Die globale Datenbasis, das Knowledge Board, dient zur Darstellung des deklarativen Wissens über die konkrete UVP. Sie wird zu Beginn eines neuen UVP-Verfahrens angelegt und speichert während des meist recht langdauernden Verfahrens die Eingaben des Planers in das System, die daraus vom System abgeleiteten Fakten, die sowohl Ergebnisse als auch Zwischenergebnisse sein können, sowie aufbereitete, aus Datenbanken oder Dateien extrahierte Daten. Auf Grund des Inhalts dieses Knowledge Boards variiert das Modul Ablaufsteuerung den Fortgang der UVP.

4.3 Expertensystemkomponenten für die Bewertung eines Vorhabens

Das Bewertungsverfahren, d.h. die Ermittlung von Kenngrößen zur Beschreibung der Umweltverträglichkeit des geplanten Vorhabens, besteht aus einer Vielzahl von aufeinander aufbauenden Schritten. Die eigentliche Bewertung steht am Ende des Verfahrens, sie hat als Ergebnis die Einordnung der vermutlichen Wirkungen des Projekts in einen sogenannten Bewertungskorridor.

Beispielhaft werden im folgenden die Ermittlung und Skalierung der Umweltindikatoren, sowie das Problem der Wirkungsanalysen erläutert.

Umweltindikatoren

Die Wissensbasis "Umweltindikatoren" ermittelt die Indikatoren, mit denen die möglichen Belastungen, Gefährdungen oder allgemeiner Veränderungen von Umweltfaktoren oder -bereichen meßbar gemacht werden. Die Indikatoren sind im Hinblick auf die lokalen Gegebenheiten auszuwählen. Das besondere Eingehen auf den Standort wird insbesondere bei unterschiedlichen Naturräumen wie Küstenniederung und Mittelgebirge deutlich.

In einem zweiten Schritt wird durch Überprüfung der Datenlage festgestellt, für welche Indikatoren die vorhandenen Informationen ausreichen, bzw. welche Daten für die ausgewählten Indikatoren im Zweifelsfall noch erhoben werden müssen. Die zur Verfügung stehenden Daten sind i. a. sehr heterogen. Sie bestehen z. T. aus Meßgrößen (z. B. Belastung des Wassers mit Nitraten) zum anderen Teil aus qualitativen Angaben (z. B. Nutzungseignung).

Die Daten können

- unterschiedlichen räumlichen Strukturen zugeordnet (z. B.Flächen, Linien)
- unterschiedlich aggregiert (z. B. Zeitreihe, Mittelwert)
- zu unterschiedlichen Zeitpunkten erhoben oder
- nicht flächendeckend verfügbar sein.

Die Wissensbasis "Skalierung der Indikatoren" hat die Aufgabe, die zu verwendenden Skalen für die ausgewählten Indikatoren zu bestimmen.

Die Realskalen werden mit Hilfe der Wissensbasis "Abbildung der Skalen auf Wertskalen" auf Skalen der Umweltverträglichkeit transformiert. Die dafür in der Wissensbasis gesammelten Regeln basieren auf durch die Gesellschaft oder ihre Vertreter vorgegebenen Kriterien. Sofern solche Kriterien oder Qualitätsziele noch nicht bestehen, richtet sich die Beurteilung nach den bestehenden rechtlichen Kriterien (z. B. Immissionsgrenzwerte). Abhängig von der Nutzung am Standort ergibt sich eine Einordnung in die Wertskala (siehe hierzu die Abb.: "Skalierung der Umweltverträglichkeit").
Diese Einordnung ist eine wichtige Grundlage für die spätere Bewertung der durch die Wirkungsanalysen aufgezeigten Veränderungen der Umwelt.

Wirkungsanalysen

Auf der Sachebene sind Umweltveränderungen nach Art und Umfang, die auslösenden Faktoren sowie die zu erwartenden Folgewirkungen zu erfassen. Diese Analyse kann auf der Grundlage einer mehr quantitativen Wirkungsanalyse mittels analytischer Modelle oder Simulationsmodelle oder mehr qualitativ mittels heuristischen, in Regeln formulierten Wissens über Zusammenhänge (wenn..., dann...) vorgenommen werden. Vor jeder Wirkungsanalyse werden die auf Grund der vorliegenden Fakten anzuwendenden Analysemethoden bestimmt.

Der hier verwendete Ansatz der Integration von Künstlicher Intelligenz und Simulation benutzt das Expertensystem, um den ungeübten Simulationsmodell-Anwender zu unterstützen. Der Umweltplaner muß für eine UVP die geeigneten Analysemethoden auswählen. Die Verwendung mancher Methoden ist vorgeschrieben, in manchen Bereichen besteht Wahlfreiheit. Die Modelle müssen mit Parametern versorgt werden. Nach Durchführung der Simulationsexperimente sind die Ergebnisse aufzubereiten.

Die gemeinsame Verwendung von Expertensystem und Simulation in einem umfassenden Entscheidungsunterstützenden System muß die Beherrschbarkeit der Simulationsmodelle durch den Umweltplaner erhöhen. Das Ziel ist es, dem Planer ein System zur Verfügung zu stellen, mit dem er potentielle Auswirkungen eines Vorhabens analysieren und bewerten kann. Der erste Ansatz für eine Integration im EUS UVP betrifft die Aufbereitung und Interpretation von Simulationsergebnissen. Das Expertensystem wird genutzt, um die Ergebnisse zu analysieren, Schlüsse daraus zu ziehen und Vorschläge für die Auswertung der Simulationsergebnisse zu machen.

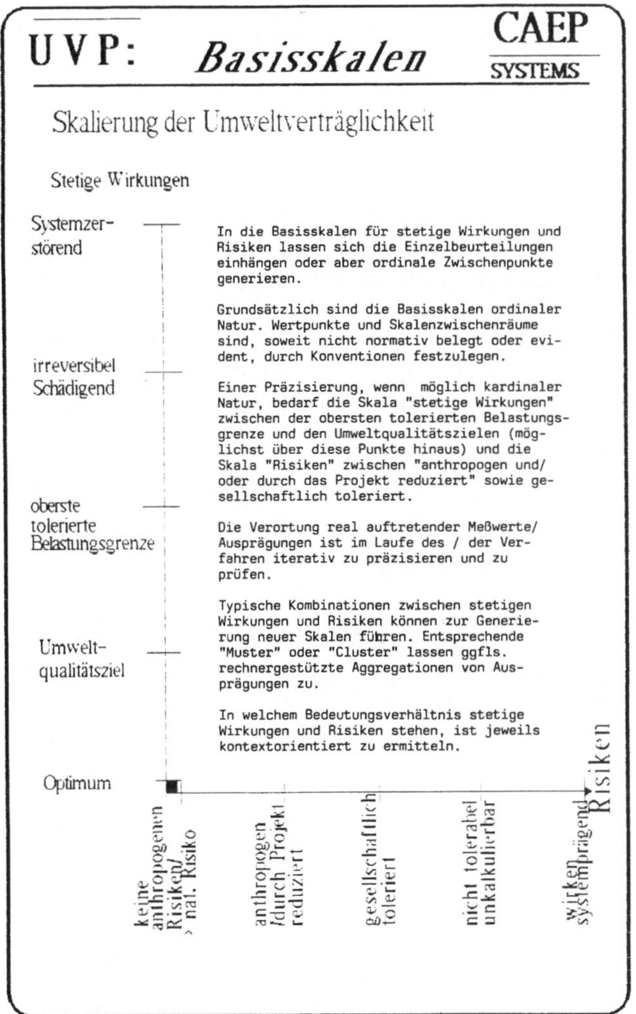

Abb. 3: Skalen der Unverträglichkeit

5. Implementation

Der Prototyp des EUS UVP wurde auf einem IBM PC AT entwickelt. Als Implementationssprache wurde MODULA 2 gewählt. Der Grund für diese Entscheidung liegt in der relativ guten Standardisierung und in der Verbreitung dieser Sprache. Parallel zur Entwicklung des EUS UVP wird das verwendete Basis-Expertensystemtool erweitert und verfeinert.

Literatur

/Cupei 1986/
Jürgen Cupei;
Umweltverträglichkeitsprüfung (UVP).
Ein Beitrag zur Strukturierung der Diskussion zugleich eine Erläuterung der EG- Richtlinie,
Carl Heymanns Verlag, 1986

/EG 1985/
Richtlinie des Rates vom 27. Juni 1985 über die Umweltverträglichkeit bei bestimmten
öffentlichen und privaten Projekten (85/337/EWG)

/Pietsch 1986/
Jürgen Pietsch;
System- und Methodenentwicklung kommunaler Umweltdatensysteme (komUdats).
Statuspapier 12/86, Hamburg (Technische Universität Hamburg-Harburg)

/Schwabl 1986/
Angela Schwabl;
Diskussion einer Darstellungsmethodik eines Entscheidungsunterstützenden Systems für
den Umweltbereich.
In: Bernd Page (Hrsg) Informatik im Umweltschutz. Anwendungen und Perspektiven,
Oldenbourg Verlag, 1986, S. 378 - 419.

/Umweltbundesamt 1974/
Verfahrensmuster für die Prüfung der Umweltverträglichkeit öffentlicher Maßnahmen.

Bearbeitung von Umweltschutzvorschriften mit Hilfe der EDV

M. Hälker-Küsters

Zusammenfassung

Es werden die Ergebnisse eines Pilotprojektes vorgestellt, in dem geklärt werden sollte, wie mit Hilfe der Expertensystemtechnik eine Benutzerschnittstelle zu Gesetzen und Verordnungen geschaffen werden kann. Das System erlaubt es Personen, die im Umgang mit dem Gesetzeswerk ungeübt sind, alle für eine bestimmte Fragestellung relevanten Textstellen zu ermitteln. Das System enthält

- Informationen, wann welche Verordnungen angewendet werden müssen
- Querverweise zwischen einzelnen Verordnungen und innerhalb einzelner Verordnungen
- Informationen über die einzelnen Anlagen
- Hilfestellungen bei der Beantwortung der Fragen an den Benutzer.

Die Anwender eines solchen Systems können zum einen die Umweltschutzbeauftragten in den Betrieben, zum anderen die Angestellten in den Landratsämtern sein.

Anhand des Bundes-Immissionsgesetzes werden die Einzelheiten erläutert.

Einleitung

Viele Personen haben das umfangreiche Umweltgesetz mit seinen vielen Verordnungen, Querverweisen und Grenzwerten für Stofflisten zu beachten. Während ihrer Ausbildung haben sie sich nicht ausführlich mit dem Gesetzeswerk beschäftigen können und neben der täglichen Arbeitsbelastung finden sie nicht die Zeit, dieses Gesetz in allen Einzelheiten zu studieren. Die Gefahr, daß Details übersehen werden oder Passagen innerhalb der Verordnungen nicht richtig angewendet werden, ist gegeben. Die Aufgabe des Systems besteht darin, den verschiedenen Personenkreisen:

- Technikern und Ingenieuren
- und Mitarbeitern in den Behörden

ein wirkungsvolles Instrument an die Hand zu geben.

Die Hauptaufgabe in der ersten Projektphase bestand in der Klärung folgender Fragen:

- Mit welcher der zur Verfügung stehenden EDV - Techniken (Expertensystemtechnik, Datenbanken, etc.) können welche Teilaufgaben gelöst werden?

- Wie werden die Teilaufgaben gegeneinander abgegrenzt?
- Welche Informationen enthält das System?
- Wie hat die Benutzerschnittstelle auszusehen?

Die Beantwortung dieser Fragen erfolgt in den einzelnen Abschnitten.

Alle Einzelheiten werden anhand des Bundes-Immissionsgesetzes /1/ erklärt. Es kann davon ausgegangen werden, daß für die anderen Umweltgesetze, das Wasserhaushaltsgesetz und das Abfallbeseitigungsgesetz, die Lösungen ähnlich sind.

Die Formen der Wissensdarstellung

Die anstehenden Teilaufgaben können bezüglich der EDV-Techniken grob in zwei Klassen unterteilt werden:

- Expertensystemtechnik
- Datenbank.

Expertensystemtechnik

Bei den eingebrachten Informationen handelt es sich um Wissen, das zum einen in den Gesetzen zum anderen in den Köpfen von Experten vorhanden ist. Da es gut in Regelform gebracht werden kann, bietet sich die Expertensystemtechnik hier an. Die aufzubauende Wissenbasis kann in folgende Teilbereiche aufgeteilt werden:

Wissen über die Zusammenhänge der einzelnen Gesetzesteile

- Welche der Verordnungen oder Technischen Anleitungen   ist bei einer bestimmten Fragestellung anzuwenden?
  Als Beispiel mag folgende einfache Regel dienen:
  Wenn

	Fragestellung ist Emissionsbegrenzung
und	Anlagenbezeichnung ist "Feuerungsanlage 1.2"
und	Brennstoff ist nicht "Gas"
und	Kapazität der Anlage ist über "50MW"
dann	
	Verordnung über Großfeuerungsanlagen trifft zu.

Wissen über die einzelne Anlage

- Welche Gesetzesstellen sind für eine bestimmte Anlage interessant?
  Beispiel:
  Es liege eine Sandstrahlanlage vor, die der Technischen Anleitung Luft unterliegt. Für sie ist die TA Luft 3.1 relevant. Die dort aufgelisteten Stoffe mit den zugehörigen Grenz-

werten müssen nicht alle hinsichtlich ihrer Relevanz für die spezielle Anlage überprüft werden. Der Experte weiß, welche der Stoffe

- in jeder Sandstrahlanlage
- in keiner Sandstrahlanlage
- und anlagen- bzw. prozeßabhängig

vorkommen. So werden die relevanten Stellen wesentlich schneller ermittelt. Darüber hinaus sollten technische Informationen über die Anlage enthalten sein, die ebenfalls eine schnelle Eingrenzung der entsprechenden Textpassagen ermöglichen.

Wissen über dieVerknüpfungen und Querverweise in den einzelnen Anlagen

- Wie sehen die Verknüpfungen innerhalb der einzelnen Verordnungen aus?
  Hier sei kurz auf die 4. Bundes-Immissionsschutzverordnung eingegangen, die sich mit der Genehmigungsbedürftigkeit befaßt. Es ist möglich, drei verschiedene Hypothesen aufzustellen:
  - Das förmliche Genehmigungsverfahren trifft zu.
  - Das vereinfachte Genehmigungsverfahren trifft zu.
  - Die Anlage ist nicht genehmigungsbedürftig.
  Diese Hypothesen werden mit Hilfe von Regeln, die die logischen Zusammenhänge innerhalb der Verordnung wiedergeben, verifiziert oder widerlegt.
  Für Einzelheiten siehe /2/.

Datenbanktechnik

Um die anstehenden Probleme effektiv zu lösen, werden Informationen benötigt, die von ihrer Art in Datenbanken abgelegt werden können. Hier sei zunächst die "Beschreibung" der Anlage genannt:

- Stoffe, die als Ausgangsstoffe für die Produktion erforderlich sind. Es wird unterschieden zwischen denen, die in jeder Anlage benötigt werden, und denen, die unter Umständen benötigt werden.
- Stoffe, die während des Produktionsprozesses entstehen
- Stoffe, die als Produkt, Zwischenprodukt oder Abfall die Anlage verlassen
- Beschreibung möglicher Produktionsprozesse
- Beschreibung der technischen Komponenten der Anlage.

Weiter können anlagenabhängig schon Verweise auf zutreffende Verordnungen gespeichert werden.

Darüber hinaus sind die Stofflisten aus dem Gesetzeswerk und der Gesetzestext gespeichert. In einzelnen Fällen ist es sinnvoll, den zugehörigen Text ausgedruckt zu bekommen.

Abgrenzung und Kopplung der einzelnen Gebiete

Die Abgrenzung zwischen Expertensystemtechnik und Datenbank ist an einzelnen Stellen
nicht eindeutig.
Als Beispiel seien hier die (Quer-)verweise auf bzw. innerhalb der Verordnungen genannt.
Verweise auf Verordnungen oder größere Teile von einzelnen Verordnungen können in
der Datenbank abgespeichert werden. Gemeint ist etwa der Hinweis, daß die TA Luft 3.3
gilt. Innerhalb dieses Teiles gibt es wiederum Querverweise, zum einen auf bestimmte Teile
innerhalb der TA Luft 3.3, aber auch zu Teilen der TA Luft 3.1. Ob und wann diese Verweise
zutreffen, hängt von vielen Details ab, die erst relativ spät während des Konsultationsver-
laufes bekannt werden. Hier ist es sinnvoll, die Verweise in dem Expertensystemteil
einzuarbeiten.

Leistungsumfang des jetzigen Systems

Das Sytem beantwortet zur Zeit Fragen der folgenden Art:

- Welches Genehmigungsverfahren trifft zu?
- Welche Grenzwerte gelten für eine spezielle Anlage?
- Ist eine Emissionserklärung abzugeben?

Diese Fragen werden für alle in dem Bundes-Immissionsschutzgesetz aufgeführten Anlagen beantwortet. Das System enthält zur Zeit die meisten Bundes-Immissionsschutz-
verordnungen. Besonders seien hier die folgenden erwähnt:

- Verordnung über Feuerungsanlagen   1. BImSchV
- Verordnung über genehmigungsbedürftige Anlagen 4. BImSchV
- Störfallverordnung   12. BImSchV
- Verordnung über Großfeuerungsanlagen   13. BImSchV
- und die Technische Anleitung zur Reinhaltung der Luft.

Benutzerschnittstelle

Bei der Gestaltung des Dialogs mit dem Benutzer standen folgende Fragen im Vorder-
grund:
- Welche Kenntnisse können vorausgesetzt werden?
- An welchen Stellen werden Hilfestellungen benötigt?
- Wie müssen diese Hilfestellungen aussehen?

Diese Fragen können in allen Einzelheiten nur beantwortet werden, wenn der Benutzer-
kreis genau festgelegt ist, d.h. es muß bekannt sein, ob ein Techniker in einem Betrieb oder
ein Angestellter in der Behörde das System bedient.

Folgender einfacher Dialog sei als Beispiel angeführt:

Beginn der Konsultation

*** Zunächst wird bestimmt, was für eine Anlage Sie haben.

1:    Zu welcher der im Menu genannten Gruppe gehört die Anlage?
1>   *"ELEKTROINDUSTRIE"*

2:    Welche der im Menu genannten Anlagen trifft zu?
2>   *"FEUERUNGSANLAGE"*

3:    Welcher Brennstoff wird in Ihrer Anlage eingesetzt?
3>   *KOHLE*
      Ich rechne Ihre Anlage zu:
      Feuerungsanlagen für den Einsatz von Kohle, Koks, Kohlebriketts, Heizölen, Holz
      oder von Holzresten, die nicht mit Kunststoffen beschichtet oder Holzschutzmitteln
      behandelt sind oder gasförmigen Brennstoffen (Nr. 1 im Anhang der 4. BlmSchV)

4:    Sind Sie damit einverstanden?
4>   *YES*

5:    Was wollenSie zu Ihrer Anlage wissen?
5>   *EMISSIONSBEGRENZUNG*

6:    Ist den Umständen nach zu erwarten, daß die Anlage länger als 6 Monate, die auf die
      Inbetriebnahme folgen an demselben Ort betrieben wird? (4. BlmSchV Par. 1 (1))
6>   *Yes*

7:    Welche Kapazität hat die Anlage? (Angabe bitte in MW)
7>   *70*
      Die Errichtung und der Betrieb der Anlage bedürfen einer Genehmigung.
      (Par. 1 (1) der 4. BlmSchV vom 24.7.1985 (BGB1 I S. 1586))

8:    Handelt es sich um eine Versuchsanlage?
8>   *NO*
      Es wird das Genehmigungsverfahren nach Par. 10 BlmSchV (förmliches Verfahren)
      durchgeführt.
      (Par. 2 der 4. BlmSchV vom 24.7.1985 (BGB1 S. 1586))
      *** Prüfung der 13. BlmSchV (Verordnung über Großfeuerungsanlagen)

9:    Handelt es sich in Ihrem Fall um eine Altanlage?
      (Zur genaueren Definition von Altanlage bitte HELP selektieren!)
9>   *YES*

10:   Welche Kohle verwenden Sie?
10> *STEINKOHLE*

11:   Welche Restnutzungsdauer in Stunden liegt vor?
11> *"über 30.000"*

12: Welche der im Menu genannten Feuerungsarten trifft für Ihre Anlage zu?

12 > *WIRBELSCHICHTFEUERUNG*

Die Emissionen Ihrer Altanlage dürfen bei den folgenden Verbindungen maximal betragen:

Staub   < = 125 mg/m3, Emissionsgrenzwerte gelten auch für Heizflächenreinigung

Stickstoffoxid   < = 1000 mg/m3

Schwefeldioxid   < = 400 mg/m3

Kohlenmonoxid   < = 250 mg/m3

Ende der Konsultation

Mit Ausnahme von Frage 7 werden bei allen anderen Fragen die zulässigen Werte in einem Menü angeboten. Der Anwender wählt den zutreffenden Wert aus. Ist die Frage für den Anwender nicht verständlich, dann ist es möglich, über eine Help-Funktion Erklärungen zu bekommen.

Ausblick

Die erste Projektphase hat gezeigt, daß es möglich ist, mit Hilfe der Expertensystemtechnik und einer Datenbank ein Informationssystem zu erstellen. Die technischen Voraussetzungen sind gegeben, es gibt keine grundsätzlichen Probleme. Die nächsten Schritte sind die Weiterentwicklung zur Anwendungsreife, d. h.

- Implementierung des fehlenden Teils des BImSchG
- Anpassung der Benutzeroberfläche
- Implementierung des Wasserhaushaltsgesetzes und des Abfallbeseitigungsgesetzes.

Sind diese Schritte realisiert, so ist Personen, die keine Experten im Bereich der Umweltschutzvorschriften sind, ein einfacher Zugang zu dem Umweltschutzgesetz verschafft worden.

Literatur

/1/   Gesetz zum Schutz vor schädlichen Umwelteinwirkungen durch Luftverunreinigungen, Geräusche, Erschütterungen und ähnliche Vorgänge
(Bundes - Immissionsschutzgesetz BImSchG)

/2/   Hälker,M; Bubeck,F; Stahl,V.:
Möglichkeiten der Bearbeitung von Umweltschutz-Vorschriften mit Hilfe der Expertensystem-Technik
Informatik-Fachberichte 127, GI - 16. Jahrestagung, Springer-Verlag, Heidelberg

/3/   Schiegl, W.-E. :
Betrieblicher Umweltschutz: Immissionsschutz, Gewässerschutz, Abfallbeseitigung;
Landsberg 1985

Konzeption rechnergestützter Suchhilfen für die Beschaffung von Chemikaliendaten

J. Benz, K. Voigt

Zusammenfassung

Zur Unterstützung der Beschaffung von Chemikaliendaten wird ein Verfahren vorgestellt, das es ermöglicht, dem Benutzer für eine gegebene Fragestellung (gesuchte Information, vorhandene Vorinformation) die mögliche Suchpfade und deren Durchführung aufzuzeigen. Eine direkte Anbindung des Suchhilfesystems an eine geeignete Kommunikationssoftware ist möglich. Da auch Datenbanksysteme berücksichtigt werden sollen, die nicht auf einer Kommandosprache basieren, (z. B. menuegesteuert) werden Ansätze der Retrievalsprachübersetzung nicht berücksichtigt.

Dem Benutzer wird darüberhinaus die notwendige Information bereitgestellt, um alternative Pfade zur gesuchten Information bezüglich der Erfolgswahrscheinlichkeit und der entstehenden Kosten zu bewerten.

1. Problemstellung

Für die Beschaffung von Chemikaliendaten benötigt man nicht nur das notwendige chemische Fachwissen. Um die Recherche effektiv (schnell und kostengünstig) durchzuführen, müssen darüberhinaus auch Kenntnisse vorliegen, wo (welche Datenbank oder Datenquelle) und gegebenenfalls über welche Zwischenschritte die gesuchte Information aufgefunden werden kann. In der Regel existieren zwei oder mehrere mögliche Pfade, die gesuchte Information zu erhalten. Bei dem Umfang des Angebotes an Datenquellen und der Vielfalt der Eigenschaften dieser Datenquellen wie z.B. Aufbau, Retrievalsprache, Suchmöglichkeiten, Vollständigkeit u.ä. ist dies keine triviale Aufgabe /6/. Es ist deshalb naheliegend, für die Durchführung dieser Aufgaben eine möglichst weitreichende Hilfestellung zu geben.

Sollen zum Beispiel Informationen bezüglich der aquatischen Toxizität einer bestimmten Substanz, deren Handelsname bekannt ist, gesucht werden, läßt sich die Situation in folgender Weise schematisch angeben (Abb. 1).

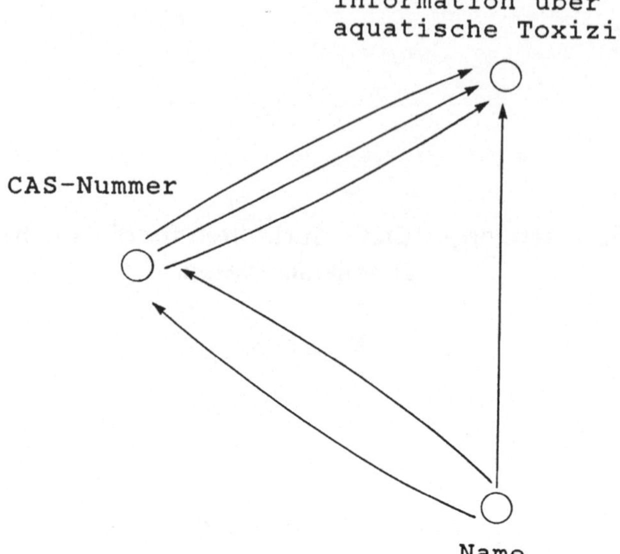

Abb. 1: Schematische Darstellung eines einfachen Beispiels für die Suche einer
Information.

Die Möglichkeiten die gesuchte Information aufzufinden, läßt sich als gerichteter Graph
darstellen. Hierbei stellen die Knoten bestimmte Informationen, die Kanten des Graphen
Informationsquellen (z. B. Bücher, Datenbanken) mit entsprechenden Informationsver-
knüpfungen dar. Bei den Quellen des Graphen handelt es sich um die vorhandenen Vorinformationen, die Senken sind die gesuchten Informationen.

Jeder Schritt der Suche ist mit Kosten verbunden (z. B. Arbeitszeit, Recherchekosten u. ä.).
Ziel ist es, ein Verfahren anzugeben, mit dessen Hilfe die gesuchte Information mit größt-
möglicher Wahrscheinlichkeit bei geringst möglichen Kosten erhalten wird.

Die Entwicklung eines derartigen Verfahrens läßt sich in 2 wesentliche Schritte gliedern:

1. Erstellung eines unbewerteten Graphen für eine gegebene Fragestellung
2. Charakterisierung der Kanten mit Kosten und Erfolgswahrscheinlichkeiten

2. Aufbau eines Suchgraphen

Um die Vorgehensweise beim Aufbau eines Suchgraphen darzustellen, sollen beispielhaft
Informationen über die Daphnientoxizität einer Substanz für die ein Name vorliegt gesucht
werden.

Für die gesuchte Information sind z.B. folgende Quellen in Betracht zu ziehen:

Quellen mit Informationen über Daphnientoxizität	Suchkriterien
- AQUIRE	Name, CAS-Nummer,
- BIOSIS	Name, Summenformel, [CAS-Nummer]
- ECDIN	Name, CAS-Nummer, ,RTECS-Nummer GUD-Nummer
- TOXALL	Name, CAS-Nummer

Es ist ersichtlich, daß neben der direkten Suche über den Namen auch die Suche mit Hilfe anderer Kriterien wie z.B. CAS-Nummer, GUD-Nummer, Summenformel u.a. in Betracht gezogen werden kann. Folglich ist es notwendig, in weiteren Schritten die Möglichkeiten des Auffindens dieser Zwischeninformation zu untersuchen. (Für das Beispiel werden hier lediglich die Kriterien Summenformel und CAS-Nummer weiter verwendet).

Quellen mit CAS-Nummer	Suchkriterien
- CHEMLINE	Name,Summenformel
- CAS-Registry	Name,Summenformel
- SANSS	Name,Summenformel

Quellen mit Summenformel	Suchkriterien
- CHEMLINE	Name,CAS-Nummer
- CAS-Registry	Name,CAS-Nummer
- SANSS	Name,CAS-Nummer

Hierbei wird deutlich, daß durch diesen Schritt u.U. ein Graph aufgebaut wird, der Zyklen aufweißt (Summenformel < = > CAS-Nummer). Um eine zielgerichtete Suche zu gewährleisten,muß jedoch gefordert werden, daß es sich bei dem aufzubauenden Suchgraphen um einen zyklenfreien Graphen handelt. Diese Forderung ist erfüllt, falls keine Verknüpfungen unterhalb der Hauptdiagonalen der Verknüpfungsmatrix aufgenommen werden /5/.

Der Schritt der Berücksichtigung von Zwischeninformationen ist solange zu wiederholen, bis keine neuen Informationstypen ermittelt werden können.

Der endgültig aufgebaute Suchgraph wird im vielen Fällen mehr Quellen aufweisen, als tatsächlich Vorinformationen vorliegen. Im gegebenen Beispiel sind dies die Summenformel und der Name; es liegt jedoch lediglich der Name vor. Es muß deshalb in einem weiteren Schritt der Graph derart reduziert werden, daß lediglich die Quellen enthalten sind, die tatsächlich als Vorinformationen existieren.

Für das besprochene Beispiel läßt sich nun die in Abbildung 2 dargestellte Suchempfehlung geben.Neben einer Liste der für die Suche relevanten Informationstypen werden die möglichen Pfade zur gesuchten Information in Form einer Verknüpfungsmatrix dargestellt. Ferner werden die möglichen Quellen aufgelistet und die entsprechende Suchsequenz angegeben, (die Suchsequenzen sind in Abbildung 2 lediglich ausschnittweise dargestellt).

```
*****************************************************************
*    SUCHGRAPH :                                                *
*              v o n                                            *
*            1   2   3                                          *
*     n   1 -   x   x                                          *
*     a   2       -   x                                        *
*     c   3           -                                        *
*     h                                                         *
*                                                               *
*     Liste der Informationen  :                                *
*     1     aquatische Toxizität                                *
*     2     CAS - Nummer                                        *
*     3     Name                                                *
*                                                               *
*     gesuchte Information    :     1                           *
*     vorhandene Information   :     3                          *
*                                                               *
*     Liste der Quellen       :                                 *
*     2,1  ==> AQUIRE (CIS)                                      *
*               * SEND:CAS/% 1 and spp/daphnia and prp/lc       *
*               * RECEIVE:Option?                               *
*                     ooo                                       *
*             ECDIN  (DATACENTRALEN)                            *
*               * SEND:%1                                       *
*               * RECEIVE:Do you wish to display data? (Y/N) => *
*                     ooo                                       *
*             TOXALL (DIMDI)                                    *
*               * SEND:f cr=%1                                  *
*               * RECEIVE:?                                     *
*                     ooo                                       *
*     3,1  ==> AQUIRE (CIS)                                      *
*               * SEND:nam/%1 and spp/daphnia and prp/lc        *
*               * RECEIVE:Option?                               *
*                     ooo                                       *
*             BIOSIS (DIMDI)                                    *
*               * SEND:f 5.00 and ft=%1                         *
*               * RECEIVE:?                                     *
*                     ooo                                       *
*             ECDIN  (DATACENTRALEN)                            *
*               * SEND:%1                                       *
*               * RECEIVE:Do you wish to display data? (Y/N) => *
*                     ooo                                       *
*             TOXALL (DIMDI)                                    *
*               * SEND:f %1                                     *
*               * RECEIVE:?                                     *
*                     ooo                                       *
*     3,2  ==> CHEMLINE (DIMDI)                                  *
*               * SEND:f cr=%1                                  *
*               * RECEIVE: ?                                    *
*             REGISTRY (STN)                                    *
*               * SEND:s %1/CN                                  *
*               * RECEIVE:=>                                    *
*             SANSS (CIS)                                        *
*               * SEND:nprobe                                   *
*               * RECEIVE:Fragment or whole name search (F/W)(F)?*
*                     ooo                                       *
*****************************************************************
```

Abb. 2: Durch die Suchhilfe erstellte Suchempfehlung

Notwendige Voraussetzung um derartige Suchempfehlungen geben zu können, ist eine Datenbasis, die alle Informationen bezüglich der möglichen Kanten, d. h. der Verknüpfungen, enthält. Für jeden *Informationstyp* und jede dafür in Frage kommende Quelle sind in dieser Datenbasis die in Abbildung 3 gezeigten Informationen gespeichert.Zunächst ist angegeben, welcher Datenkategorie der gesuchte Informationstyp in der entsprechenden Quelle zuzuordnen ist. Es wird zwischen Fakten (F), Literaturzitaten (L) und Volltext (T) unterschieden. Im weiteren sind die möglichen Suchkriterien aufgeführt. Zu jedem Suchkriterium wird neben der Suchsequenz die Trefferwahrscheinlichkeit, die mittlere Anzahl der Treffer bei Erfolg, die mittlere Anzahl der Treffer bei Mißerfolg, die durchschnittlichen Kosten für die Suche, sowie die Kosten für die Anzeige einer gefundenen Information angegeben.

```
*****************************************************************
*  QUELLE:Aquire            GESUCHTE INFORMATION:Daphnientoxizität *
*  DATENKATEGORIE:F  (F/L/T)                                    *
*                                                               *
*  SUCHKRITERIUM:Name                                           *
*    12.0/   1.9/   0.0/   xxx/   xxx/                           *
*  SUCHSEQUENZ( 10)                                             *
*  ERROR:Continue (Y/N/Expand)(Y)?                              *
*  DISPLAY:off                                                  *
*  SEND:reset                                                   *
*  RECEIVE:Option?                                              *
*  DISPLAY:on                                                   *
*  SEND:nam/%1 and spp/daphnia and prp/lc                       *
*  RECEIVE:Option?                                              *
*  EXIT:                                                        *
*  SEND:n                                                       *
*  RECEIVE:Option?                                              *
*                                                               *
*  SUCHKRITERIUM:CAS-Nummer                                     *
*    31.0/   1.8/   0.0/   xxx/   xxx/                           *
*  SUCHSEQUENZ( 10)                                             *
*  ERROR:Continue (Y/N/Expand)(Y)?                              *
*  DISPLAY:off                                                  *
*  SEND:reset                                                   *
*  RECEIVE:Option?                                              *
*  DISPLAY:on                                                   *
*  SEND:cas/%1 and spp/daphnia and prp/lc                       *
*  RECEIVE:Option?                                              *
*  EXIT:                                                        *
*  SEND:n                                                       *
*  RECEIVE:Option?                                              *
*****************************************************************
```

Abb. 3: Eintrag in der Datenbank für die Suche der Daphnientoxizität in der Datenbank AQUIRE

Um ein breites Spektrum möglicher Fragestellungen abdecken zu können, ist es geplant, diese Datenbank (Datenbank der Datenbanken) für die in Tabelle 1 aufgeführten Informationstypen aufzubauen.Vorarbeiten hierfür wurden bereits in dem Projekt "Informationssystem Umweltchemikalien", das vom Bayerischen Staatsministerium für Landesentwicklung und Umweltfragen gefördert wird, geleistet /1,4/.

1. IDENTIFIKATIONSMERKMALE
    - Name
    - [Summenformel]
    - Strukturformel
    - CAS-Nummer
    - NIOSH-Nummer
    - RTECS Nummer

2. ÖKONOMISCHE DATEN
    - Produktionsvolumen
    - Vermarktungsmenge
    - Import/Export

3. ANWENDUNGSMUSTER
    - Anwendung bzw. Verwendung
    - Anwendungsmuster

4. VORKOMMEN IN DER UMWELT
    - Freisetzung in die Umwelt
    - Vorkommen in Wasser, Luft, Boden
    - Umweltkonzentrationen
    - Vorkommen in Lebensmitteln
      und Trinkwasser

5. PHYSIKALISCH-CHEMISCHE
    EIGENSCHAFTEN
    - Molekulargewicht
    - Schmelzpunkt
    - Siedepunkt
    - Dampfdruck
    - Dichte
    - Oberflächenspannung
    - Wasserlöslichkeit
    - Löslichkeit in organischen Lösungsmitteln
    - Verteilungskoeffizienten (P w, H, K c, etc.)
    - Hydrolyserate
    - Flammpunkt
    - Entzündungspunkt

6. ABBAU UND AKKUMULATION
    - Bioabbaubarkeit
    - Photoabbau
    - Bioakkumulation
    - Biokonzentration

7. ÖKOTOXIZITÄT
    - Daphnientoxizität
    - Fischtoxizität
    - Algentoxizität
    - Pflanzentoxizität
    - Bakterientoxizität

8. AKUTE SÄUGETIERTOXIZITÄT
    - Akute orale Toxizität
    - Akute dermale Toxizität
    - Akute inhalative Toxizität
    - Hautreizung
    - Hautsensibilisierung
    - Augenreizung

9. SUBAKUTE, SUBCHRONISCHE,
    CHRONISCHE SÄUGETIER
    TOXIZITÄT
    - Subakute Säugetiertoxizität
    - Subchronische Säugetiertoxizität
    - Chronische Säugetiertoxizität

10. GENOTOXIZITÄT
    - Cancerogenität
    - Mutagenität
    - Teratogenität
    - Reproduktionstoxizität

Tabelle 1: Haupt- und Unterkategorien der gängigsten Datentypen für Chemikalien

Mit dem 1. Entwicklungsschritt kann bereits eine entscheidende Hilfestellung für die Beschaffung von Chemikaliendaten gegeben werden. Zum einen wird ein Überblick über die verschiedenen möglichen Pfade zur gesuchten Information erstellt, zum anderen wird die Information bereitgestellt, wie der einzelne Suchschritt durchzuführen ist.
Es ist jedoch damit noch keine Aussage gemacht, mit welchen Kosten und mit welcher Erfolgswahrscheinlichkeit die einzelnen Schritte verbunden sind. Die Beurteilung mehrerer Alternativen bleibt dem Anwender überlassen.

3. Charakterisierung der Kanten

Um diese Beurteilung zu erleichtern bzw. zu unterstützen wird im nächsten Entwicklungsschritt versucht, den einzelnen Kanten die Merkmale, Erfolgswahrscheinlichkeit und Kosten zuzuordnen.

Die Erfolgswahrscheinlichkeit muß mit Hilfe einer Stichprobe von Suchanfragen geschätzt werden. Als Stichprobe wurde in der ersten Entwicklungsphase eine Auswahl von 68 Substanzen aus einer Liste von Chemikalien, die vom Beratergremium umweltrelevanter Altstoffe (BUA) aufgestellt wurde, benutzt /3/. Weitere Untersuchungen über die Eignung und den Umfang dieses Testsets sind notwendig, um die Güte der ermittelten Schätzwerte beurteilen zu können.

Die Kosten der Suche werden getrennt für den Fall des Erfolgs so wie den Fall des Mißerfolgs ermittelt. In beiden Fällen setzen sich die Gesamtkosten aus den Kosten für die Suche selbst, sowie aus den Kosten für die Ausgabe der gefundenen Informationen zusammen. In einer Reihe von Datenquellen kann die Suchanfrage nicht im notwendigen Umfang eingeschränkt werden, so ist es z.B. bei der Suche nach der Daphnientoxizität nicht in allen Datenbanken möglich, die Suche auf die Testspezies einzuschränken, sondern nur auf ein übergeordnetes Klassifikationskriterium wie Crustaceen. Dies ist der Grund, daß auch bei Mißerfolg u. U. gefundene, jedoch nicht zutreffende Informationen ausgegeben werden müssen.

Um die durchschnittlich zu erwartenden Kosten angeben zu können, müssen folgende Größen bekannt sein:

- durchschnittliche Anzahl der Treffer bei Erfolg
- durchschnittliche Anzahl der Treffer bei Mißerfolg
- durchschnittliche Kosten für eine Suche
- durchschnittliche Kosten für die Anzeige eines Treffers

In Abbildung 4 ist die Bewertung der Kanten des Graphen des besprochenen Beispiels mit der Erfolgswahrscheinlichkeit, sowie der mittleren Anzahl der Treffer bei Erfolg und bei Mißerfolg dargestellt.

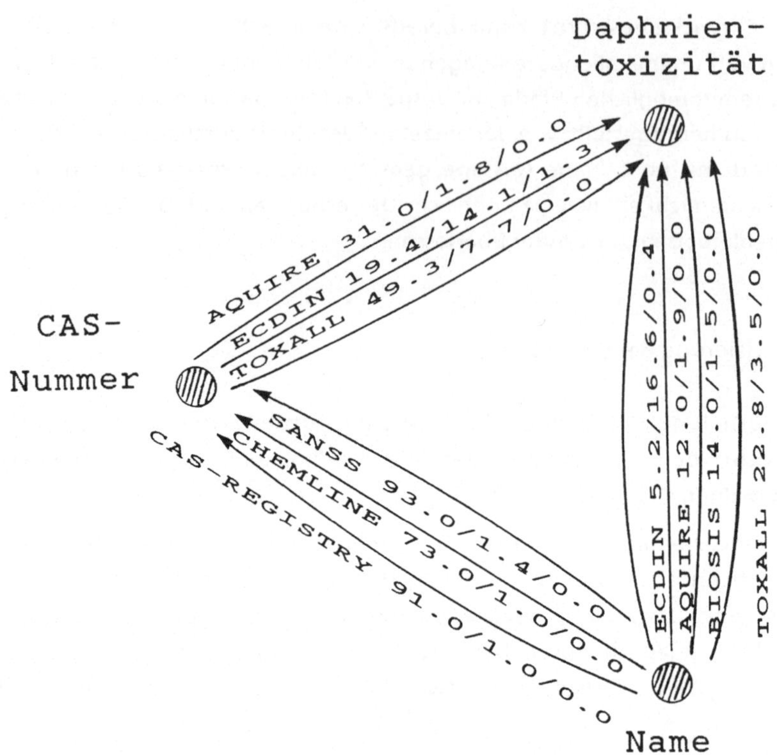

Abb. 4: Bewertung der Kanten des Suchgraphen

Es ist ersichtlich, daß für die direkte Suche der Daphnientoxizität die Datenbank TOXALL die beste Erfolgswahrscheinlichkeit aufweist. Um die CAS-Nummer für den gegebenen Substanznamen zu finden, empfiehlt es sich, die Suche in der Datenbank SANSS durchzuführen. Die Suche der Daphnientoxizität mit Hilfe der CAS-Nummer verspricht den besten Erfolg, falls hierfür die Datenbank TOXALL verwendet wird.

Eine Bewertung von Pfaden mit mehr als einer Kante ist mit den gegebenen Erfolgswahrscheinlichkeiten nur dann zulässig, falls die Belegung der Datenbanken unabhängig ist /2/. Die Erfahrung zeigt jedoch, daß dies in der Regel nicht der Fall ist. Vielmehr muß davon ausgegangen werden, daß die Belegung der Datenbanken eher positiv korreliert ist. Die Multiplikation der Wahrscheinlichkeiten der einzelnen Kanten eines Pfades führt in diesem Fall zu einer Unterschätzung der Erfolgswahrscheinlichkeit eines Pfades.

Liste der verwendeten Datenbanken

AQUIRE   Aquatic Information Retrieval
Anbieter: CIS - Chemical Information System
                     7215 York Road
                     Baltimore, MD 21312
                     USA

BIOSIS   Biosis Previews Biosciences Information Service
Anbieter: -   DIMDI - Deutsches Institut für Medizinische Dokumentation und
                         Information
                         Postfach 420580
                         Weishausstraße 27
                         5000 Köln 41
         -   STN - International Scientific and Technical Information Network
                         Postfach 2465
                         7500 Karlsruhe
         -   und andere

ECDIN   European Communities Data Information Network
Anbieter: I/S Datacentralen of 1959
                     Retortvey 8
                     2500 Valby
                     Copenhagen
                     Dänemark

TOXALL   Toxicology Information Online
Anbieter: DIMDI - Deutsches Institut für Medizinische Dokumentation und
                     Information
                     Postfach 420580
                     Weishausstraße 27
                     5000 Köln 41

CHEMLINE   Chemical Directory Online
Anbieter: DIMDI - Deutsches Institut für Medizinische Dokumentation und
                     Information
                     Postfach 420580
                     Weishausstraße 27
                     5000 Köln 41

CAS-Registry
Anbieter: STN - International Scientific and Technical Information Network
                     Postfach 2465
                     7500 Karlsruhe

SANSS   Structure and Nomenclature Search System
Anbieter: CIS - Chemical Information System
                     7215 York Road
                     Baltimore, MD 21312
                     USA

Literatur

/1/ Benz J., Voigt K.;
Gefahrstoff-Information, Praxis der Gefahrstoff-Datensuche, Ecomed-Verlag
Landsberg/Lech, 1987 im Druck (Workshop)

/2/ Heinhold J., Gaede K. B.;
Ingenieurstatistik, Oldenbourg Verlag, München - Wien, 1968

/3/ Mücke W., Voigt K. and Schulze H.;
Toxicological and Environmental Chemistry 13, S. 129-140, 1987

/4/ Mücke W., Voigt K. Benz J.;
System to Access Data Sources for Environmental Chemicals, Toxicological and
Environmental Chemistry, akzeptiert

/5/ Noltemeier W.;
Graphentheorie, Walter de Gruyter, Berlin - New York, 1976

/6/ Pichler H. R.;
Online-Recherchen für Chemiker, VCH Verlagsgesellschaft mbH, Weinheim, 1986

Modellgestütztes Verfahren zur vergleichenden Verhaltensanalyse von Umweltchemikalien

M. Matthies, R. Brüggemann, R. Trenkle

Zusammenfassung

Das Umweltverhalten einer Chemikalie und die Gefährdung der Umwelt werden bestimmt durch die substanzspezifischen Eigenschaften in wechselseitiger Beziehung mit den Eigenschaften der betroffenen Ökosysteme. Die Zusammenhänge zwischen Substanz- und Ökoparametern können in Umweltmodellen abgebildet werden. Das Programmsystem E4CHEM (Exposure and Ecotoxicity Estimation for Environmental CHEMicals), das für die vergleichende Bewertung und Prioritätensetzung bei Umweltchemikalien entwickelt wurde, wird vorgestellt und ein Anwendungsbeispiel diskutiert.

1. Einleitung

Chemikalien können bei der Herstellung, beim Transport oder beim Gebrauch in die Umwelt gelangen. Um das Verhalten von Chemikalien in der Umwelt analysieren zu können, ist es nötig, neben toxikologischen und ökotoxikologischen Wirkungen auch den Konzentrationsverlauf der Chemikalie am Ort der potentiellen Wirkung zu kennen. Um diese "Exposition" genannte Größe zu ermitteln, werden Informationen benötigt über den Eintrag in die Umwelt, die Ausbreitung, die Akkumulation, die Umwandlung sowie die betroffenen Populationen und Ökosysteme.

Zur Expositionsermittlung können prinzipiell Monitoringprogramme und Simulationsmodelle eingesetzt werden /1/. Während umfangreiche Monitoringstudien in vielen Ländern durchgeführt werden, ist der Einsatz von mathematischen Modellen für die Abschätzung des Umweltverhaltens von Chemikalien noch am Anfang. Beide ergänzen sich aber. Monitoringstudien können Auskunft darüber geben, welche zeitlichen Trends und räumliche Expositionsmuster zu erwarten sind. Statistische Auswertungen der beobachteten Konzentrationsverläufe können korreliert werden mit Informationen aus dem industriellen, gewerblichen und demographischen Bereich. Die Häufigkeit, mit der bestimmte Schadschwellen oder Konzentrationsgrenzwerte überschritten werden, kann bestimmt werden, um so unerwünschte Risiken zu vermeiden. Ein wesentlicher Nachteil dieser Methode ist, daß durch Beobachtung und statistische Analysen nichts über die zugrunde liegenden Mechanismen der Ausbreitung und Wirkung von Chemikalien in der

keiten, die Begrenzungen und Potentiale kennenzulernen, mit Größenordnungen zu spielen und Wichtigkeiten und Unterschiede erkennen zu können.

2. Umweltsituation im Raum/Zeit-Bezug

Der Vorsprung der angewandten Geowissenschaften in der Handhabung großer Daten- mengen und komplexer Situationen spricht für eine Bestandsaufnahme vorhandener Ver- fahren und Daten. Die Lernkurve in der noch jungen Umweltinformatik kann auf diese Weise abgekürzt und somit dringend benötigte Zeit für die Bewältigung der Ursachen ge- wonnen werden, soweit sie aus den Wirkungen abzuleiten sind.

Fortgeschrittene Techniken wie die Geostatistik können helfen, durch Sezieren oder Explorieren dem Bearbeiter und Betrachter ein Gefühl für die Datenstruktur, Größenord- nungen und Vertrauensbereiche zu geben. Unsere komplexe Umwelt ist nicht homogen. Wie Phasenübergänge und Ausbreitungsrechnung in den Erdwissenschaften (z.B. im Lager- stättenbereich) behandelt werden, sollte uns spätestens morgen helfen, unser Sorgenkind "Boden" besser zu verstehen. Das farbige Anlegen und thematische Aufbereiten hilft, *"Durchblick"* zu verschaffen, neue *"Perspektiven"* zu entwickeln und Dinge *"auf den Punkt"* zu bringen.

„Kein Risiko wird reduziert, bloß weil man rastlos registriert (und darstellt)."

Zitat aus: Das Umwelt-ABC.

Weiterhin geht es neben der vielbeschworenen Datenreduktion um die Vermeidung über- flüssiger Daten, und zwar gleich bei der Erhebung, indem Meß- und Darstellungsstrategien eingesetzt und verbessert werden. Die momentane Erhebungseuphorie wird sich dann geben. Vorhandene, jahrelang erhobene Werte werden gesichtet, Veränderungen deutlich und kritische, interessante Faktoren *„auf einen Blick"* sicht- und damit modellierbar.

2.1 *Ausgewählte geowissenschaftliche Einsatzbereiche, Umweltrecherche, -analyse und -interpretation in der Praxis*

2.1.1 *Geographie und Kartographie*

Thematische Karten und Kartogramme beruhen auf Datenunterdrückungs-, Generali- sierungs- und Strukturierungs-Techniken. Dieses Wissen und diese Fähigkeiten dürfen durch die Computer-Kartographie nicht verloren gehen. Das ansprechende Aufbereiten aus der Schule der Kartographen und Kalligraphen ist unabdingbar, wenn die Thematik aufgenommen werden soll. Schon eine unglückliche, automatische Farbzuordnung, fal- scher Maßstab, Ausschnitt- oder Symbolwahl können ablenken oder den Inhalt nicht zur Geltung kommen lassen.

Die Darstellung von Verteilungen/Ausbreitungen in Atmosphäre, Wasser und Boden muß einem Vertrauensvorschuß genügen. Mit dem Finger *„vor Ort"* nachvollziehbar wird

plötzlich die Probendichte und -varianz und das Interpolationsverfahren wichtig. Es geht
um Aussagesicherheit, und die leidet leicht bei allzu großzügiger Flächenfüllung.

Abb. 1: Eine digitalisierte Karte diente schon Ende 1980 als Grundkarte, um Phosphat-
         Verteilungen in Wohngebieten sichtbar machen zu können.
         Quelle: ESC/UNIRAS GmbH

Bei Atmosphäre und Wasser ist durch Dynamik und Turbulenzen natürlich der Bedarf an
Hilfsmitteln noch erheblich größer. Schadstoffmodelle im Küsten- oder Nordseebereich,
Tidenmodelle usw. oder die Modellierung von Rauch- oder Oelfahnen mögen als Beispiele
gelten, bei denen Linien gleichen Zustands, z.B. Iso-Dosen, als Standarddarstellungsver-
fahren eingesetzt werden.

Beispielhaft soll hier die Möglichkeit, Bioindikatoren zur Charakterisierung ökologischer
Standortbedingungen einzusetzen, genannt werden. Mit Hilfe von Zeigerpflanzen werden
Indikatoren zu Standortmerkmalskomplexen, wie Bodenfeuchte, Nährstoffgehalt und
Bodenreaktion, ermittelt.

2.1.2 Geochemie

Die Analyse räumlicher Stoffzusammensetzungen und -verteilungen läßt sich direkt auf
Erhebungstechniken im Umweltschutz anwenden. Auf internationaler Ebene haben sich
Gesellschaften für Geochemie und Gesundheit schon früh gebildet, um die Auswirkungen

natürlicher Expositionen untersuchen und beschreiben zu können. Zur Basisdatenerhebung gehört seit langem z. B. die Probenahme von Schwermetallen in Sedimenten, Gewässern und Böden. Neben der natürlichen Umweltbelastung, die erst einmal zu erheben war/ist, sind die durch unsere industrielle Zivilisation verursachten Belastungen kontinuierlich zu erfassen. Ergebnisse sind der natürliche, ortsbezogene Normalwert, Annahmen über das Selbstreinigungsvermögen und, sobald sich anthropogene Veränderungen aufspüren lassen, auch dank der Geomorphologie und der Geohydrologie ein möglicher Hinweis auf Emissionen oder Einleitungen. Zum Nachweis kann es dann immer noch ein weiter Weg sein. Ist aber durch Ringmessungen ein Abgleich der Meßmethoden erfolgt und sind durch entsprechende Mehrfachmessungen Ausreißer und Meßfehler berücksichtigt, schließt sich das Netz.

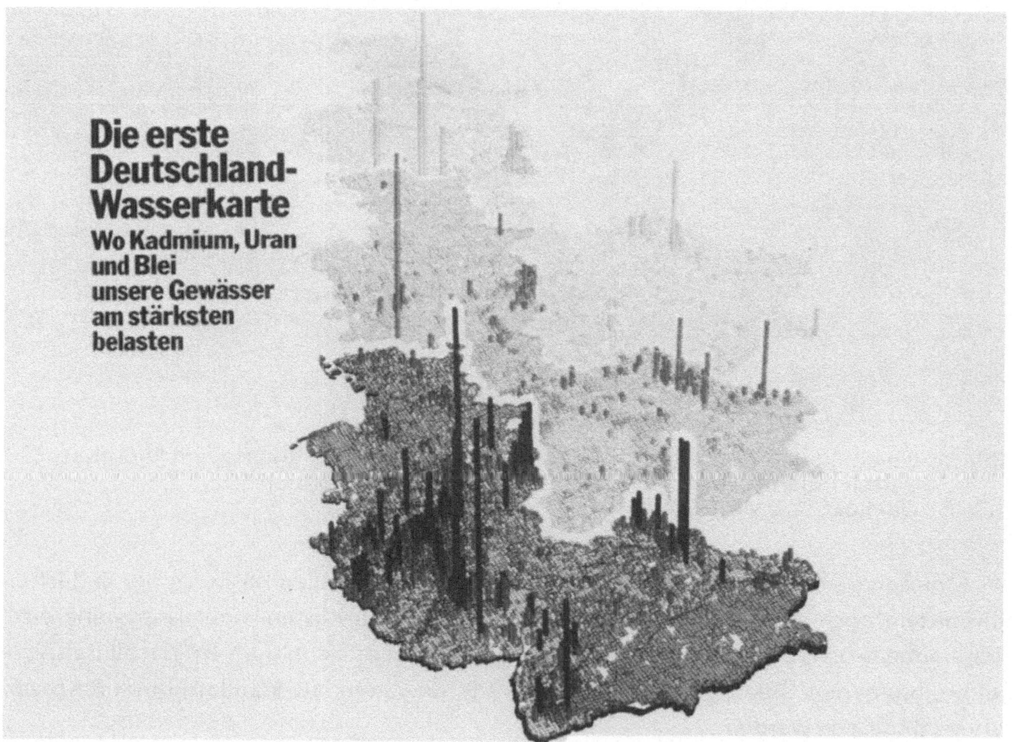

Abb. 2: Geochemischer Atlas der Bundesrepublik Deutschland, Bild der Wissenschaft 5/83, E. Schweizerbart'sche Verlagsbuchhandlung 1985, BGR Hannover

2.1.3 Geologie, z. B. Geostatistik

Es handelt sich um ein Interpolationsverfahren der mathematischen Geologie, das die geometrische Lage von Proben berücksichtigt. Strukturdaten werden als Modell der räumlichen Variationsfähigkeit dargestellt und erlauben in rechenintensiven Verfahren die Verprobung von Datensatz und Modell. Optimale lineare Schätzwerte und deren Schätz-

varianz werden ermittelt. Strukturmodelle lassen sich auch auf andere nicht so gut ver-
probte oder in Teilbereichen nicht zugängliche Felder ausdehnen und erlauben durch
gezielte aber begrenzte Probenahme eine erhebliche Verbesserung des Modells oder der
Daten. Die Darstellung beliebiger Schnitte durch stufenlose Intensitätszuordnungen und
die Überlagerung von Varianz und Wert liefern ein gutes Abbild der Datenstruktur.

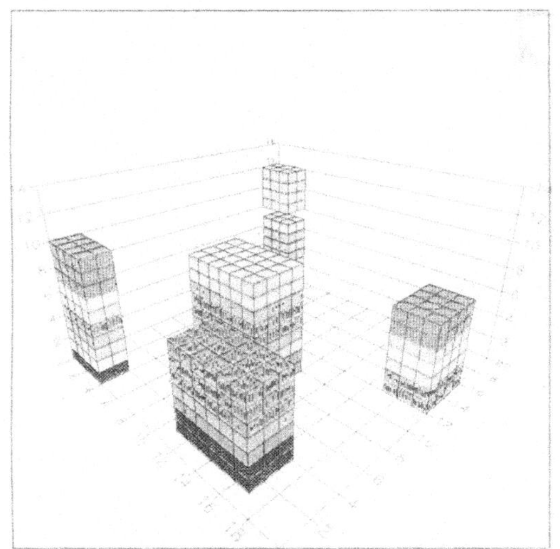

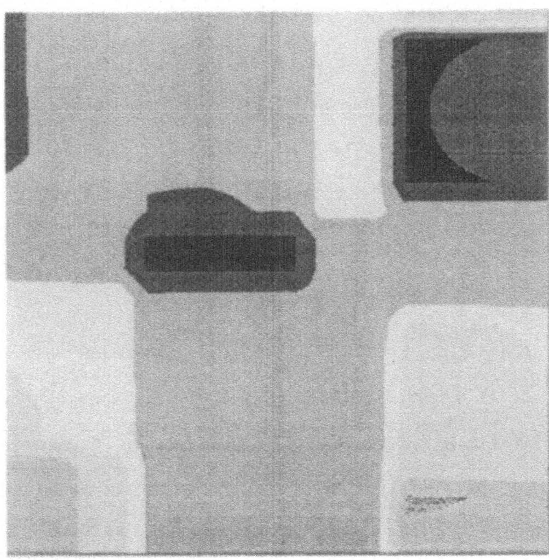

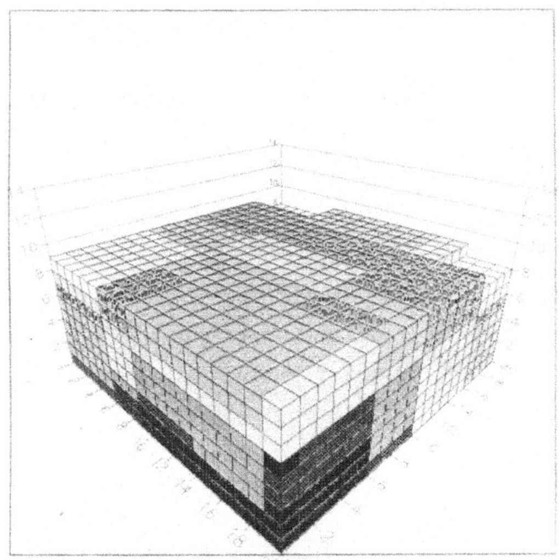

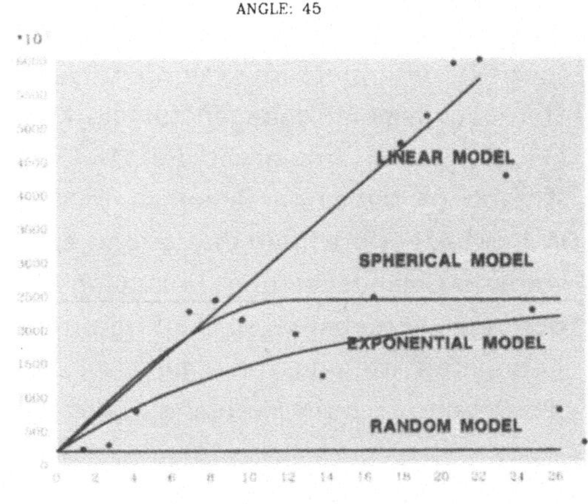

Abb. 3: Bohrungen und die Interpolation der
Werte erlauben mit definierter Aussagesicherheit Aufschluß über das
eingeschlossene Volumen.

Beliebige Schnitte sind möglich und der
Schnittwinkel, z. B. 45° bestimmt das
Variations-Modell.
Quelle: UNIRAS GmbH

2.1.4 Geophysik, z. B. Exploration und "Lagerstätten"simulation

Auch anthropomorphe Lagerstätten lassen sich mit eingeführten Werkzeugen und Modellen bearbeiten. Die Medien mögen andere Charakteristika haben, aber Druckverteilungen, Fließrichtung und Porösität sind hier wie dort ausschlaggebend.

"End"lagerstätten sind ebenfalls ein Thema, an dem der heutige Umweltschutz in bezug auf Dichtigkeit, Verhalten unter Druck, Temperatur, Alterung etc. interessiert ist.

Die Kenntnis der Stoffeigenschaften und des Verhaltens bei Phasenübergängen und Medienbrüchen ermöglicht komplexe Berechnungen und Simulationen. Die Erfahrung bei der Erschließung von Erdöl und -gas kann genutzt werden, um Reaktionen, z. B. in einer Deponie, abschätzen zu können.

Komplexere Berechnungen und Blockdarstellungen helfen Annahmen, Volumenberechnungen etc. mit größerer Genauigkeit durchzuführen und anschaulich darzustellen.

2.1.5 Geodäsie und Photogrammetrie
2.1.5.1 Nah- und Fernerkundung

Optische oder digitale Aufnahme, Maßstab, ebene oder räumliche Auswertung und viele weitere Kriterien bestimmen die Wahl der Meßmethode. Selbst wenn die Spektralauswertung, seit kurzem auch die Radaraufnahme oder Hochleistungsoptik, erstaunliche Resultate liefert und nachgeschaltete Mustererkennung große Interpretationshilfen leistet, ist der Objektabstand ausschlaggebend. Verfügbarkeit, wiederkehrende Befliegung, Kosten und großräumiges Erfassen sprechen für die Satellitenaufnahmen, spezielle Interpretationsanforderungen, Detailgenauigkeit und die standardmäßige Stereoauswertung dagegen für die konventionelle Befliegung. Eine weitere Genauigkeitssteigerung ermöglicht die "Tief"erkundung mit speziellen Flugzeugen und Hubschraubern. Neben der Areomagnetik zum Aufschluß von Deponien soll speziell auf die Waldschadensforschung in erosionsgefährdeten Hochgebirgslagen aufmerksam gemacht werden. Geländeneigung, Unzugänglichkeit und Witterung stellen hier extreme Anforderungen. Ergebnisse solcher Naturraumkartierung zeigen, daß nicht nur durch die geringere Witterungsabhängigkeit Kosten/Nutzen/Zeit/Homogenitäts-Vorteile gegenüber der Ortsansprache im Flachland zu verzeichnen sind.

2.1.5.2 Digitale Geländemodelle

Farbliches Anlegen hilft, die Exposition von Flächen nicht nur für Ausbreitungsmodelle/ -darstellungen herauszuarbeiten. Der Ein- oder Austrag, auf die jeweilige Geländefläche bezogen, wirkt anschaulich. Durch die Hinterlegung digitaler Geländemodelle kann die Gesamtsituation noch besser beurteilt werden. Für geo-ökologische, bodenkundliche, hydrologische und geomorphologische Fragestellungen, wie der Oberflächengestaltung/ -entwicklung, kann somit in manchen Fällen auf ein physisches Modell verzichtet werden.

2.1.5.3 *Geographische Informationssysteme*

Dies sind raumbezogene Informationsysteme mit entsprechender Datenhaltung und Abfragemöglichkeiten. Nach ersten Modellierungen in militärischen Anwendungen und der Angewandten Geographie ergibt sich heute ein Spektrum möglicher Anwendungen vom Leitungskataster, Katastrophenschutz bis zu Marktinformationssystemen. Umweltanwendungen fordern Daten aus all diesen Bereichen ab und müssen sich deshalb noch weiter als die Stadt- und Regionalplanung in diesen unterschiedlichsten Disziplinen bewegen.

Da nicht einmal oberflächlich zu solchen GIS-Geografischen Informationssystemen etwas in diesem Rahmen ausgesagt werden kann, sei auf die Monographien „on Soil and Resources Survey" No 12, siehe P.A. Burrough, Principles of Geographical Information Systems for Land Resources Assessment, im Schrifttum hingewiesen.

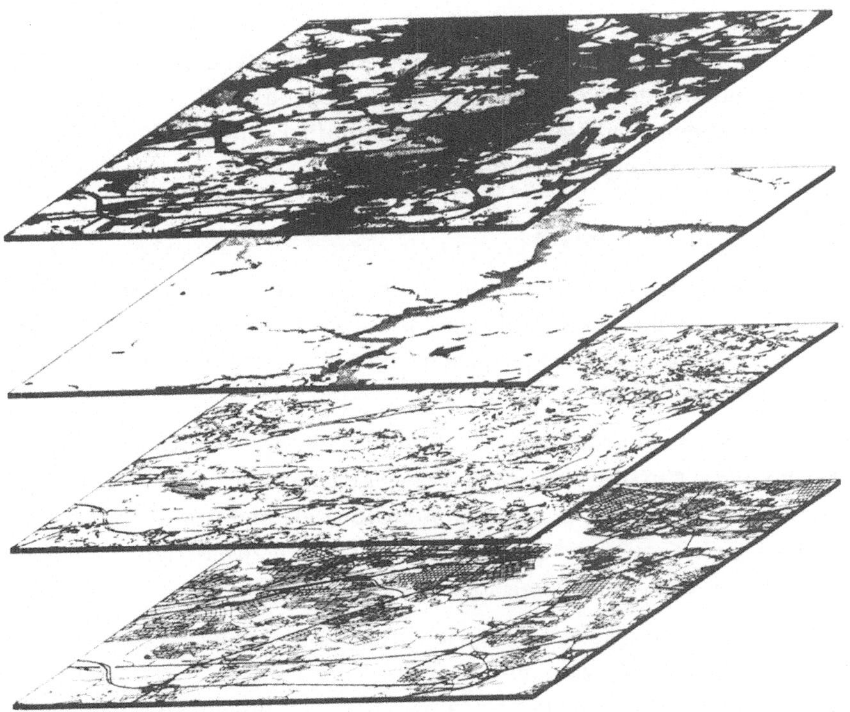

Abb. 4:   Nutzungsarten, Feuchtgebiete, Topographie und Infrastruktur. Ausgewählte Aspekte der Umwelt. Quelle: ESRI GmbH

3. Technische Funktionen und menschliche Fähigkeiten

3.1 *Basistechnologien*

Im Umweltschutz werden hohe Anforderungen an unsere Daten- und Kommunikationstechnologien gestellt. Die Komplexität, fachübergreifende Thematik und die Notwendigkeit, aus Chaos Ursachen auszufiltern, lassen uns nach neuen Werkzeugen Ausschau halten. Computer Grafik ist nur eines der vielversprechenden neuen Werkzeuge. Im Umweltbereich führen uns Datenmengen, deren Übertragung, Verarbeitung und Darstellung nahe an die Leistungsgrenze der Informationstechnik. Such- und Auswertungsstrategien sind gefragt, um die Datenflut begrenzen, wichtiges schneller erkennen und Redundanz erst gar nicht aufkommen zu lassen. Gerichtete Suche und gewichtete Speicherung sollten uns helfen, unsere Grenzen in der Preis/Leistungsfähigkeit nicht überzustrapazieren.

Die vielbeschworenen Hardware-, Software-, Datenspeicherungs- und Datenkommunikations-Technologien sind sinnvoll durch die Darstellungstechnologien zu erweitern, wobei der Nutzen in den Eingriffsmöglichkeiten, der Orientierung und Zuordnung bisher nicht in Bezug gebrachter Strukturen besteht. Die Rasterdarstellung bietet neben der Bildverarbeitung und Mustererkennung weitere grundlegende Funktionen, die physische Modelle oft ersetzen können. Die Vektor- oder Liniengrafik kann von ihren Möglichkeiten her als Untermenge der Rastergrafik verstanden werden.

3.2 *Linien oder Flächengrafik?*

Punkt-, linien- oder flächenbezogene Daten sind zu verwalten und darzustellen. Dafür bietet sich zuerst die Vektorgrafik an. Sie ist eine automatisierte Schreibfunktion; eine Technik, einfache Linienzüge, Schriften und Schraffuren aus Punkt- und Strichkombinationen zusammenzusetzen.

Die Rastergrafik liefert Flächenfüllungen und Grau- oder Farbwertverläufe und beinhaltet mehr als nur das Einfärben/Kolorieren. Die mögliche hohe Rasterauflösung erlaubt die Darstellung von Liniengrafik, die Kombination von Text und Grafik, die jeweilige Umsetzung über Tabellen in Grau- und Farbwerte, z. B. für Schwarzweiß- oder Farbdruck, und die Verknüpfung von Punkt- oder Bereichsdaten mit Attributen.

Die Rastertechnologie gestattet z. B. den programmgesteuerten Aufbau eines Bildes. Durch additive Farbmischung wird der durch den Vordergrund überschriebene Hintergrund kenntlich gemacht. Verdecktes wird überlagert und erlaubt so räumliche perspektivische Darstellungen ohne Berechnung der Tiefe oder Entfernung zum Betrachter (Dolchstoß-, d. h. hidden line, hidden-surface-Algorithmen). Da die Gerätetechnologie additive oder subtraktive Farbskalen verwendet, bleibt die Farbtonveränderung nach "Augenmaß" ein Problem. Die HLS-Skala liefert entsprechend unserer Farbwahrnehmung Orientierung und hilft somit "ergonomisch" den Farbraum zu beherrschen.

Differenzierungsmöglichkeiten können entsprechend der Fähigkeit des Menschen, Unterschiede und Strukturen erkennen zu können, berücksichtigt werden. Veränderungen lassen sich durch entsprechende Farb-(Grauwert)verläufe und -abstufungen darstellen. Thematische Darstellungen überlagern die Situation!

Wichtig erscheint es, das jeweils geeignete Eingabe-, Bearbeitungs- und Ausgabegerät benutzen zu können. Die manuelle Erfassung liefert z. B. weniger, evtl. ungenauere, aber dafür logisch strukturierte Daten. Das automatische Digitalisieren/Scannen liefert massenhaft Daten, doch die Reduktion und Erkennung von Linienzügen, Text und Signaturen verspricht in den nächsten Jahren bei gewissen Aufgaben einen Vorteil bei der Massendatenerfassung. Qualität und Kosten bestimmen auch die Wahl der Ein- und Ausgabegeräte. Anforderungen wie Farbe, Text- und Grafikkombination und die Verfügbarkeit von Rastergeräten in völlig neuen Preis/Leistungs-Kategorien zwingen zur Beobachtung des sich rasch wandelnden Angebots. Strichgrafik läßt sich auch als Rasterfeld darstellen. Es ist alles nur eine Frage der Auflösung und der Rechenzeit. Punktraster aber auf Linienzüge zu reduzieren, ist nicht möglich. In der Mustererkennung werden Äquidensiten oder andere Bereiche gleicher Dichte erkannt. Die ursprüngliche Informationsdichte wird zugunsten erkannter Strukturen oder Bereiche erheblich reduziert. Dieser Prozeß ist nicht umkehrbar, und somit muß die Liniendarstellung (Vektorgrafik) als untergeordnete Darstellungsform und natürlich in vielen Fällen ausreichende und billigere Technik verstanden werden.

3.3 Farbgrafik und Farbphänomene

Wissenschaftler, Psychologen und Künstler definieren Farbe jeweils anders. Farbe kann einem Spektralbereich zugeordnet oder als Mischungsverhältnis von Grundfarben angegeben werden. Doch ohne Medium, Material und Licht nehmen wir Farbe nicht wahr und die *Wahr*-scheinlichkeit, daß dieselbe Anordnung unterschiedlich *wahr*-genommen wird, ist groß. Additive und subtraktive Farbskalen (RGB,CMY) oder Grauwertskalen (S/W oder W/S) sind durch die Gerätetechnologien vorgegeben. Sie eignen sich aber nur begrenzt für die Beschreibung und damit für die "ergonomischen" Änderungen. Da Intensitätspaletten durch Rechner umgesetzt werden können, empfiehlt es sich, Farben oder Grauwerte so zu definieren, wie sie vom Menschen wahrgenommen und unterschieden werden, nämlich nach ihrer Intensität/Helligkeit/Kontrast (Hellbezugswert verglichen mit Normalweiß), ihrem Farbton (dominierender Wellenlänge) und ihrer Sättigung (Reinheit, spektraler Farbanteil) (nach v. Helmholtz, Ende des 19. Jahrhunderts, definiert). Eine erste Vereinbarung wurde 1931 als CIE-xyz Norm (Commission Internationale de l'Eclairage), dem RGB-System, eingeführt. Alternativ dazu konnte sich 1961 die Norm CIE-UCS (Uniform Color Space), die von einer gleichförmigen Verteilung der Farben ausgeht, durchsetzen. [UCS oder u,v,L hue, saturation, luminance oder lightness].

Entsprechend den unterschiedlichen Anforderungen, z. B. in der Druckindustrie, und mit dem Ziel einer „objektiven, reproduzierbaren" Definition von Farbe setzen sich weitere Modelle durch. Sie bauen in der Regel auf dem Roods'schen Doppelkegel oder dem

Farbbaum bzw. der Farbkugel nach Munsell auf. Die Farbwahrnehmung als Interaktion von Licht, Materie und Retina sowie der Übertragungs- und Speicherungsmedien (Bildschirm und Ausgabe) bleibt aber subjektiv.

Wie groß eine Farbtabelle sein kann, wie sie von welchem Gerät umgesetzt wird, oder ob die direkte Definition der Farben bei 32-bit Tiefe pro Bildpunkt vorzuziehen ist etc. sind Fragen, die nur im Einklang mit den Anwendungsanforderungen und technischen Möglichkeiten beantwortet werden können. Sind z. B. drei Datenklassen durch die Farbvariablen auszudrücken, können nicht nur Beziehungen und Strukturen, sondern auch neue Datenkategorien sichtbar werden. Wird z. B. der Farbton für die jeweiligen Nutzungsklassifikationen benutzt, kann die Intensität / Helligkeit (Schattierungen) die Oberflächenbeschaffenheit darstellen und eine Sättigung proportional zur Höhenlage festgelegt werden. Die gesättigten Bereiche ab xy Meter über NN werden so herausgehoben/deutlich. Die Sättigung wird auch gerne zur Darstellung athmosphärischer Effekte wie Dunst, Nebel oder Wolken durch Zugabe weißen Lichts verwendet.

Farbe übt eine starke Wirkung auf die Umgebung aus. Die Farbharmonie als Bezug der Farben untereinander spielt neben der Kontrastwahl eine große Rolle. Warme Farben erscheinen mehr im Vordergrund und aktiv; kalte Farben dagegen eher passiv und zurückgesetzt.

3.4 Der Mensch als Informationsverarbeiter

Der Prozeß der menschlichen Verarbeitung ist zu einem großen Teil abhängig von seiner visuellen Aufbereitung und dem jeweiligen individuellen Zugang. "Ein Bild sagt 10.000 Worte", sagen die Chinesen, doch der Inhalt wirkt nicht auf jeden Betrachter "ansteckend".

Wan yen I hua　　　万言一画

10.000 Worte 1 Bild

Wan li wan shu　　　万里万書

10.000 Meilen 10.000 Bücher

Die übermittelte Bildinformationstiefe entspricht der individuellen Fähigkeit wiederzuerkennen und zu assoziieren. Hilfsmittel zur Aufbereitung und Reduzierung liefert nicht nur die Statistik, sondern auch das jeweilige Darstellungsverfahren.

Beispielhaft für eine interessante Kombination von Datenanalyse-Grafik sei auf die mehraxige Darstellung qualitativer und quantitativer Beziehungen hingewiesen, die eine extreme Datenkompression erlauben. Solche schiefwinkligen Streudiagramme zeigen Präferenzen oder Substitutionsbeziehungen auf und bieten durch die Gruppierung interessante Analyse- und Interpretationsmöglichkeiten. Dem Fachmann sagen diese Darstellungen vielleicht sogar mehr als tausend Worte.

Gestalt- oder Strukturwahrnehmung setzen neben Orts- und Sachkenntnis auch Intuition und Übung voraus. Die Kategorien Raum und Zeit sind hierbei ganz selbstverständliche Rahmen und Richtschnüre unserer Denkgewohnheiten. Ob zuerst Auge oder Gehirn entstand, bleibt ein beliebter akademischer Streitpunkt. Eine neue Qualität entsteht, wenn nun imaginäre Blickrichtungen und Ausschnitte gewählt werden können.

Die Versuchung, durch bewegte Bilder noch mehr Informationen zu übermitteln, ist groß. Doch die Tiefe bzw. der Inhalt des technisch Machbaren ist nicht vermittelbar. Auch hier gibt es einen Grenznutzen, und man sollte der Qualität der Darstellungen den Vorzug geben. Überfluß an Videobildern macht schläfrig und ist somit ein Anzeichen für das Abschalten von Bewußtsein und Interesse. Studien über die maximale Aufnahme-Auflösungsfähigkeit des Menschen helfen da nicht weiter. Kommunikation bedarf eines Empfängers; die "Wellenlänge" der Sendung bestimmt das individuelle Interesse und eine Überladung führt früh zur Abstumpfung. Ein Zuviel an Farben, keine Farbharmonie, die Beleuchtung, der Hintergrund,... viele Faktoren bestimmen, ob Verwirrung oder *Erleuchtung* nach der Betrachtung eintritt. Den Inhalt auf ein Minimum zu beschränken ist ein Weg, der andere ist Darstellung als Kunst zu betrachten, die nicht jedem gegeben ist. Eine Beschränkung wie in der Schriftsprache auf Einfachsätze verringert sicher nur das Aufnahmevermögen und behindert das notwendige Training, Strukturen und Ähnlichkeiten durch Augenschein zu sichten. Die Gefahr ist groß, daß die Strukturen durch mangelndes Training keine Fragen aufwerfen, und somit Clusteranalysen als alleiniges Werkzeug zur Bearbeitung komplexer Situationen angesehen werden.

3.5 *Visuelle Demagogie*

Mächtige Hilfsmittel lassen sich besonders wirksam mißbrauchen. In der Geschäftsgrafik wurde schon früh ein Kodex entwickelt, um unprofessionelle Manipulationen zu ächten. Unter der Maßgabe, daß wir von datenhinterlegter Grafik reden, Infografique wie die Franzosen sagen, dürfen diese originären Daten nicht geändert werden; sie sind schätzenswert. Im Gegensatz hierzu erstellt künstlerische Grafik bunte Bilder ohne Anspruch auf Datenpräsentation und Bezug. Daß *bunt auf weiß* leicht für wahr genommen wird, zeigen Studien, die eine Testgruppe durch entsprechende Grafik jeweils zu den vorhergesagten Entscheidungen verleiteten. Durch Farbe, räumliche Darstellung und integrierte optische und digitale Bilder wird dieser Vertrauensvorschuß weiter untermauert.

Im Kodexentwurf von 1964 heißt es: "Die Darstellung soll nicht aus positivem oder negativem Blickwinkel erfolgen. Heraushebung, Kombination oder Auslöschung von Daten ist zu verhindern!"

Neben der Datentreue wird die Farbwahl und -harmonie immer wichtiger. Emotionen wie Abneigung, Interesse und Unruhe lassen sich einstreuen. Höchstwerte in schreienden Farben alarmieren, wo es nichts zu warnen gibt oder bleiben im unteren Ende der Skala der warmen Töne und beruhigen. Helles erscheint größer und im Vordergrund usw., alles "Weisheiten", die die Künste z. T. auch intuitiv beherrschen. Der Unterschied liegt in der quasi spielerischen Umsetzung mittels einer Farbtabelle in eine völlig andere, vielleicht Ablehnung provozierende Aussage. Farbmanipulationen wurden in der obigen Verhaltensrichtschnur noch nicht berücksichtigt.

Infografik, *schwarz auf weiß* oder besser *bunt (farbig) auf weiß*, schafft eine scheinbare Sicherheit, die auch zur Entscheidungsbeeinflussung genutzt werden kann. Datenintegrität und Farbpsychologie sind hier die Themen. Wir brauchen wirksame Werkzeuge mit Gebrauchsanleitung, um den Problemen unserer Umwelt in Grau-/ Farbabstufungen näherzukommen. Datenbestände finden wir überall. Deren Bewertung und Austausch, nicht das Verstecken von Daten, weil plötzlich Zusammenhänge durchsichtig werden, ist das Mandat der Stunde. Daß die entsprechende Präsentation Entscheidungen vorwegnehmen kann, zeigt, daß wir für *wahr* nehmen, was wir *wahrnehmen*.

4. Schlußsatz

Grundlegende Bausteine der Bestandserhebung und -verwaltung, wie Datenbanken sowie die Lösungsqualität für die jeweilige Fragestellung und die "Verträglichkeit" des Ansatzes mit anderen Daten-Umwelten, können in diesem Beitrag nicht behandelt werden. Grafik darf nicht als nachgeordnete, aber auch nicht als Basislösung betrachtet werden.

Obige Anwendungsmöglichkeiten sollen sich einprägen und anschaulich sein, damit Inhalt und Besonderheiten *"ins Auge springen"* und Weiterbeschäftigung angeregt wird. Grafik hätte nicht die oben angeführten Qualitäten, wenn der Text mit ihr gleichziehen könnte. Lösungen und Ansätze, *farbig auf weiß*, finden sich in den angegebenen Publikationen.

(Computer-)Grafik unterstützt die fundamentalen kognitiven Fähigkeiten des Menschen. *Wahr-nehmen*, *er-kennen* und *unter-scheiden*. In ihr stecken Nachrichten zum *nach-richten* und *voraus-schauen*. Die grundlegenden Informationen sind vorhanden, nur in der Regel nicht gesichtet worden. Begriffe und Definitionen der Sprache als Ursache von Mißverständnissen können bei der Grafik auf ein Minimum reduziert werden. Das räumlich/strukturelle Erfassen spricht direkt unseren Bewegungssinn an, wir er-fahren durch ab-fahren, ver-weilen und springen in einem Bild mit individuellem *Fortschritt* und *Vorgehen*. Nachvollzogen werden Sachverhalte erfahrbar und müssen deshalb immer einfach und begreifbar übermittelt werden. Modelle und Expertensysteme helfen, Erfahrungen zu machen und zu verknüpfen. Nur der Bezug und die Regeln sind nicht durchsichtig, sie sind genauso komplex wie das, was sie beschreiben wollen, und somit schwer nachvollziehbar. Ein Paradigma kann es für Verständnisprozesse nicht geben. Der Vollzug hängt aber von der Vermittelbarkeit ab, z. B. in der Kommunalpolitik. Grafik hat Auslöser und Vermittlerfunktion, sie erlaubt *teil-zu-haben*. Je *bild-hafter* die Sprache, desto konkreter und somit reproduzierbarer kommt die Mit-*teilung* an. Mit fortschreitender Abstraktion schleichen sich Synonyme und Ungenauigkeiten ein.

Eine Korrumpierung des Vertrauensvorschusses Eindrucksbild, denn es heißt doch "es sehen, es glauben", ist nicht auszuschließen. Doch solange uns Ursprung und Aussagesicherheit von Daten heilig sind, kann nachvollzogen, verglichen und begriffen werden. Sprache kann abstrahieren, das Bild und die Darstellung komprimieren Informationen.

Man sollte aber deshalb nicht mit M.C. Escher sagen, daß zeichnen oder darstellen, sobald eine weitere Dimension ins Spiel kommt, Täuschung ist. Grafik bietet Chancen; mit ihr können unsere Intuition, unser Gefühl für Proportionen und Harmonie gefordert werden. Aus Strukturkenntnis kann übergeordnete Sachkenntnis erwachsen. Sie kann uns lehren, uns auf professionelles „Gefühl" zu verlassen und einmal mehr nachzufassen, wenn es uns *„zu bunt"* wird/vorkommt.

Literatur

H. Lee, G. Wade; Imaging Technology, IEEE Press,1985

M. Jern; The Raster Graphics Approach to mapping, Arctic Views on Computer Graphics, Pergamon Press 1986

L. Gericke, K. Schöne; Das Phänomen Farbe, Zur Geschichte und Theorie Ihrer Anwendung, Henschelverlag 1973

P. A. Burrough; Principles of Geographic Information Systems for Land Resources Assessment, Oxford Science Publ.,1986

H. Steffen, H. Benking; Computer Graphics for the Processing, Analysis and Output of Corporate and Market Data, Berlin, CAMP '85

H. Benking; Präsentation und Technik, INFOGRAFIK 3/87

H. R. Bork, H. Rohdenburg; Transferable Parameterization Methods for Hydrological and Agroecological Catchment Models, Catena Verlag `86

J. Dangermond; A review of digital data commonly available and some of the practical problems of entering them into a GIS, ESRI-paper Redlands CA `87

Dataquest Research Newsletter, CAD or GIS for Mapping, URISA conference magnifies hightened interest in GIS, 12/87

E. Forrest, J. Robinson; FM and AEC Newsletters and The Intelligent Infrastructure Report and Facility Manager Definition, Facilities Management Newsletter May '85

Delft Hydraulics Laboratory, Mathematical model development, marine polution research control, et al , hydromag 10/86

J. Stokes; A monoplotter for the digital imaging system GOP-300, Royal Institute. o. Techn., Stockholm, Int. J. Imag. Sens. IGS '87

H. Benking; UNIRAS Modulares Vektor- und Raster Grafiksoftwaresystem, IBM Hochschulkongress, Lehre & Forschung, Berlin 7/87

H. Fauth, U. Siewers; Bäche- von der Natur selbst belastet. Die erste deutsche Wasserkarte, Bild der Wissenschaft 5/83

H. Fauth, R. Windel, U. Siewers & J. Zinner; Geochemischer Atlas der Bundesrepublik Deutschland, E.Schweizerbart'sche Verlagsbuchhandlung 1985

Prof. Skala, G. Osterkamp, M. T. Schafmeister-Spirling; Inst. für Math. Geologie FU Berlin, Geostatistische Modelle zur Beurteilung von Auswirkungen von Altablagerungen auf das Grundwasser in Berlin, Berlin Forschungs Bericht 87

J. Zirschky, et al.; Spatial Estimation of Hazardous Waste Site Data, Journal of Environmental Engineering, Vol 11,6

S. Neumann; Role of Geostatistics in Subsurface Hydrology, Geostatistics of Natural Res. Charact., P 2, 787-816, Dodrecht

P. Spillmann; Wasser- und Stoffhaushalt von Abfalldeponien und deren Wirkung auf Gewässer, DFG Forschungsbericht 337S., VCH-Verlag

H. Haferkamp; Das Umwelt-ABC und „Nutzen und Mißbrauch analytischer Werte", TELI Umweltanalytik Sitzung auf der Reisensburg '87

E. Lengfelder, D. Forst; 7. Fachgespräch: Überwachung der Umweltradioktivität, Der Reaktorunfall von Tschernobyl: " Ergebnisse, Erfahrungen, Folgen", Strahlenbiologisches Inst. der Ludwig-Maximilians-Universität München, 11/87

Z. Heinemann, O. Krampf; Verwendung von Numerischen Erdöl- Lagerstättensimulatoren für die Berechnung von Grundwasserströmungen; u.a. Projekte zur Aquifer- und Grundwassermodellierung /-simulation, Montanuniversität Leoben, HOT-Engineering Ges. mbH und Forschungsgesellschaft Joanneum, 12/87 und 5/875

Raster/Vektor-Datenverarbeitung

W. Gillessen, J. Kastner

Zusammenfassung

Auf digitalen Geländedaten beruhende Informationssysteme bieten die Möglichkeit, Wechselwirkungen von Vorhaben und Umwelt zu untersuchen und darzustellen. Die Anwendungsbereiche erstrecken sich von der Standortplanung für Großbauten über Umweltverträglichkeitsprüfungen bis hin zu Klima- und Schadstofftransportuntersuchungen.

Die meisten ökologischen, raumwirksamen Planungen benötigen als Datenbasis sowohl Rasterdaten (Höhenmodell, Flächennutzungen eventuell aus Fernerkundungsdaten, Geologie etc.) als auch Vektordaten (Grenzen, Trassenverläufe, ...). Moderne Scanner wie auch Ausgabesysteme arbeiten zumeist rasterorientiert.

Eine zeitgenmäße Software für die Umweltplanungsaufgabe muß demnach beide Bereiche abdecken und den wechselseitigen Übergang sicherstellen.

Bausteine und Anwendungen eines solchen IS (Informationssystems) werden vorgestellt, wobei kostengünstige PC-Lösungen neben teuren Hardware-Systemen diskutiert werden.

1. Das Ziel der Umweltinformatik:
Tools zur Beantwortung der Frage nach dem "Was wäre wenn?"

Das Spektrum der abzubildenden Systeme reicht von weltwirtschaftlichen Zusammenhängen bis hin zu mikroskopischen Verhalten des Bentos etwa gegenüber Ölverschmutzung.

Auch juristische Gegebenheiten und EG-Verträge müßten abgebildet werden, etwa wenn es in den EG-Agrarleitsätzen heißt: "Der Besitzstand der Bauern ist zu wahren und weiterzuentwickeln".

Der Entscheidungsträger auf EG-, nationaler, landes-, regionaler, Stadt-, Kommunalebene will, basierend auf Daten, Modellen, HW, SW rasch Unterstützung erhalten für seine umweltplanerische Fragestellung.

2. Umweltinformationssysteme und Geo-Informationssysteme (GIS)

Die GIS sollen als ein Baustein der Umweltinformationssysteme verstanden werden. Stoffdatenbanken, etwa die DABAWAS (Datenbank wassergefährdender Stoffe), wie sie von UBA aufgebaut, gepflegt und angeboten werden, werden in diesem Vortrag nicht weiter behandelt.

Die deterministischen oder statistischen Modelle, die auf GIS zugreifen, müssen die Verzahnung mit den betreffenden (und aufzubauenden) Stoffdatenbeständen sicherstellen.

Thema dieses Vortrags sind GIS oder Landschaft IS, die

- die Erfassung
- die Handhabung, Fortführung, Pflege
- die Auswertung
- die Darstellung

von großen Datenbeständen mit geographischem Bezug in, auf und über der Erde, mit Inhalten von der Grundwasserergiebigkeit über die Bevölkerungszahl, bis hin zu Hochspannungsleitungen und 3h-Wetterszenarien behandelt.

3. Die DV-Werkzeuge

Die HW-Palette reicht von

> 16 bit PCs mit MS-DOS über
> 32 bit workstations mit SINIX, UNIX oder VMS-Betriebssystemen
> bis hin zu Mainframes;

die Erfassungsseite wird mit Digitalisiertischen, Scannern und Videosystemen abgedeckt; Ausgabeseitig stehen eine Vielzahl von Farbmonitoren mit unterschiedlichen Graphikcontrollern (Bitplantechnik) und Farbhardcopy-Möglichkeiten zur Verfügung.

Die drastische Reduzierung der Kosten für Massenspeicherkapazität kommt diesem Arbeitsgebiet zu gute. Heute stehen 600 MB Winchesterplatten zu etwa DM 25.000,-- zur Verfügung und optische Speicher mit Gigabytekapazität werden angeboten.

Schwierigkeiten bereitet das Software-Angebot, da hier außer für Spezialanwendungen kein benutzerfreundliches Komplettsystem vorliegt. Die Hersteller versuchen ihre Graphikpakete anzubieten ohne sich mit Nachdruck der Umwelt-/Geo-Informationssystem-Aufgabe anzunehmen. Diese Graphik-Software wurde für Anwendungen im Katasterwesen, der Landesvermessung oder für Energieversorgungsunternehmen entwickelt. Damals war der Massenspeicher knapp und teuer.

Beispiele derartiger Softwareprodukte sind die Hardware-/Softwaresyteme:
- von Siemens SICAD,
- das Intergraphsystem
- sowie die mehr hardwareunabhängige Software von ESRI oder der GIAP (GKS).

Alle diese vier Pakete arbeiten rein vektororientiert.
Einige Anbieter erkennen allerdings zunehmend die Umwelt-Planungsaufgabe als Markt. Ein Beispiel hierfür sind die Aktivitäten von Siemens-SICAD zum Thema "Hybride-Graphik", wo die alte Vektorwelt mit der Rasterdatenwelt zusammengeführt werden soll.

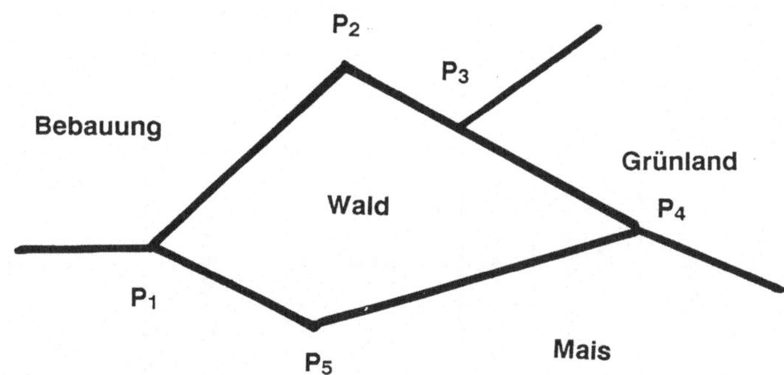

Wald:	$(X_1,Y_1) , \ldots , (X_n,Y_n)$	geschlossener Polygon
oder		
Wald:	P_1 (Code Wald, Code ...) : (X_1,Y_1), (X_2,Y_2)	
	P_2 (Code Wald, Code ...) : (X_2,Y_2), (X_3,Y_3)	

$$\vdots$$

P_n (Code Wald, Code ...) : (X_n,Y_n), (X_1,Y_1)

Rasterdatenbasissoftware ("RDB")

In der Abteilung für Geländedatenverarbeitung der IABG wurde in den letzten 3 Jahren ein Softwarepaket erstellt zum Aufbau und zur Handhabung von Rasterdaten. Diese Software ist in "C" geschrieben und wurde bereits auf SINIX, UNIX, VMS und sogar in reduzierter Form auf MS-DOS Systemen implementiert.

Beispiele der damit verwalteten Daten:
- Höhendaten (DHM - BRD etwa 1200 MB)
- Flächennutzungsdaten/Umweltdaten
- gescannte Orthophotos
- Satellitendaten (mit Mosaiking)
- gescannte Landkarten (mit Mosaiking), sowohl im Maßstab 1:250 000 als auch 1:50 000 auf optischen Speichermedien.

Diese Software kann bei IABG bezogen werden, soweit sie für UNIX, VMS oder MS-DOS - Rechner benötigt wird. Die Vertriebsrechte für SINIX-Rechner liegen bei Siemens-SICAD.
Diese Software stellt Punkt-, Strahl- und Flächenzugriffsroutinen zur Verfügung, so daß der jeweiligen Anwendersoftware die Datenverwaltung abgenommen wird.

Zusätzlich wurden auch Programme zur Raster ---> Vektorkonvertierung von uns entwickelt.

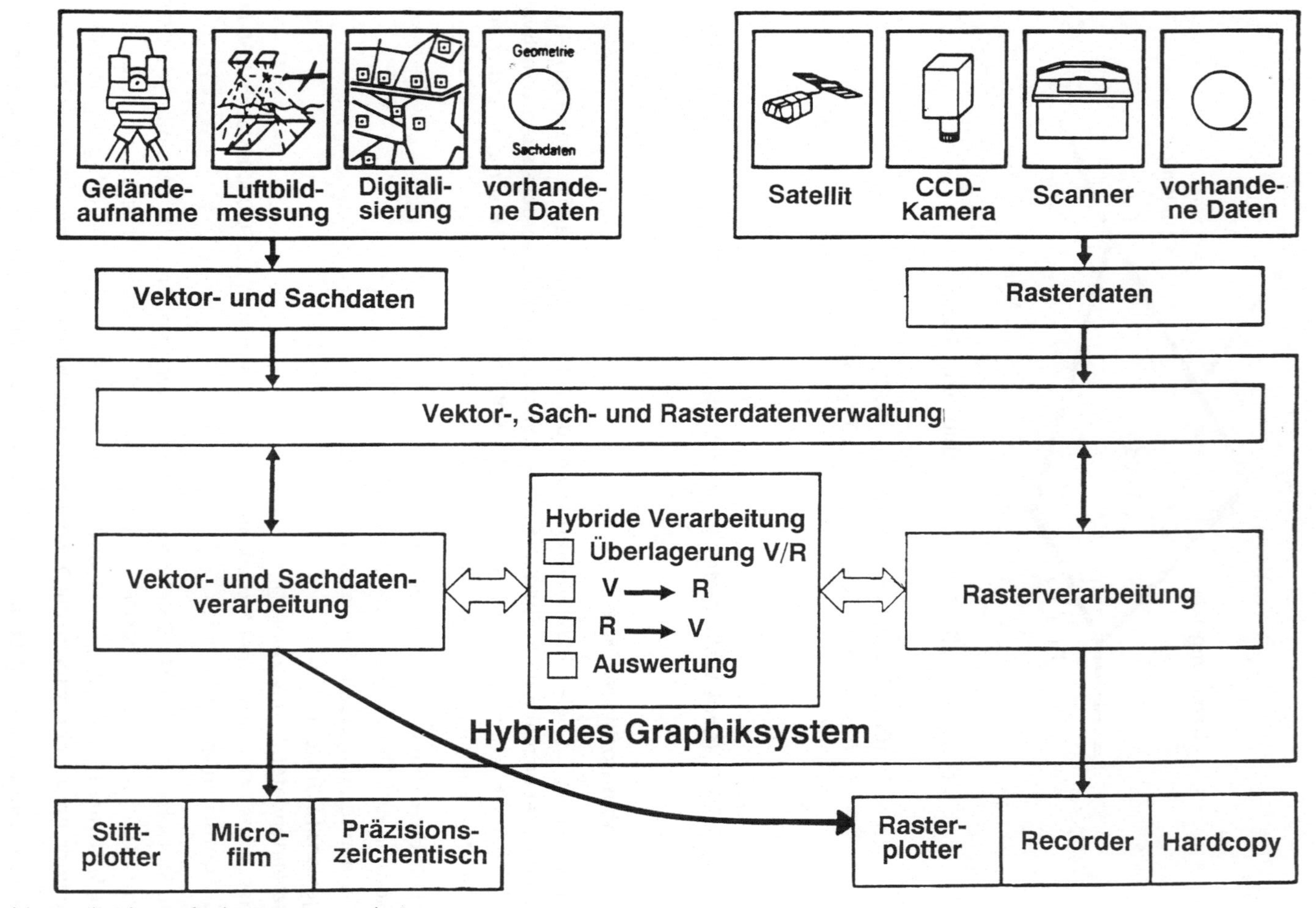

Abb: Hybride grafische Datenverarbeitung

4. Ein wesentlicher Baustein eines Umwelt-/ Geo-/Informationssystems: VERSCHNEIDUNG und BEWERTUNG

Diese wichtigen Bausteine sollen am Beispiel der Berechnung der Erosionsgefährdung erläutert werden.

Als Ausgangsdatenbestände dienten:

A   das digitale Höhenmodell (12 bit)
    Rasterung 12.7 m erfaßt aus 1:25 000 oder 1:5000 Karten oder gar aus Stereoluftbildern

B   die Bodendatei (mit Geologie) aus Karten, gestützt durch Laboruntersuchungen der Korngröße, Erodibilität des Bodens

C   die Gemeindebodennutzungserhebung oder Daten der Agrarleitplanung oder am besten die Bodennutzung aus Farbluftbildern

D   die Wetterdaten: 3h- Wettermeldungen mit der Stationskennziffernkarte der Wetterlage, eines Jahres oder zumindest des Frühjahrs/ Sommers eines Jahres.

Daraus abgeleitete Datensätze:

aus A   - die Hangneigungsdatei (Differentialoperator angewandt auf die Höhendatei)
               - die Hanglängendatei

aus B und C   - die Daten werden aus Projektsicht umgesetzt in eine bewertete Bodendatei BB sowie in eine bewertete Nutzungsdatei BN

aus D   - werden die Wetterdaten aufsummmiert zu Monats- oder Jahresniederschlagsmengen sowie Starkregenmengen: Maximaler Niederschlag pro Stunde im Zeitraum.

Damit ergeben sich 6 Rasterdateien:
- Hangneigung   in Klassen etwa 1 bis 8
- Hanglänge   in Klassen etwa 1 bis 8
- Boden bewertet   in Klassen etwa 1 bis 4
- Nutzung bewertet   in Klassen 1 bis 4
- Jahresniederschlag   in Klassen 1 bis 8
- Starkregen   in Klassen 1 bis 8.

Die Bewertungssoftware erlaubt die logische Verknüpfung und gewichtete Summenbildung (oder Produktbildung) pro Flächenelement über alle Bitebenen und alle Rasterelemente.

Das Ergebnis ist eine Risiko- oder Gefährdungspotential-Rasterdatei mit i.a. Integerzahlen als Ergebnis pro Pixel.

Die Gewichtung ist Vorgabe des Auftraggebers oder akzeptierter Wissensstand. In unserem Erosionsbeispiel wurde die ABAG = Allgemeine Bodenabtragsgleichung verwendet.

Der Umweltinformatiker stellt das Instrumentariun zur Verfügung.

Die Gewichtung ist oft sehr schwierig und benötigt viele Diskussionen mit dem Auftraggeber und häufig auch Testrechnungen mit diskutierten Bewertungsansätzen. Als Beispiel soll hier die von uns durchgeführte Ökologische Bewertung von 800 km Trassenalternativen dienen. Über die 118 zu erfassenden Merkmaldatenbestände -von dem Grundwasserdargebot, über die Naherholungsgebiete bis zur Biotopkartierung - gab es schnell Einvernehmen; bei der abschliessenden Endbewertung der vier getrennt vorliegenden Merkmale

- Visuelle Beeinträchtigung,
- Lärm,
- Schadstoffe,
- Zerschneidung

gab es die meisten Auseinandersetzungen auf Projektleitungsebene.

An dieser Trassenbewertung kann außerdem das notwendige Zusammenspiel von Vektor- mit Rasterwelt aufgezeigt werden:

- manuelle Polygondigitalisierung der meisten Grundelemente
- Digitalisierung des Trassenverlaufs, um daraus die für die Bewertung wichtigen Abstands- Rasterdateien zu errechnen.

5. Die Zukunft der Umwelt-/Geo-Informationssysteme und die Aufgaben der Geländedatenverarbeitung der IABG

Da die Hardwareentwicklung zunehmend Massendatenverarbeitung und schnelle Farbausgabe unterstützt, Grunddatenbestände zumindest für Mitteleuropa in den nächsten Jahren in Genauigkeiten von 25 m Rasterung oder besser vorliegen werden, das Scannen von Luftbildern sowie die digitale Orthophotoherstellung zunehmend angeboten werden, (leider werden die Landsat oder Spot Satellitendaten zunehmend teuer und für kleine Gebiete fallen lange Wartezeiten an), und Soft- und Hardware zur digitalen Verarbeitung von topographischen und anderen Karten zur Verfügung stehen, wird die Umwelt-Kartographie einen zunehmend wichtigen Stellenwert einnehmen.

Dieses nicht zuletzt, weil der politische Entscheidungsträger die Visualisierung des Ist-Zustandes, des Bewertungsprozesses und der Vorhersage verlangt.

Die jeweiligen Vorteile der Vektor- und Rasterdatenverarbeitung werden miteinander verschmolzen und der Übergang von R - V und V - R muß sichergestellt sein.

Deterministische wie auch statistische Modelle zur Analyse und Vorhersage auf Basis von (geographischen) Datenbeständen werden zunehmend benötigt.

Die Schnittstellen- Standardisierungsproblematik (ähnlich GKS 2C als Standard in der Vektorgraphik) sowie die Bereitstellung benutzerfreundlicher Tools auf dezentralen Umwelt-Planungsworkstations werden einen breiten Raum einnehmen für den Umwelt-informatiker.

Die Geländedatenverarbeitung der IABG wird weiterhin einen Forschungs- und Entwicklungsbeitrag auf diesem Arbeitsgebiet leisten, wobei unsere Schwerpunkte auf

- der Durchführung von Projekten und der Produktentwicklung auf den Gebieten der
  - Umweltkartographie
  - geographischen Massendatenverarbeitung
  - Rasterdatenbasissoftware
  - Weiterentwicklung unseres Editors für Vektor-/Rasterdaten EVERA
  - Raster- Vektorkonvertierung
  - digitale Orthophotoerstellung
  - Erzeugung digitaler aktueller Landkarten aus topographischen Daten, Karten
    sowie Luftbild-/Satellitendaten
  - 3-D Simulation
  - Verschneidung und Bewertung

liegen.

Als herstellerunabhängiges Softwarehaus, das schwerpunktmäßig für öffentliche Auftraggeber arbeitet, werden wir im wesentlichen in der UNIX - Umgebung unsere Weiterentwicklungen betreiben.

Wir sind an einer Zusammenarbeit mit Hochschulen, Fachhochschulen und Großforschung interessiert und betreuen zur Zeit 6 Diplomarbeiten auf obigen Gebieten.

Wir unterstützen die Aktivitäten der bundesdeutschen Landesvermessungsämter zum Aufbau des Amtlichen Topographischen Kartographischen Informationssystems ATKIS.

Nachfolgend seien einige der von uns in den letzten Jahren durchgeführten Projekte aufgelistet:

- Lärmbelästigung durch Tiefflug
- DV-Instrumentarium zur Digitalisierung und Bewertung der Wattgebiete gegenüber Ölverschmutzung (Sensitivitätskartierung)
- Erosionsgefährdung
- Ökologische Bewertung von 800 km Vorbehaltsstrecken
- Ökologische Bewertung einer Magnetbahnstrecke
- Bestimmung des Versiegelungsgrades
- Standortoptimierung von Kraftwerken auch Kernkraftwerken
- Visuelle Beeinträchtigung von Großbauten
- Schadstoffausbreitung mit chemischer Umsetzung und Deposition unter Verwendung eines komplexen Strömungsmodells (FITNAH III)
- Vergleich der Strömungsmodelle "PIELKE" und "FITNAH"

- Szenenanalytische Auswertung von gescannten Farbluftbildern zur Wald- und Siedlungsklassifizierung
- Entwicklung von Umwelt-/ Planungssoftware für UNIX-Rechner.

Auf Grund unserer Erfahrung in der Erfassung und Handhabung von großen Datenmengen sind wir an einer Mitarbeit beim Aufbau eines UMWELTDATENZENTRUMS für die Bundesrepublik Deutschland sowie eines oder mehrerer SCANNZENTREN interessiert.

Die Notwendigkeit zur Schaffung solcher Zentren ist für uns gegeben.

Informationsbasis und zeitgerechte Informationsverarbeitung bei meteorologischen Großexperimenten und bei Simulationsmodellen

F. Fiedler

Zusammenfassung

Die physikalischen und chemischen Prozesse der Atmosphäre stellen ein durch vielfältige Rückkopplungsmechanismen vernetztes System dar. Im Extremfall lassen sich globale Vorgänge nicht ohne Kenntnis der mikroskaligen Vorgänge verstehen und umgekehrt, die mikroskaligen Prozesse werden durch die großskaligen Vorgänge gesteuert.

Für das vollständige Verständnis ist eine Flut von Informationen erforderlich, die durch herkömmliche Methoden nicht bewältigbar ist. Durch moderne Meßmethoden, z. B. unter Zuhilfenahme von Erdbeobachtungssatelliten, von instrumentierten Flugzeugen und von zeitlich hochauflösenden computergesteuerten Datenerfassungen sowie durch komplexe, mit zunehmender Detailphysik und Chemie angereicherte Simulationsmodelle, wird bereits heute eine kaum noch in allen sinnvollen Details auswertbare Informationsbasis geschaffen.

Am Beispiel eines atmosphärischen Großexperiments und anhand der Leistungsfähigkeit von atmosphärischen Simulationsmodellen werden einige Probleme der Ausschöpfung der vorliegenden Informationen dargestellt.

1. Einleitung

Bei den meisten heute in der Öffentlichkeit diskutierten und in den Spezialwissenschaften behandelten Problemkreisen des Umweltschutzes handelt es sich um Systeme, die auf vielfache Weise beeinflußbar sind und daher ein höchst komplexes Verhalten aufweisen. Als eines der herausragendsten Beispiele können die Veränderungen des Waldes angesehen werden. Hierbei sind neben den physikalischen Gesetzmäßigkeiten, denen die Atmosphäre und der Wasserkreislauf unterliegen, zusätzlich die Zustandsänderungen des Bodens sowie die gesamten komplexen Vorgänge in den Pflanzen selbst zu beachten. Die Veränderung eines einzelnen Einflußfaktors kann aufgrund der vielfältigen Wechselwirkungsmöglichkeiten zu einer großen Zahl unterschiedlicher Reaktionen führen. Damit ist die Vegetation auch in der Lage, sich flexibel an die unterschiedlichsten äußeren Randbedingungen anzupassen.

Beschränkt man sich auf Vorgänge in der Atmosphäre, d. h. auf ein System, das durch physikalische und chemische Prozesse allein bestimmt wird, so muß man erkennen, daß es sich hierbei ebenfalls um ein durch umfangreiche Wechselbeziehungen beeinflußtes

System handelt. Insbesondere, wenn die atmosphärischen Vorgänge in einem begrenzten Gebiet behandelt werden, sind die beobachtbaren Vorgänge sowohl von dem großräumigen Verlauf der allgemeinen atmosphärischen Zirkulation wie auch von lokalen und regionalen Gegebenheiten abhängig.

Da derartige Systeme nicht durch experimentelle Vorgaben einzelner Einflußparameter in ihrer Verhaltensvielfalt eingeschränkt werden können, müssen bei Felduntersuchungen stets alle wichtigen Einzelprozesse durch Messungen erfaßt und kontrolliert werden. Nur auf diese Weise ist es möglich, zu einem vertiefenden Verständnis der Zusammenhänge zu gelangen. Jedes Feldmeßprogramm, mit dem nicht nur eine einfache Beschreibung eines Ablaufs erreicht werden soll, sondern das einen Beitrag zu einer Verbesserung des Verständnisses über den Ablauf der Prozesse liefern soll, bedingt eine Flut von Informationen, die durch herkömmliche Methoden nur zu einem geringen Prozentsatz ausgeschöpft werden kann.

Anhand eines Beispiels für ein größeres Feldexperiment wird im folgenden deutlich gemacht, daß es die Komplexität der beobachtbaren Vorgänge erzwingt, einen relativ hohen Meß- und Rechenaufwand zu treiben, wenn mit naturwissenschaftlichen Methoden nachprüfbare bzw. nachvollziehbare und gesicherte Ergebnisse erreicht werden sollen. Nur solche Ergebnisse sind auch für den Nichtspezialisten auf lange Sicht glaubwürdig und liefern eine sichere Basis für Entscheidungen im politischen und administrativen Bereich.

2. Die Ausbreitung von Luftverunreinigungen im regionalen Bereich

Für die Bereitstellung von quantitativen Angaben über die Konzentrationsverteilungen luftverunreinigender Stoffe im regionalen Bereich sind umfangreiche Informationen notwendig. Die erforderliche Informationsbasis läßt sich am einfachsten aus der Diffusionsgleichung ablesen, die den mittleren Transport, die turbulente Vermischung und die chemische Umwandlung beschreibt. In Abb. 1 ist diese Gleichung für die mittlere Konzentration $\overline{m}_k$ eines Stoffes angegeben. Um den Vorgang durch Messungen oder auch durch Modellsimulationen beschreiben zu können, ist zunächst die Kenntnis der zeitlichen und räumlichen Verteilung der Quellen (Punkt-, Linien- und Flächenquellen) erforderlich. Hierbei ist zu beachten, daß die meisten Quellen - industrielle in gleicher Weise wie die des Verkehrs oder des Hausbrands - eine starke tageszeitliche Variation aufweisen. Sie zeigen damit ein ähnliches zeitliches Verhalten wie die Pflanzen, die ebenfalls ihre Spaltöffnungen und damit ihre Aufnahmebereitschaft für die Einlagerung von Luftschadstoffen verändern.

Innerhalb der Atmosphäre wird eine sehr detaillierte Information über das Windfeld $\overline{v}$ und über die turbulente Austauschströme $\overline{m'_k v'}$ erforderlich.

Durch Vertikalsondierungen oder durch vereinzelte Flugzeugmessungen ist bekannt, daß der größte Anteil des horizontalen Massentransports in den untersten 1400 m der Atmosphäre vonstatten geht. Bis zu diesem Höhenbereich ragen jedoch in höchst unregelmäßiger Verteilung Hügel- und Bergketten in die Atmosphäre hinein, die das Luftströmungsfeld in diesem Bereich extrem deformieren. Die Luft wird dadurch gezwungen, je nach der thermischen Schichtung die Hindernisse teils zu über- und teils zu umströmen, so daß auch die Massenströme der Luftschadstoffe nicht einheitlich verteilt werden können, sondern in vielen Gebieten wie in einem Kanal geführt werden.

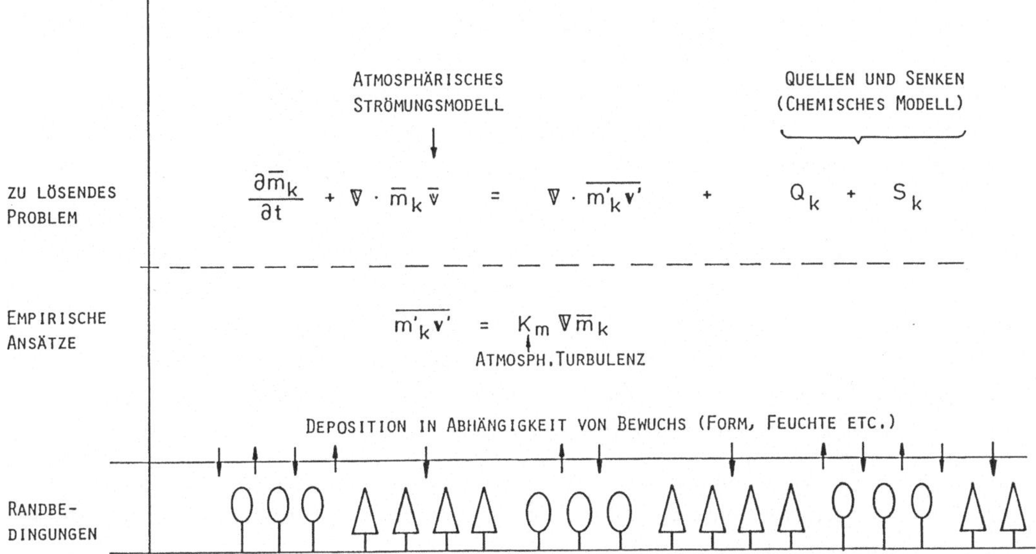

$$\frac{\partial \overline{m}_k}{\partial t} + \nabla \cdot \overline{m}_k \overline{v} = \nabla \cdot \overline{m'_k v'} + Q_k + S_k$$

$$\overline{m'_k v'} = K_m \nabla \overline{m}_k$$

Abb. 1 Komponenten des Ausbreitungsvorgangs von Luftverunreinigungen

Hinter der Angabe des Strömungsfeldes verbirgt sich bei der numerischen Simulation ein sehr aufwendiges thermo-hydrodynamisches Modell, mit dem unter Vorgabe der Orographie als unterer Berandung die räumliche und zeitliche Entwicklung berechnet wird. Schließlich sind alle auftretenden chemischen Umwandlungen als Senken und eventuell auch als Quellen für die Konzentration $\overline{m}_k$ zu erfassen. Dies ist bisher nur in ganz beschränktem Maße möglich, so daß nur die wichtigsten Reaktionsmechanismen verfolgt werden können.

Zusätzlich zu den in der Atmosphäre ablaufenden Vorgängen sind die Wechselwirkungen der Luftschadstoffe am Erdboden bzw. beim Kontakt mit den Pflanzen oder Wasseroberflächen durch die sogenannte Deposition zu erfassen, woraus sich der Schadstoffeintrag in den Boden, in Gewässer und in die Vegetation ergibt.

In einem größeren Feldexperiment, das unter dem Code-Namen TULLA (Transport und Umwandlung von Luftschadstoffen im Lande Baden-Württemberg und aus Anrainerstaaten) im Jahr 1985 durchgeführt wurde (Fiedler 1985; Vogt, Fiedler 1987), ist angestrebt worden, während kürzeren ausgewählten Wetterphasen alle notwendigen von dieser

Gleichung geforderten Meßdaten zu erfassen. Dazu ist das gesamte Gebiet von Baden-Württemberg (ca. 250 km x 250 km) mit meteorologischen Meßstationen zur Messung der Variablen in Bodennähe und durch Radiosonden auch bis zu Höhen von etwa 3 km über Grund überdeckt worden. Gleichzeitig wurden mit acht instrumentierten Meßflugzeugen die Konzentrationen einiger wichtiger Leitsubstanzen der Luftschadstoffe entlang vorher genau definierter Traversen erfaßt. Für die gesamte Zeit der Meßkampagne sind außerdem die Angaben für die Freisetzung der Stoffe aus den verschiedenen Emittenten in einem 1 km x 1 km Raster bzw. in einer zeitlichen Auflösung von 1 Stunde zusammengetragen worden. Allein für die Quelldaten sind für den 14-tägigen Meßzeitraum etwa 18 Millionen Daten zusammengetragen worden. Hierzu sind die meteorologischen Meßdaten und die vielfältigen bodengebundenen Meßdaten zu den Schadstoffkonzentrationen und anderen Datengruppen wie beispielsweise Orographiedaten, Landnutzungsdaten, hinzuzurechnen.

Aus der Vielfalt der unterschiedlichsten Meßdaten ergibt sich zwar ein erheblicher Aufwand für die Auswertung. Da jedoch die einzelnen Meßgrößen durch physikalische und chemische Prozesse miteinander verknüpft sind, ergibt sich daraus auch eine Fülle von Möglichkeiten, über ablaufende Vorgänge detaillierte Aufschlüsse zu erhalten, da viele Größen sich konsistent zueinander verhalten müssen. So werden zahlreiche Nebenbedingungen geschaffen, die es nicht mehr erlauben, stark mit Hypothesen durchsetzte Interpretationen für eine einzelne Meßgröße zu geben.

Die angestrebte Synthese der umfangreichen Information, die ein derartiges Feldmeßprogramm liefert, stellt eine gewaltige Herausforderung dar für eine effiziente Datenverwaltung und eine flexible Auswahl und Verknüpfung von Teilmengen der Beobachtungsdaten.

Ein wichtiger Aspekt, der nur durch die modernsten Verarbeitungsmethoden zu erreichen sein wird, ist die dynamische Betrachtungsweise der Naturvorgänge. Bisherige Ergebnisdarstellungen, bei denen lediglich zu einzelnen Zeitpunkten einige Einzelfelder als Zeichnung verfügbar gemacht werden, werden dem natürlichen Ablauf der tageszeitlichen Variation nur unzureichend gerecht. Viele Zusammenhänge werden erst ersichtlich, wenn sie wie in einem Strömungskanal im zeitlichen Verlauf sichtbar gemacht werden können.

3. Numerische Simulation

Die Verfügbarkeit größerer Rechner hat die meteorologische Forschung in die Lage versetzt, die bisher in mühevoller Kleinarbeit untersuchten Einzelprozesse des atmosphärischen Geschehens in einem Simulationsmodell zusammenzufassen. Grundlage dieser Modelle sind die Navier-Stokes-Gleichungen, sowie die aus den Energieerhaltungs- und Massenerhaltungssätzen abgeleiteten Differentialgleichungen für die Temperatur und für die Konzentrationen.

Das in Karlsruhe entwickelte Simulationsmodell KAMM für die atmosphärische Strömung und das Modell DRAIS für die Ausbreitung der Schadstoffe wird beispielsweise bei Anwendungen auf die Meßphasen des im Abschnitt 2 kurz dargestellten TULLA-Experiments auf ein Gebiet von 250 km x 250 km angesetzt. Der zur Zeit verwendete Vektorrechner Cyber 205 erlaubt eine räumliche Auflösung in horizontaler Richtung von

$$L_x = N_x \Delta x = 50 \ x 5 \ km$$

$$L_y = N_y \Delta y = 50 \ x5 \ km$$

und in der vertikalen

$$L_z = N_z \Delta z = 25 \ x320 \ m = 8 \ km$$

Hier ist nur eine mittlere vertikale Auflösung angegeben. Im Modell wird der bodennahe Bereich den starken Gradienten der Variablen entsprechend mit einer höheren Auflösung (Δz = 40 m) behandelt. Dafür wird in den obersten Bereichen eine geringere Auflösung in Kauf genommen. Insgesamt besitzt das Modell 62 500 Gitterpunkte. Der Zeitschritt liegt in der Größenordnung von Δt = 10 s. Für alle im Modell auftretenden Variablen werden je Zeitschritt 1,5 MWorte berechnet. Für einen Tageslauf entstehen somit 12,9 Milliarden Datenwerte. Wenn zusätzlich 24 chemische Substanzen (bei zwei notwendigen Zeitebenen) hinzugenommen werden, erhöht sich der Speicherplatzbedarf um weitere 12 MWorte.

In Abb. 2 ist das berechnete atmosphärische Strömungsfeld für die Höhe von 40 m über Grund bei zwei unterschiedlichen großräumigen Wetterlagen für das Gebiet von Baden-Württemberg wiedergegeben.

Im Fall a) ist für die obere Atmosphäre eine Nordwestströmung vorgegeben, im Fall b) eine Ostanströmung. Aufgrund der Reibungseinflüsse und der durch die irreguläre Geländegestalt hervorgerufenen Stördruckfelder wird die bodennahe Strömung, in der die aus bodennahen Quellen stammenden Luftverunreinigungen verfrachtet werden, derart deformiert, daß die großräumige Strömung der reibungsfreien oberen Atmosphäre nicht mehr erkennbar ist. Im Fall a) kommt es im Oberrheingraben sogar zu einer Gegenströmung mit südlichen bzw. südwestlichen Windrichtungen während über den höchsten Erhebungen des Schwarzwaldes die nordwestliche Strömungsrichtung der großräumigen Strömung sichtbar wird. Auffallend und für das Ausbreitungsverhalten bedeutsam sind die deutlich feststellbaren Windschatten - (z. B. im südlichen Oberrheingraben) und Beschleunigungsgebiete. Bei östlicher Anströmung (Abb. 2b) bildet sich im Oberrheingraben eine einheitliche Südströmung aus.

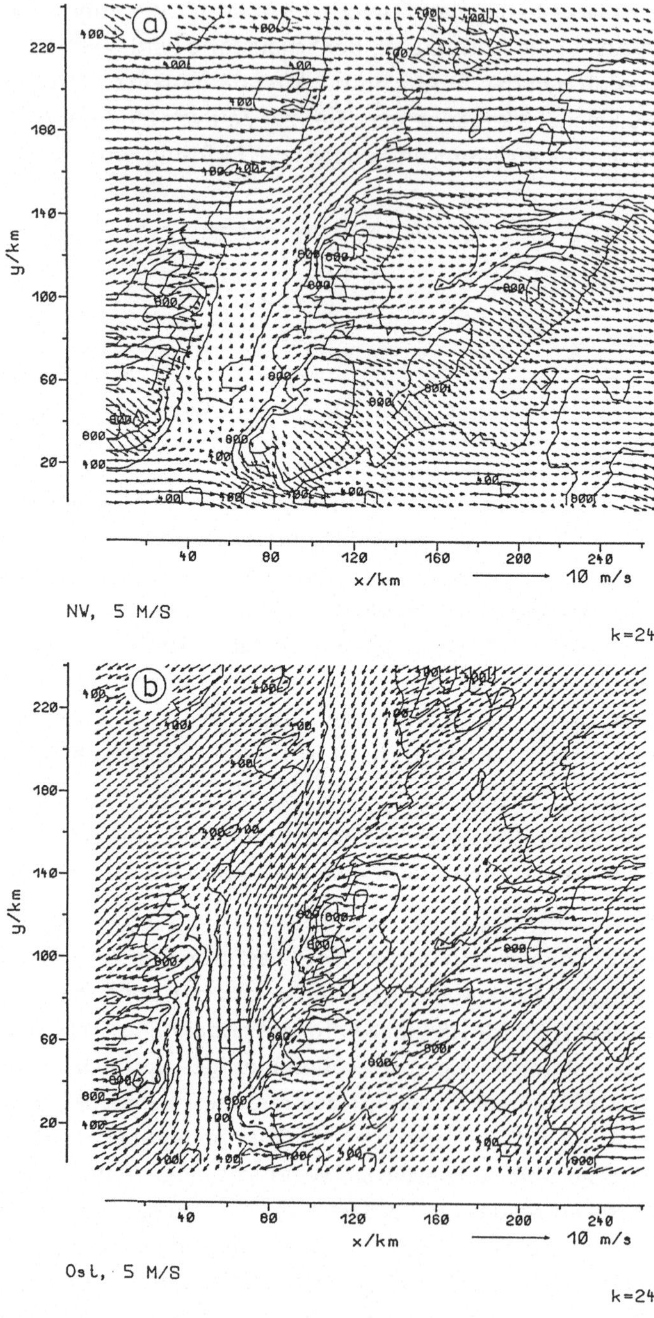

Abb. 2 Computer-Simulation der atmosphärischen Strömung über Baden-Württemberg
a) Horizontales Windfeld für 40 m über Grund bei Nordwestanströmung in den oberen Schichten
b) wie a) jedoch bei Ostanströmung

Besonders deutlich wird die Notwendigkeit, eine sehr detailliertere Analyse des Strömungsfeldes in den unteren Schichten der Atmosphäre für die Behandlung des Schadstofftrans-
portes vornehmen zu müssen, anhand des Falles, der in den Abb. 3 und Abb. 4 dargestellt
ist. Das in Abb. 3 enthaltene Simulationsergebnis (Adrian und Fiedler, 1987) ergibt sich bei
einer südöstlichen Anströmung des Gebietes von Baden-Württemberg. Neben der strahl-
stromartigen Einströmung am südwestlichen Schwarzwaldrand in den Oberrheingraben
sind besonders die sich ausbildenden Nachlaufwirbel im südlichen und mittleren Oberrheingraben zu erwähnen. Die Abb. 4 zeigt den sich im südlichen Teil ausbildenden Wirbel
in einer Vergrößerung. Schadstoffe, die im Zentrum des Wirbels freigesetzt werden, führen
aufgrund der Abschnürung zu relativ hohen Konzentrationen in diesem Gebiet.

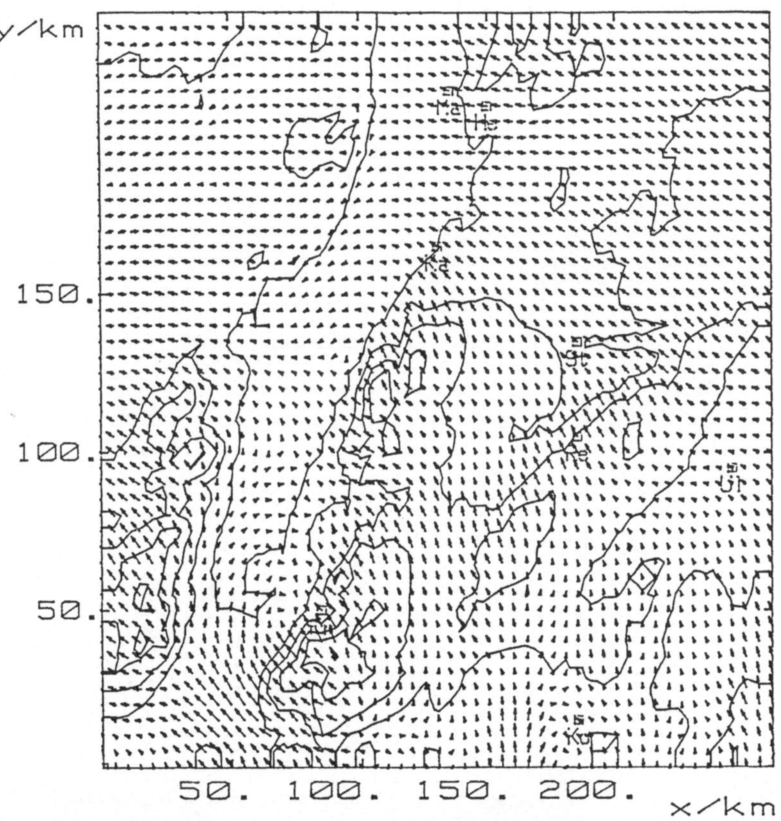

Abb. 3   Horizontalwindfeld (40 m über Grund) bei südöstlicher Strömung in der oberen
Troposphäre. Windpfeile für Betrag und Windrichtung sind in einer horizontalen
Auflösung von 5 km angegeben.

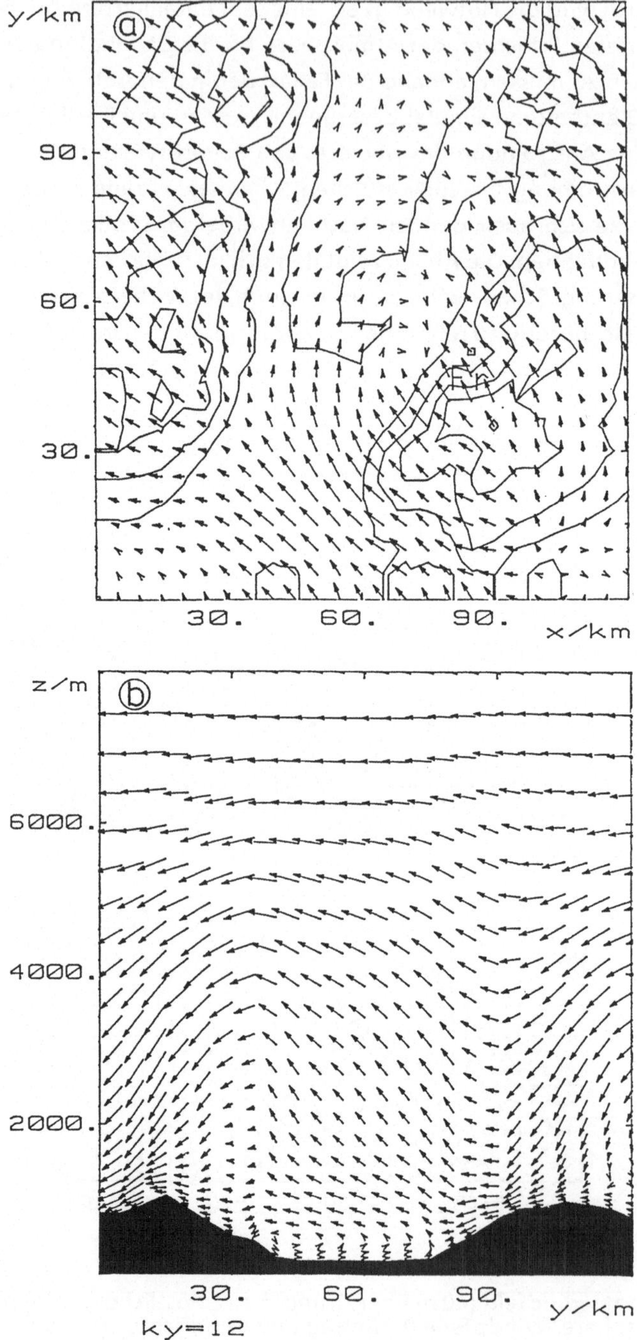

Abb. 4   a) Ausschnitt des Horizontalwindfeldes in Abb. 3 für den südlichen
Oberrheingraben
b) Vertikalschnitt in West-Ost-Richtung zwischen Vogesen und Schwarzwald. In
Pfeilform sind die Komponenten des Windes in x-Richtung und in z-Richtung
angegeben.

Legt man in der nördlichen Hälfte dieses Horizontalwirbels einen Vertikalschnitt von West nach Ost (Abb. 4b), so werden zusätzliche Phänomene sichtbar.

Im oberen Teil ist zunächst die östliche Strömungskomponente sichtbar, der im mittleren Teil eine starke Wellenbewegung überlagert ist. In den untersten Schichten zwischen den Vogesen im Westen und dem Schwarzwald im Osten ist ein Wirbel mit horizontaler Achse sichtbar, der den gesamten Oberrheingraben ausfüllt. In diesem Bereich freigesetzte Schadstoffe werden in den untersten 300 m von West nach Ost transportiert und werden erst am Westrand des Schwarzwaldes zum Aufsteigen gezwungen und so teilweise in den Luftstrom der höheren Schichten eingelagert.

In den Abb. 5 und 6 sind zusätzlich zu den Höhenlinien der Orographie und zum bodennahen Windfeld in Form der Windpfeile durch unterschiedliche Graustufen die Konzentrationen für SO_2 aufgrund der Quellen im südlichen Teil von Baden-Württemberg wiedergegeben. Die Verteilung in Abb. 5 gehört zum Fall der großräumigen Anströmung aus Westen, die Verteilung in Abb. 6 zur Anströmungsrichtung Nord.

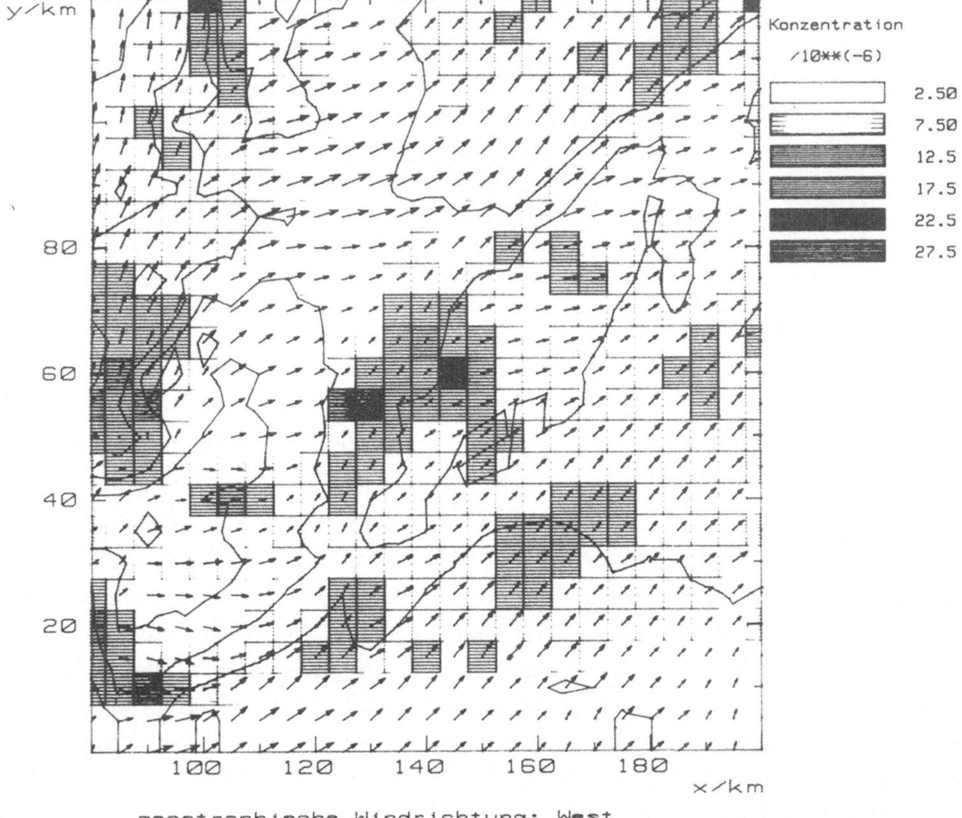

Abb. 5   Darstellung des Bodenwindfeldes (Pfeile) und der Konzentration in Bodennähe für SO_2 (in µg m-3) bei Westanströmung für den südlichen Teil von Baden-Württemberg

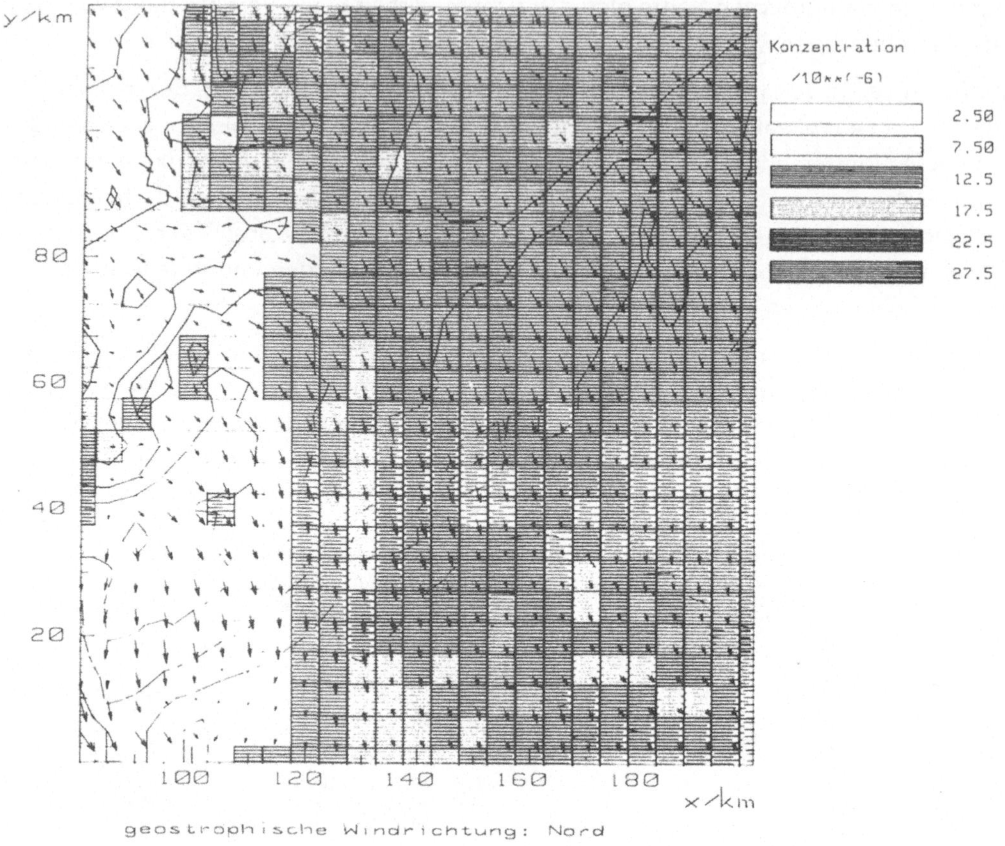

Abb. 6   Wie Abb. 5 jedoch für Anströmung aus Nord

In der Abb. 5 macht sich der Schwarzwald als schützende Bariere bemerkbar, so daß der östliche Teil nur geringen Konzentrationswerten ausgesetzt ist. Im Fall der Abb. 6 wird der gesamte Bereich östlich des Schwarzwalds aufgrund der zahlreichen Quellen im Norden von Baden-Württemberg mit einer wesentlich höheren Grundbelastung überzogen.

Als weitere Anwendung kann ein Simultionsmodell auch dazu herangezogen werden, die an einem Aufpunkt ermittelte Deposition eines Stoffes in Form einer Depositionswindrose aufzuschlüsseln (siehe Abb. 7). Die Depositionswindrose gibt die prozentualen Anteile an, mit der die an diesem Standort auftretenden Windrichtungen zum Depositionswert beitragen. So ist im nördlichen Teil hauptsächlich die west-östliche Strömungsrichtung an den errechneten Depositionswerten beteiligt, während in der südlichen Hälfte hauptsächlich die Nord-Südströmung zu höheren Beiträgen führt.

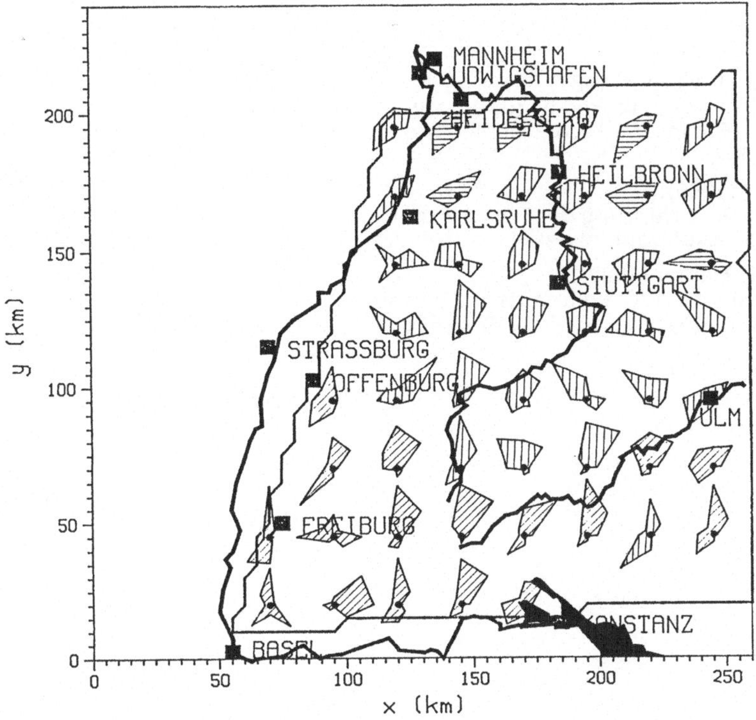

Abb. 7   Depositionswindrosen für SO$_2$. Durch die unterschiedliche Schraffur, wird das variable Niveau der "trockenen" Deposition angegeben; die Windrose gibt die prozentualen Anteile an, mit der die entsprechende Windrichtung zur Deposition beiträgt.

4. Schlußbemerkung

Die Notwendigkeit, die Vorgänge im Zusammenhang mit dem atmosphärischen Transport und dem chemischen Verhalten besser verstehen zu lernen, erzwingt ein dem extrem vernetzten System entsprechendes Vorgehen sowohl bei experimentellen Untersuchungen wie auch bei der numerischen Simulation. Es ist erforderlich, die dreidimensionalen Vorgänge in ihrer zeitlichen Entwicklung zu analysieren, um eine geeignete Beurteilungsgrundlage verfügbar zu machen. Neben den Detailuntersuchungen, die von den betroffenen Teildisziplinen vorgenommen werden müssen, ist in Zukunft ein erheblicher Aufwand notwendig, um geeignete Verfahren und Hilfsmittel aufzubauen, die es erlauben, die vielfältigen Informationen hinreichend zu nutzen. Nur die Informationen, z. B. aus einem Computersimulationslauf, die ein Wissenschaftler durch eigene Anschauung analysieren kann, ermöglichen einen Erkenntnisgewinn. In dieser Hinsicht wird von den heute verfügbaren Informationen nur ein verschwindend kleiner Teil wirklich ausgeschöpft. Eine verstärkte Zusammenarbeit zwischen an der Umweltschutzproblematik arbeitenden Spezialdisziplinen und der angewandten Informatik ist dringend erforderlich.

Literatur

/1/ Adrian, G., F. Fiedler (1987):
Mesoscale eddies induced by topography analysed with a non-hydrostatic model.
Preprints 16th Intern. Technical Meeting on Air Pollution Modeling and its Application,
Lindau 1987

/2/ Fiedler, F. (1986):
Ziele und Durchführung des TULLA-Experiments.
2. PEF-Statuskolloquium des PEF vom 4.-7.3.1986, KfK-PEF 4, Band 2, S. 465 - 480

/3/ Vogt, S; F. Fiedler (1987):
Measurements of Air Pollutants in a Mesoscale Region.
Annales Geophysicae, 5B (5), S. 487 - 496

Modellgestütztes Verfahren zur vergleichenden Verhaltensanalyse von Umweltchemikalien

M. Matthies, R. Brüggemann, R. Trenkle

Zusammenfassung

Das Umweltverhalten einer Chemikalie und die Gefährdung der Umwelt werden bestimmt durch die substanzspezifischen Eigenschaften in wechselseitiger Beziehung mit den Eigenschaften der betroffenen Ökosysteme. Die Zusammenhänge zwischen Substanz- und Öko-parametern können in Umweltmodellen abgebildet werden. Das Programmsystem E4CHEM (Exposure and Ecotoxicity Estimation for Environmental CHEMicals), das für die vergleichende Bewertung und Prioritätensetzung bei Umweltchemikalien entwickelt wurde, wird vorgestellt und ein Anwendungsbeispiel diskutiert.

1. Einleitung

Chemikalien können bei der Herstellung, beim Transport oder beim Gebrauch in die Umwelt gelangen. Um das Verhalten von Chemikalien in der Umwelt analysieren zu können, ist es nötig, neben toxikologischen und ökotoxikologischen Wirkungen auch den Konzentrationsverlauf der Chemikalie am Ort der potentiellen Wirkung zu kennen. Um diese "Exposition" genannte Größe zu ermitteln, werden Informationen benötigt über den Eintrag in die Umwelt, die Ausbreitung, die Akkumulation, die Umwandlung sowie die betroffenen Populationen und Ökosysteme.

Zur Expositionsermittlung können prinzipiell Monitoringprogramme und Simulations-modelle eingesetzt werden /1/. Während umfangreiche Monitoringstudien in vielen Ländern durchgeführt werden, ist der Einsatz von mathematischen Modellen für die Abschätzung des Umweltverhaltens von Chemikalien noch am Anfang. Beide ergänzen sich aber. Monitoringstudien können Auskunft darüber geben, welche zeitlichen Trends und räumliche Expositionsmuster zu erwarten sind. Statistische Auswertungen der beobachteten Konzentrationsverläufe können korreliert werden mit Informationen aus dem industriellen, gewerblichen und demographischen Bereich. Die Häufigkeit, mit der bestimmte Schadschwellen oder Konzentrationsgrenzwerte überschritten werden, kann bestimmt werden, um so unerwünschte Risiken zu vermeiden. Ein wesentlicher Nachteil dieser Methode ist, daß durch Beobachtung und statistische Analysen nichts über die zugrunde liegenden Mechanismen der Ausbreitung und Wirkung von Chemikalien in der

Umwelt ausgesagt werden kann. Hier ergänzen mathematische Modelle das Methoden-
arsenal für eine am Vorsorgeprinzip orientierte Chemikalienbeurteilung. Umweltmodelle
können mit drei Zielrichtungen eingesetzt werden, um

- die Interpretation von experimentellen Untersuchungen und die Verifizierung von
  Hypothesen zu ermöglichen,
- die Grundlage von Prognosen und Entscheidungen zu bilden, und
- Hinweise zu geben auf sensitive Bereiche der Umwelt, für die gezielte Messungen
  durchgeführt werden sollen.

Mathematische Modelle bilden die physikalischen, chemischen und biologischen Prozesse
ab, die das Verhalten von Chemikalien (oder ihrer Umwandlungsprodukte) in der Umwelt
beeinflußen. Diese modellgestützten Verfahren sollten es ermöglichen, die fundamentalen
chemischen Eigenschaften einer Substanz im Labor zu studieren, um dann aufgrund der
Kenntnisse über die dominierenden Prozesse in der Umwelt das mutmaßliche Verhalten in
bisher noch nicht exponierten Umweltsystemen abzuschätzen /2/.

Dies ist zunächst ein hoher Anspruch, wenn man die Vielfalt der möglichen Umwelt-
situationen betrachtet. Gerade wegen dieser Komplexität ist es notwendig, mit "einfachen", durchschaubaren Modellen zu arbeiten, um damit Interpretation, Übertrag-
barkeit und Unsicherheitsabschätzung zu erleichtern.

Im folgenden soll das bei der GSF entwickelte Programmsystem E4CHEM (Exposure and
Ecotoxicity Estimation for Environmental CHEMicals) vorgestellt und ein Anwendungs-
beispiel diskutiert werden /3/. Der Schwerpunkt liegt dabei auf der Verhaltensanalyse von
organischen Chemikalien in den drei Medien Luft, Wasser und Boden /4/. Entscheidende
Kriterien zur Bewertung der Chemikalien sind dabei nach dem Chemikaliengesetz:
Produktionsmengen, Verwendungen, Mobilität, Anreicherung, Abbaubarkeit und Bio-
akkumulation. In Tabelle 1 sind neben den Merkmalen die für E4CHEM entwickelten
Modelle sowie der benötigte minimale Satz von Substanzdaten dargestellt.

Merkmale	Modelle und Verfahren	Eingabedaten
<u>Freisetzungspotential</u> Freisetzung aus Produktion, Verarbeitung und Verwendungen Umwelteintrittsmedien	RLTEC	Vermarktungsmengen in der Bundesrepublik Deutschland
<u>Umweltverteilungspotentiale</u> Akkumulation Mobilität Abbaubarkeit Biokonzentration	EXAIR EXWAT EXSOL EXATM EXINT	Molekulargewicht Verteilungskoeffizienten Dissoziationskonstante Abbau/Transformation
<u>Wirkungspotentiale</u> Wirkungen auf isolierte Populationen, (Einzelspeziestests für Konsumenten, Produzenten, Desstruenten) Wirkungen auf terrestrische und aquatische Ökosysteme	ETTOX ETSYS	Einzelspeziestoxizität (akut, chronisch) Gentoxizität Mortalitäts- und Reproduktionstoxizitäten

Tabelle 1: Merkmale, Modelle und Eingabedaten

2. Modelle zur Umweltverhaltensanalyse

Die Merkmale Mobilität, Akkumulation, Abbaubarkeit und Biokonzentration lassen sich nicht allein durch einzelne Stoffparameter oder Kombinationen von Stoffparametern beschreiben, sondern nur in Verbindung mit Umweltparametern, die das zeitlich-räumliche Verhalten eines Stoffes wesentlich mitbestimmen. Die Ausbreitung und Umwandlungsvorgänge sind untereinander vernetzt und bilden ein komplexes System, das durch mathematische Modelle vereinfachend abgebildet werden kann. Für die drei Medien Luft, Wasser, Boden wurden jeweils Einzelmodelle (EXAIR, EXWAT und EXSOL) entwickelt.

Tabelle 2 gibt eine kurze Beschreibung der Modelle mit den berücksichtigten Prozessen wieder. Ihre Vernetzung untereinander, z. B. zwischen Boden und Luft über Volatilität und Deposition ist in Abb. 1 dargestellt. Diese Vernetzung führt zu einem weiteren, integrierten Modell EXINT, das auf den Ergebnissen der Einzelmodelle basiert. Als ein zusätzliches Multimedienmodell wurde EXTND, ein adaptiertes Verteilungsmodell nach Mackay /5/, hinzugenommen. Für die Ausbreitung in der oberen Troposphäre und Stratosphäre wurde ein eigenes Kompartmentmodell EXATM entwickelt. Ein analytisches Grundwassertransportmodell steht ebenfalls zur Verfügung.

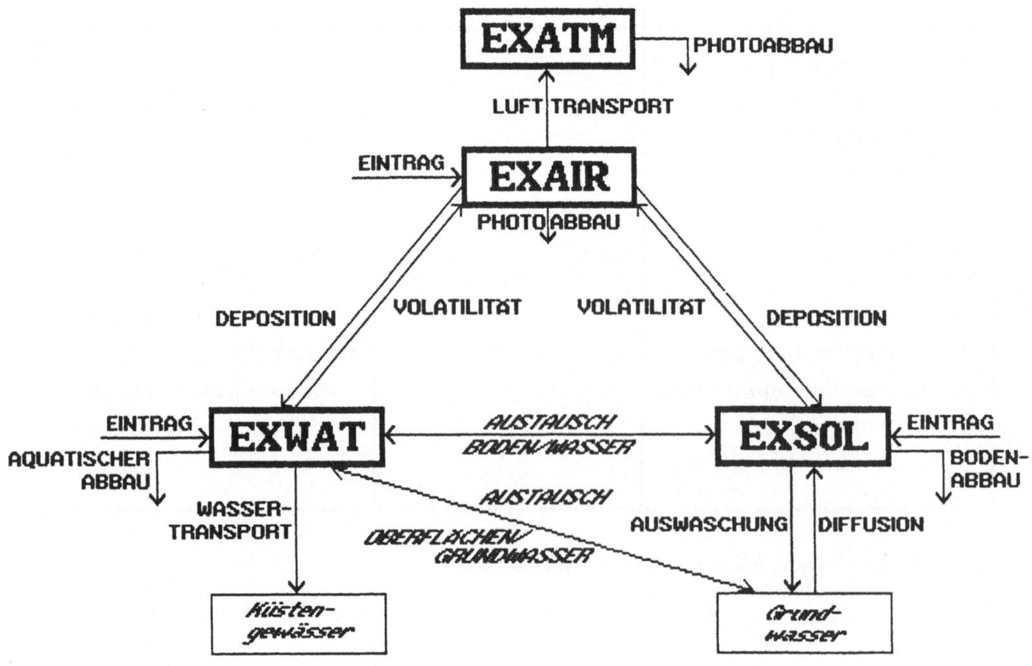

Abb. 1: Umweltmodelle und Stoffflüsse zwischen den Umweltmedien

MODELL CHARAKTERISTIK	PROZESSE	EINGABEDATEN	REFERENZSZENARIEN
EXAIR Mesoskaliges atmosphärisches Ausbreitungsmodell	Atmosphärische Mobilität Trockene und nasse Deposition, Atmosphärische Persistenz	Flächenquelle Wetterstatistik Aerosoldurchmesser	Süddeutsche langjährige Wetterbedingungen Karlsruhe, 50 km Reiseentfernung, mittlere OH-Radikalkonzentration 5×10^5
EXWAT Kompartmentmodell für hydrologischen Transport in Oberflächengewässern	Hydrosphärische Mobilität Volatilität, Sorption, Sedimentation, Abbau, Biokonzentration in Fisch	Geometrie des Gewässers, Wasser- und Windgeschwindigkeit, Sediment-charakteristik Schwebstoffbeladung	Oberflächengewässer: Flußsegment mit Wasserführung 2770 m^3s^{-1}, 300 m Breite, 3 m Tiefe, 1000 m Länge, stationäre Bedingungen
EXSOL Mehrschichten-säulenmodell für die obere Bodenzone	Mobilität im Boden, Volatilität, Sorption, Auswaschung, Diffusion im Boden, Bodenabbau, Aufnahme in Pflanzen	Geometrie der Bodensäule, Boden-Charakteristik, Klimadaten Vegetation	Ackerboden lehmig Mittlere Niederschlags-, Evaporations- und Abflußdaten Bewuchs: Gerste
EXTND Thermodynamisches Gleichgewichts-modell für Luft, Wasser, Sorbens	Verteilungstendenz auf die Umweltmedien, Verweildauer	Volumina für Boden, Wasser, Luft	"Generic World", "Unit World", Gleiche Volumina, Regionale Volumina
EXINT Multimedien-Modell für Luft, Wasser, Boden	Integrierte Ergebnisse aus EXAIR, EXWAT, EXSOL für Mobilität, Persistenz, Akkumulation und Biokonzentration	wie für EXAIR, EXWAT, EXSOL	Freisetzungsgebiet 100 km^2, 1 Mio. Einwohner, Immissionsgebiet in 50 km Umkreis Flußlauf 100 km
EXATM Kompartmentmodell für globalen atmosphärischen Transport	Globale Mobilität und Photoabbau	Kompartmentvolumina Troposphäre und Stratosphäre, Austauschraten	Globale Verteilung

Tabelle 2: Kurzcharakteristik der Umweltverteilungsmodelle

Es wurde versucht, für alle Submodelle mit möglichst wenigen und denselben Stoffdaten auszukommen. Benötigt werden physikalisch-chemische Eigenschaften und Angaben zu Abbauverhalten und Bioakkumulation. Wenn diese aus Messungen oder der Literatur nicht erhältlich waren, wurde mit Hilfe von Schätzverfahren versucht, sie aus anderen Stoffeigenschaften abzuschätzen.

Die für die Umweltmodelle benötigten Ökoparameter richten sich nach dem Detaillierungsgrad der einzelnen Modelle. Als Hilfestellung werden für alle Ökoparameter Vorbesetzungswerte ("default-values") angegeben, die an den Umweltverhältnissen der Bundesrepublik Deutschland orientiert sind. Dem Benutzer wird dadurch die Möglichkeit geboten, Standardläufe durchzurechnen Es können aber jederzeit eigene Referenz- oder Standardszenarien zusammengestellt werden.

3. Realisierung und Programmstruktur

Die Struktur des Programms E4CHEM ist in Abb. 2 schematisch wiedergegeben. Es teilt sich auf in Kern- und Peripherieprogramme. Unter Kernprogrammen (schraffiert) werden dabei alle Routinen verstanden, die Daten aus der Datenbank in Modellen, Auswahlverfahren und statistischen Analysen verarbeiten. Peripherieprogramme sind das steuernde Hauptprogramm, die unterstützenden Programme zur Listenerstellung, Ergebnisabspeicherung, Help-Funktion und Graphik sowie Bibliotheksroutinen aus Standardsoftwarepaketen. Das Programm ist in FORTRAN77 geschrieben und läuft unter BS2000 auf einer SIEMENS 7571. Einige der Expositionsmodelle sind auch unter DOS auf IBM-kompatiblen Rechnern ablauffähig.

4. Anwendungsbeispiel

Die Anwendung soll am Multimedienmodell EXINT für die drei Stoffe Dichlormethan, 2-Chlornitrobenzol und Hexachlorbenzol demonstriert werden. Das Modell EXINT verarbeitet die Ergebnisse der Einzelmodelle EXSOL, EXWAT und EXAIR, um zu einer Gesamtschau des Umweltverhaltens zu gelangen. Die Zusammenfassung der Ergebnisse dieser drei Einzelmedienmodelle mit Verwendungsmuster, Eintrittsmedien und Produktionsmengen in einem Referenzszenario ist in Abb. 3 dargestellt. Die drei ausgewählten Stoffe repräsentieren einen Ausschnitt aus der möglichen Vielfalt der Chemikalien.

Die Massenflußbilanzen für die drei Stoffe sind in Abb. 4 dargestellt. Die Freisetzungsbruchteile in die drei Medien sind an den eingehenden Pfeilen aufgetragen, die Prozente im Referenzgebiet und aus diesem heraus sind ebenfalls angegeben. Hexachlorbenzol wurde überwiegend auf den Boden aufgebracht (dies ist heute nicht mehr zugelassen), wird aber durch Volatilisierung in die Atmosphäre ausgegast und mit dem Wind weiträumig verfrachtet. Dichlormethan ist ein Stoff, der fast ausschließlich in die Atmosphäre gelangt /6/ und dort - bis auf geringe Deposition auf den Boden - auch verbleibt. Hier ist eine Betrachtung von globalen Ausbreitungsprozessen im Hinblick auf einen Eintrag in die Stratosphäre angezeigt. 2-Chlornitrobenzol wird überwiegend ins Wasser emittiert /7/, kann aber per Ausgasung in die Luft gelangen und so über Auswaschung und Deposition aus der Luft dem Boden zugeführt werden.

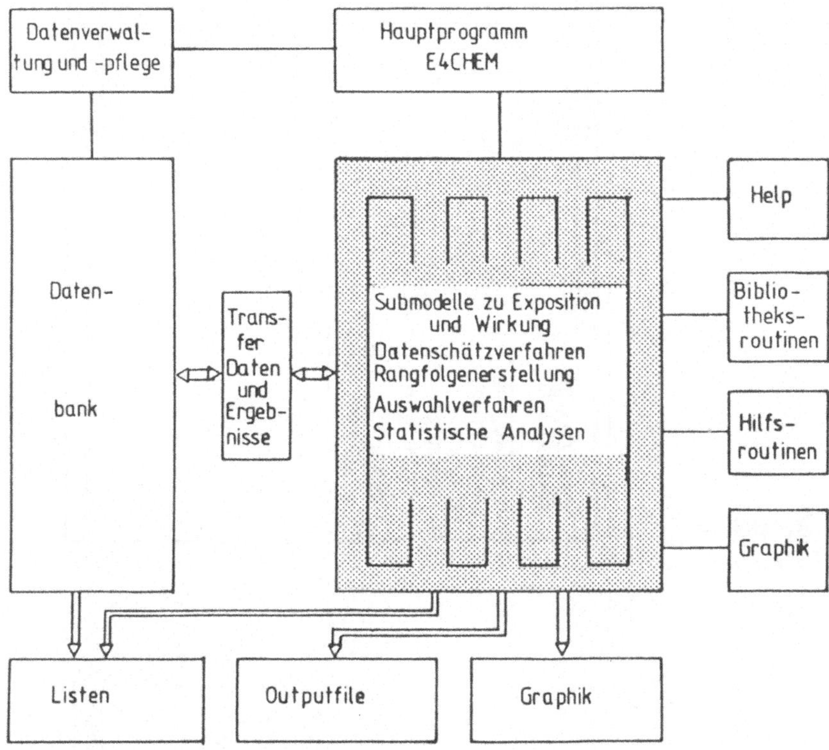

Abb. 2:   Struktur des Programms E4CHEM -- logisch, = physikalisch

Mit Hilfe des sehr vereinfachten Referenzszenarios bekommt man zumindest Hinweise auf betroffene Umweltmedien, auf *intra-* und *inter*mediale Prozesse und auf zu untersuchende Problembereiche. In vertiefenden Studien z.B. durch Anwendung der oben erwähnten Einzelmedienmodelle können gezieltere Studien durchgeführt werden, um damit z. B. den Einfluß verschiedener Bodentypen, meteorologischer Konstellationen oder Fließgewässereigenschaften zu untersuchen. Insbesondere helfen Sensitivitätsanalysen (siehe in /3/) Faktoren zu identifizieren, die zu einem bestimmten Ausbreitungsverhalten in der Umwelt führen. In Labor und Felduntersuchungen sowie Monitoringprogrammen gewonnene Daten werden z. Zt. mit berechneten Konzentrationen verglichen, um die Anwendbarkeit der Modelle zu überprüfen /8,9,10/. Neben der Rangfolgenerstellung für umweltrelevante Alte Stoffe /3/ wurden vergleichende Untersuchungen der beim Brandunfall der Fa. Sandoz bei Basel in den Rhein gelangten Chemikalien /10/ sowie zum Verhalten von organischen Chemikalien und Pflanzenschutzmitteln in Böden und Grundwasser durchgeführt /11, 12/.

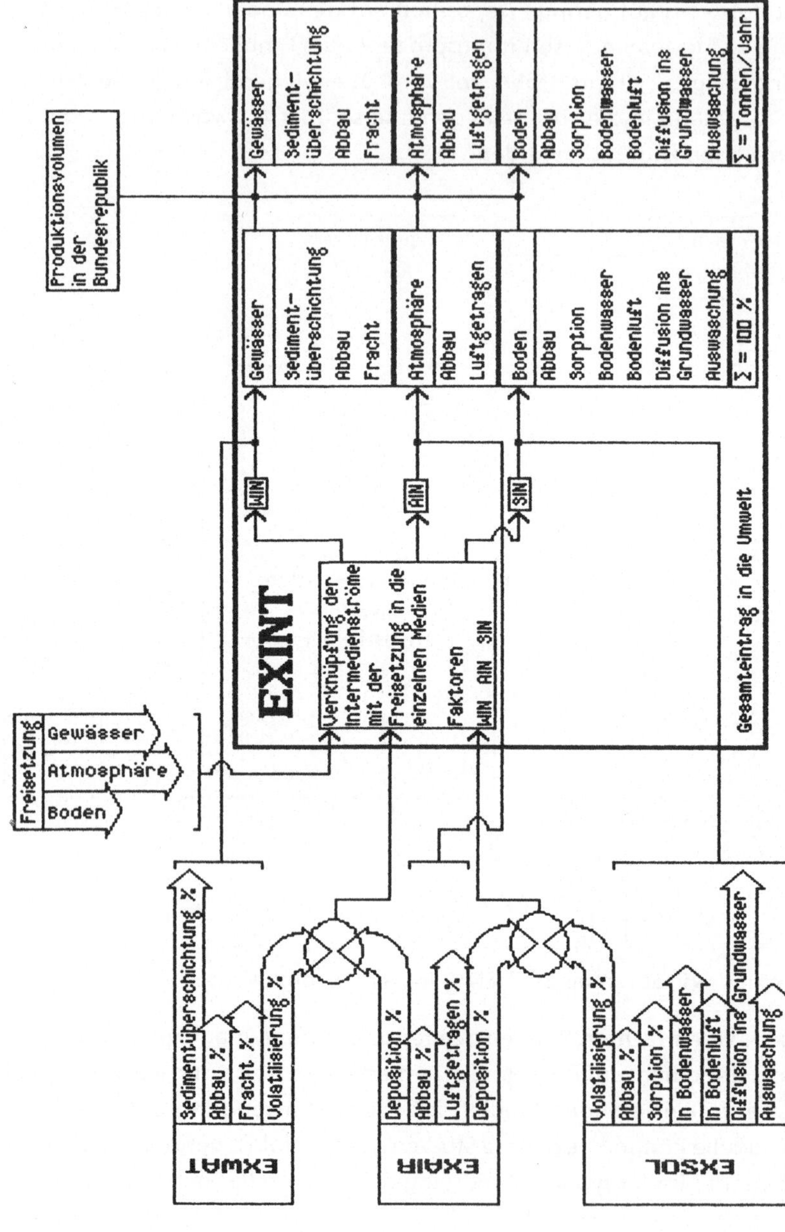

Abb. 3: Zusammenfassung der Ergebnisse aus den Einzelmedienmodellen im integralen Modell EXINT

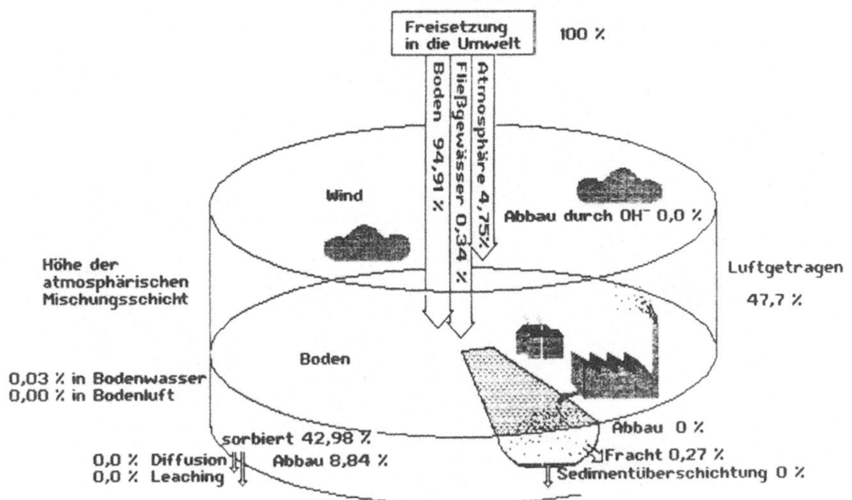

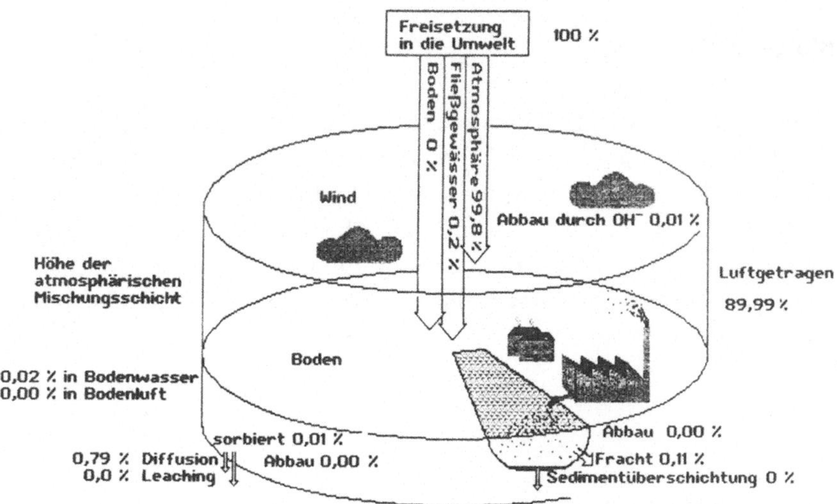

Abb. 4a und 4b: Verhalten und Massenbruchteile im Referenzszenario von EXINT
a) Hexachlorbenzol, b) Dichlormethan

2-Chlornitrobenzol

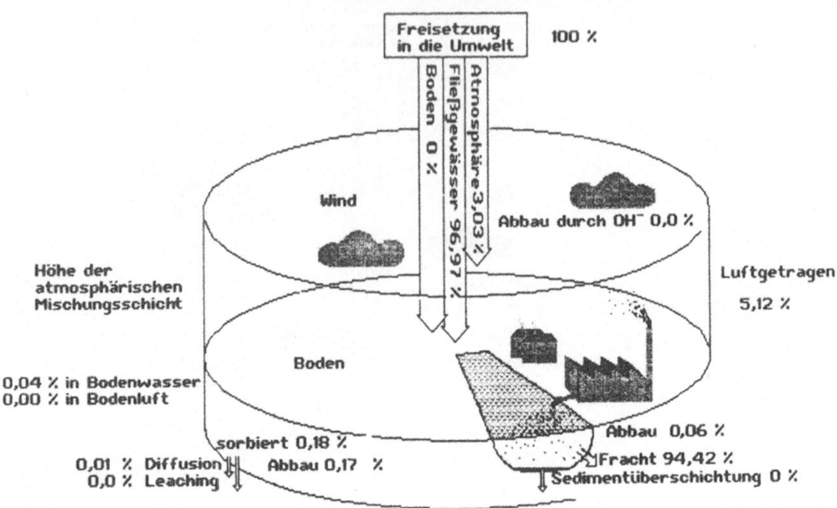

Abb. 4c: Verhalten und Massenbruchteile im Referenzszenario von EXINT
c) 2-Chlornitrobenzol

5. Schlußfolgerungen

Angesichts der großen Zahl von Chemikalien (ca. 100 000 Alte Stoffe), ihrer Umwandlungsprodukte, Verunreinigungen etc. kann nicht jede Substanz in ihrem Umweltverhalten in realen Ökosystemen untersucht werden. Mit den hier dargestellten Beispielen wurde gezeigt, wie das Ausbreitungsverhalten von Chemikalien von einer Vielzahl von Einzelprozessen gesteuert wird. Durch die Anwendung von zunächst einfachen Modellen lassen sich grobe Aussagen gewinnen, die in einem zweiten Schritt mit detaillierteren Modellen vertieft werden können.

Literatur

/1/ HUSHON, J.H., CLERMAN, R.J.;
"Estimation of exposure to hazardous chemicals" (SAXENA, J., FISCHER, F., Eds.),
Hazard Assessment of Chemicals Vol. 1, Academic Press, New York (1981) 323 - 388

/2/ BAUGHMAN, G.L., LASSITER, R.R.;
"Prediction of environmental pollutant concentration" (CAIRNS Jr., J. et al, Eds.),
Estimating the Hazard of Chemical Substances to Aquatic Life, American Society for Testing and Materials (1978) 35 - 54

/3/ ROHLEDER, H., MATTHIES, M., BENZ, J., BRÜGGEMANN, R., MÜNZER, B., TRENKLE, R.,
VOIGT, K.;
"Umweltmodelle und rechnergestützte Entscheidungshilfen für die vergleichende
Bewertung und Prioritätensetzung bei Umweltchemikalien",
GSF-Bericht 42/86, Neuherberg (1986)

/4/ MATTHIES, M., BRÜGGEMANN, R., TRENKLE, R.;
"Multimedia Modelling Approach for Comparing the Environmental Fate of
Chemicals" (Gesellschaft für Strahlen- und Umweltforschung München, Projektgruppe
Umweltgefährdungspotentiale von Chemikalien, Eds.),
Proceedings 'Environmental Modelling for Priority Setting among Existing Chemicals'
Workshop 11. - 13. November 1985, Neuherberg,
Ecomed Verlag, Landsberg, 211 - 252

/5/ BRÜGGEMANN, R.;
"Mackays Fugazitätsmodell mit Level I bis IV: Parameter, Kompartmentalisierung,
Sensitivität",
GSF-Bericht 43/86, Neuherberg (1986)

/6/ RIPPEN, G.;
"Handbuch der Umweltchemikalien, 2nd Ed."
Ecomed-Verlag, Landsberg (1987)

/7/ BERATERGREMIUM FÜR UMWELTRELEVANTE ALTE STOFFE (BUA)
"o-Chlornitrobenzol, BUA-Stoffbericht 2"
VCH Verlagsgesellschaft, Weinheim (1985)

/8/ BRÜGGEMANN, R., MATTHIES, M.;
"Simulation des Verhaltens von Chemikalien in Fließgewässern"
(HALIN, J., Ed.) Simulationstechnik, Springer-Verlag Heidelberg (1987) 55 - 79

/9/ MATTHIES, M., TRENKLE, R.;
"Variability of Exposure Estimations for Hazardous Chemicals Released to the
Environment"
(erscheint in Chemosphere)

/10/ BRÜGGEMANN, R., BORCHERS, C., ROHLEDER, H.;
"Anwendung des Modells EXWAT zum Vergleich von Chemikalien in Fließgewässern
am Beispiel eines Chemieunfalls"
Deutsche Gewässerkundliche Mitteilung 31 (1987), 103 - 107

/11/ MATTHIES, M., BEHRENDT, H., MÜNZER, B.;
"EXSOL Modell für den Transport und Verbleib von Chemikalien im Boden",
GSF-Bericht 23/87, Neuherberg (1987)

/12/ MATTHIES, M.;
"Fate Modelling of Pesticides in Groundwater" (GREENHALGH, R., ROBERTS, T.R., Eds.)
Pesticide Science and Biotechnology, Blackwell Sci. Publ. Oxford (1987) 373 - 380

Autorenliste

F. Arnold
Bundesforschungsanstalt für
Naturschutz und Landschaftsökologie
Konstantinstr. 110
5300 Bonn 2

H. Benking
Gerhardt-Hauptmann-Str. 19
2722 Visselhövede

J. Benz
Gesellschaft für Strahlenschutz
und Umweltforschung
Ingolstädter Landstraße 1
8042 Neuherberg

K. R. Bräutigam
Kernforschungszentrum Karlsruhe GmbH
AFAS
Postfach 3640
7500 Karlsruhe

Dr. A. Breitenstein
Landesanstalt für Umweltschutz
Baden-Württemberg
Griesbachstr. 3
7500 Karlsruhe

Dr. R. Brüggemann
Gesellschaft für Strahlenschutz
und Umweltforschung
Ingolstädter Landstraße 1
8042 Neuherberg

Dr. W. Eitel
Landesanstalt für Umweltschutz
Baden-Württemberg
Griesbachstr. 3
7500 Karlsruhe

Prof. Dr. F. Fiedler
Kernforschungszentrum Karlsruhe GmbH
IMK
Postfach 3640
7500 Karlsruhe

Dr. W. Geiger
Kernforschungszentrum Karlsruhe GmbH
IDT
Postfach 3640
7500 Karlsruhe

W. Gillessen
Industrieanlagen-Betriebsgesellschaft mbH
Einsteinstr. 20
8012 Ottobrunn

Dr. M. Hälker-Küsters
Siemens AG
Otto-Hahn-Ring 6
8000 München 83

A. Häuslein
Universität Hamburg
Schlüterstr. 70
2000 Hamburg 13

Dr. A. Jaeschke
Kernforschungszentrum Karlsruhe GmbH
IDT
Postfach 3640
7500 Karlsruhe

Dr. F. Jungwirth
Bayerisches Staatsministerium für
Landesentwicklung und Umweltfragen
Rosenkavalierplatz 2
8000 München 81

J. Kastner
Industrieanlagen-Betriebsgesellschaft mbH
Einsteinstr. 20
8012 Ottobrunn

C. Kupsch
Kernforschungszentrum Karlsruhe GmbH
AFAS
Postfach 3640
7500 Karlsruhe

Dr. M. Matthies
Gesellschaft für Strahlenschutz
und Umweltforschung
Ingolstädter Landstraße 1
8042 Neuherberg

Prof. Dr. B. Page
Universität Hamburg
Schlüterstr. 70
2000 Hamburg 13

Prof. Dr. J. Pietsch
Technische Universität Hamburg-Harburg
Kasernenstr. 10
2000 Hamburg-Harburg 90

Dr. W. Pillmann
Österreichisches Bundesinstitut
für Gesundheitswesen
Stubenring 6
A-1010 Wien

Dr. H. Reichert
Umweltbundesamt
Bismarckplatz 1
1000 Berlin

G. Sardemann
Kernforschungszentrum Karlsruhe GmbH
AFAS
Postfach 3640
7500 Karlsruhe

A. Schwabl
Universität Hamburg
Schlüterstr. 70
2000 Hamburg 13

Prof. Dr. J. Seggelke
Umweltbundesamt
Bismarckplatz 1
1000 Berlin

R. Trenkle
Gesellschaft für Strahlenschutz
und Umweltforschung
Ingolstädter Landstraße 1
8042 Neuherberg

K. Voigt
Gesellschaft für Strahlenschutz
und Umweltforschung
Ingolstädter Landstraße 1
8042 Neuherberg

Prof. Dr. E. U. von Weizsäcker
Institut für Europäische Umweltpolitik
Aloys-Schulte-Str. 6
5300 Bonn 1

R. Weidemann
Kernforschungszentrum Karlsruhe GmbH
IDT
Postfach 3640
7500 Karlsruhe

Dr. R. Winter
Deutsche Forschungs- und Versuchsanstalt
für Luft- und Raumfahrt e.V.
8031 Wessling

R. Wizgall
Ministerium für Umwelt Baden-
Württemberg
Postfach 605
7000 Stuttgart